受験ジャーナル
6年度 直前対策ブック

特別企画 3

CONTENTS

［表紙デザイン］アルビレオ
［表紙イラスト］北村みなみ

直前期の 攻略ポイント

いよいよ，試験本番が近づいてきました。これからの時期は，本試験を意識して，より実戦的な対策をとる必要があります。ここでは，押さえておくべき「直前期の効果的な学習法や過ごし方」について紹介します！

執筆：高橋翔太

　新卒で市役所に勤務した後，予備校に転職。以来幅広い科目の授業を担当するマルチな講師として活躍中。学習に関する個別相談も担当しており，公務員経験を活かしたわかりやすい指導で生徒の信頼も厚い。

イラスト：村山宇希

攻略ポイント❶

択一式試験の総仕上げ

　直前期なので，過去問中心の学習を行っている人が多いと思います。その際，意識すべきポイントを2点紹介します。

❶復習のスパンを徐々に長くする

　直前期は，教養の知識科目や専門の行政系科目など，たくさんの暗記科目を問題演習メインで学習していく必要があります。そこで，効率的に暗記するために，1回目の復習を当日中に行い，2回目の復習を翌日に，3回目を3日後，4回目を1週間後に……といった形で，復習するまでの期間を少しずつ長くしていきましょう。これにより，記憶が定着しやすくなります。1回の学習に時間をかけて少ない回数で頑張って覚えるよりは，同じ知識に触れる回数を増やすことで，効率的に覚えることができます。

❷今取り組んでいる問題集を確実にする

　今から新しい問題集や参考書に取り組むのは，基本的には避けましょう。例年，この点についての受験者からの相談が多いのですが，詳しく話を聞くと，ほとんどの場合，今使っている問題集を復習したほうが良い，という結論になります。たいていの公務員試験は，6～7割正答できれば合格できるので，「基礎を固める」ことを何よりも優先しましょう。

　また，公務員試験は科目数が多いので，新しい問題集に取り組むのではなく，ほかの科目を始めるという選択肢もあります。今使っている同じ科目の問題集をマスターして覚えてしまい，かつ，ほかの科目も同じ状態である場合は，新しい問題集の使用を検討してもよいでしょう。

攻略ポイント 2

時事を効率的にインプット

　直前期に力を入れるものとしては，時事問題が挙げられます。出題ソースは，主に以下の4つです。

- 白書やデータ本
- 政府や政府系研究機関が発表した統計
- 中央省庁や地方自治体が行った施策
- 各国の政治や経済の動向

　時事問題の参考書は，『公務員試験　速攻の時事』（実務教育出版）がオススメです。私も受験生時代に使用していました。過去の出題傾向のデータや，上記の4つの出題ソースなどから，その年に出題が予想されるテーマを精選して，わかりやすくまとめています。

　また，時事の学習に当たっては，受験先の過去問を分析することも大切です。過去問をさかのぼると，知識の問われ方や，具体的な出題分野といった傾向が見えてきます。受験者自身が出題予想まで行うのは難しいので，過去問をもとに出題傾向を把握しておきましょう。

　重要テーマや出題が予想されるテーマについては，本誌の「PART 1　丸ごと覚える最重要定番データ」と「PART 2　最新白書 早わかり解説＆要点チェック！」をフル活用してください。さらに，『速攻の時事』などの参考書で補うと効果的です。

・ COLUMN ・

時事問題も，アウトプットで知識を確実に！

『公務員試験
速攻の時事』
（実務教育出版）

『公務員試験
速攻の時事
実戦トレーニング編』
（実務教育出版）

　『速攻の時事』を使用する際は，テーマごとに示されている「出題可能性」が高い部分を重点的に読み込みます。さらに太字部分や「出る文」を最優先に，メリハリをつけて暗記していきましょう。

　直前期はアウトプット中心の勉強法が王道です。時事は，予想問題を使った「演習」がメインとなるので，アウトプットは難しいと感じるかもしれません。そんなときは，『速攻の時事』とテーマが対応していて，関連知識を補充しつつ問題演習ができる『速攻の時事　実戦トレーニング編』の活用をオススメします。

攻略ポイント **3**

時間配分の感覚をつかむ

　時間配分を把握するために，模擬試験を受けましょう。2〜3回は受ける人が多いですが，最低でも1回は受けたいところです。

　例年，何人かの受験者から，教養試験を最後まで解き終えることができなかった，という話を聞きます。本番では絶対に避けたい事態です。1問当たりの解答時間は4分前後が目安ですが，人によって，あるいは科目によって最適な時間は異なります。特に解く時間の差が出やすい判断推理，数的推理と文章理解については，普段から必ず時間を計りながら解きましょう。得意科目は短時間で解き，そのぶん不得意科目に時間をかけるなど，自分の得意・不得意科目を考慮したうえで逆算し，各科目にかける時間を計算してみましょう。また，解けない問題や迷う問題は捨てて，深追いをしない，という判断ができるようになることも大切です。解く順番についても，進めやすい順番は人によって異なるので，これも決めておきます。

　なお，模試を受けた際は，復習までを1セットと考えることも重要です。たとえば，間違えた問題の中で，模試受験者の正答率が6割を超える問題は「解けなくてはいけない問題」といえます。そのような問題を優先的に復習しましょう。

攻略ポイント **4**

論文・面接対策を後回しにしない

〔論文対策〕

　論文は時事と並行して対策を進めると効果的です。どちらも，昨今社会的に課題となっているテーマから出題されやすいためです。

　受験先の過去問を確認して出題傾向を把握し，似たテーマが掲載されている参考書で対策しましょう。何回か書いてみて，添削を受けてください。予備校などのほか，論文添削つきの模試もあります。すべて答案として通して書く必要はありませんが，10 〜 15 テーマくらい準備するとよいでしょう。

〔面接対策〕

　早い段階に自己分析だけでも行っておきましょう。自己分析の目的は，自分の強みや弱み，特長を正確に把握することです。具体的には，「自分のこれまでの大きな経験・行動」について，「どのように考えてその行動を取ったか」を振り返りましょう。

　また，時間を見つけて受験ジャーナル特別企画『面接完全攻略ブック』や『寺本康之の面接回答大全』などの対策本も読んでおきましょう。

『寺本康之の
面接回答大全』

（実務教育出版）

攻略ポイント 5

試験対策以外に気をつけること

・受験申込み

　申込みの段階で，面接カードやエントリーシートの提出が必要な受験先もあります。その場合は，時間をかけてじっくりと考えてから記入しましょう。例年，内容を深く考えずに面接カードを提出してしまい，筆記試験合格後に困ってしまう人がいるためです。

　なお，履歴書などに使用する証明写真は，まち中に設置されている証明写真機で撮ったものでもよいですが，より印象のよい写真を撮るために，できればフォトスタジオで撮影するのがオススメです。

　また，郵便で申し込む場合は，期限までに「必着」なのか「消印有効」なのかも要チェック。余裕を持って投函しましょう。

・試験情報の確認

　国家公務員試験の受験案内は，例年2月初めに人事院の「国家公務員試験採用情報NAVI」で公表されます。そのほかの国家公務員や地方自治体の受験案内も順次HP上で公表されるので，こまめにチェックしてください。

　また，併願先も，しっかりリサーチをして決めましょう。特に独自日程の県や市などは，締切り後に募集があったことに気づくケースもあるので，注意が必要です。

・説明会への参加

　例年3〜4月に採用説明会が開催されます。職場見学や若手職員から話を聞く場が設けられることもあり，志望動機の作成や併願先選びにも役立ちます。近年はオンライン開催も増えているので要チェック!

・体調管理

　直前期は追い込みすぎたり，焦りやストレスで体調を崩すことがあります。体調を崩してしまうと，学習時間のロスになるだけでなく，さらなる焦りやストレスにつながってしまうので，睡眠や食事に気をつけつつ，無理をしすぎないようにしましょう。

・ COLUMN ・

試験前日の過ごし方

　最後に，試験前日のアドバイスです。前日は，試験日にいつもどおりの自然体で臨めるよう，「試験当日と同じような生活をする」ことを心掛けましょう。当日と同じ時間に起きて，当日の朝，家を出る時間に軽く散歩をし，午前は教養科目，午後は専門科目の学習をして，遅くとも夕方には学習を終え，早く寝られるように脳を休めます。

　筆記用具や時計，昼食，受験票など，持ち物のチェックも忘れずに。

　当日を迎えたら，あとは特に考えることはありません。隣の席の受験者も，あなたと同じように緊張しています。今まで学習してきたことに自信を持って，全力で試験に臨みましょう!

2023年ニュースカレンダー

時事問題や論文, 面接などで注目されそうなニュースをチェック!

1月 JANUARY

岸田首相が少子化対策拡充を表明

少子化の現状に対し,「社会機能を維持できるかどうかの瀬戸際と呼ぶべき状況に置かれている」と表明し,「従来とは次元の異なる少子化対策」を掲げる。

2月 FEBRUARY

2人が宇宙飛行士候補に選抜 14年ぶり

日本人の合格者は2人で, 諏訪理氏と米田あゆ氏。今後はアルテミス計画に参加し, 日本人初の月面着陸も期待される。

3月 MARCH

袴田巌さんの裁判のやり直しが決定

1966年の「袴田事件」裁判のやり直しが決まる。再審は2023年10月から開始している。

岸田首相, キーウ訪問

ウクライナのゼレンスキー大統領と会談を行い, 連帯と支援を表明した。

4月 APRIL

こども家庭庁が発足

2022年6月に成立した「こども基本法」が施行され, 内閣総理大臣の直属の機関として, 内閣府の外局となる「こども家庭庁」が発足した。

フィンランドがNATOに正式加盟

これまでの軍事的中立の方針を転換し, 31番目の加盟国になった。

5月 MAY

新型コロナ「5類」に移行

法律上の位置づけが季節性インフルエンザなどと同じく「5類感染症」となり, 感染症法に基づく外出自粛は求められなくなった。

G7広島サミットが開催

ゼレンスキー大統領も参加し, ウクライナ情勢や核軍縮などの議題が取り上げられた。

6月

こども未来戦略方針が閣議決定

若者・子育て世代の所得を伸ばすことを掲げ，少子化対策「加速化プラン」が示された。

マイナンバーカードと健康保険証が一体化が決定

これらの一体化に当たり，マイナンバーカード取得の円滑化や，マイナ保険証のデジタル環境の整備などが進められている。

7月

NATO首脳会議

ゼレンスキー大統領が出席し，NATOウクライナ理事会が初開催された。NATOのストルテンベルグ事務総長は「ウクライナをNATOに近づける重要な一歩だ」と表明した。

国連安保理でAIテーマの初会合

AIのもたらす恩恵に加え，軍事的・非軍事的なリスクなどについて話し合われ，AIに関するルールの必要性についても意見交換。

8月

原発の処理水 海への放出開始

処理水は，ALPS処理水と呼ばれる。

9月

G20，首脳宣言を採択

インドのニューデリーで開催。「ウクライナでの武力行使反対」の首脳宣言を採択した。

第二次岸田改造内閣発足

過去最多となる5人の女性が起用された。

10月

イスラエル・パレスチナの対立

パレスチナのガザ地区からイスラエルに対し，ロケット弾などによる攻撃が行われる。イスラエルも空爆など報復を行い，イスラエルのネタニヤフ首相は「われわれは戦争状態にある」と表明した。

性別変更の手術要件巡り特例法の規定は憲法違反 最高裁

最高裁判所大法廷は「強度な身体的侵襲の手術か，性別変更を断念するかという過酷な二者択一を迫るもの」として憲法に違反し，無効だと述べた。

11月

円相場 一時1ドル＝151円台後半に

円安が進み，33年ぶりの152円台も目前に迫った。なお，11月中旬からは円高方向へ。

シンガポールのリー・シェンロン首相，退任表明

2024年11月までに，首相の職を現在のウォン副首相に移譲することを明言した。シンガポールの首相交代は20年ぶりとなる。

PART 1

丸ごと覚える 最重要定番データ

財政 | 世界経済 | 日本経済 | 労働経済 | 社会保障 | 社会

テキスト：寺本康之
イラスト：村山宇希

毎年のように出題される「定番データ」を集めたよ。動向を押さえながら，特に重要な数字は覚えてしまおう！

財政 令和5年度一般会計歳出・歳入（当初予算）

（出典：財務省HP〈日本の財政関係資料〉）

歳出

国債費 252,503（22.1%）
利払費等 84,943（7.4%）
債務償還費 167,561（14.6%）
社会保障 368,889（32.3%）
一般歳出 727,317（63.6%）
地方交付税交付金等 163,992（14.3%）
ウクライナ情勢経済緊急対応予備費 10,000（0.9%）
新型コロナ及び原油価格・物価高騰対策予備費 40,000（3.5%）
防衛関係費（＊を除く）67,880（5.9%）
防衛力強化資金繰入れ（＊）33,806（3.0%）
公共事業 60,600（5.3%）
文教及び科学振興 54,158（4.7%）
その他 91,985（8.0%）

一般会計歳出総額 1,143,812（100.0%）

（単位：億円）

全体の約3割

歳入

所得税 210,480（18.4%）
公債金 356,230（31.1%）
特例公債 290,650（25.4%）
法人税 146,020（12.8%）
建設公債 65,580（5.7%）
租税及び印紙収入 694,400（60.7%）
その他収入 93,182（8.1%）うち防衛力強化のための対応 45,919（4.0%）
その他 104,060（9.1%）
消費税 233,840（20.4%）

一般会計歳入総額 1,143,812（100.0%）

最大の税目

その他
食料安定供給	12,654（1.1%）	恩給	970（0.1%）
エネルギー対策	8,540（0.7%）	その他の事項経費	58,004（5.1%）
経済協力	5,114（0.4%）	予備費	5,000（0.4%）
中小企業対策	1,704（0.1%）		

その他
相続税	27,760（2.4%）	石油石炭税	6,470（0.6%）
揮発油税	19,990（1.7%）	自動車重量税	3,780（0.3%）
酒税	11,800（1.0%）	電源開発促進税	3,240（0.3%）
関税	11,220（1.0%）	その他の税収	690（0.1%）
たばこ税	9,350（0.8%）	印紙収入	9,760（0.9%）

ポイント 歳出では社会保障，地方交付税交付金等，国債費で全体の7割弱を占める。歳入は租税及び印紙収入が6割を超えている。

覚える数字 歳出の社会保障：全体の約3割，防衛関係費：6.8兆円，公共事業：6兆円，歳入の消費税：23.4兆円（最大の税目），公債金：31.1%。

一般会計における歳出・歳入の状況

（出典：財務省HP〈日本の財政関係資料〉）

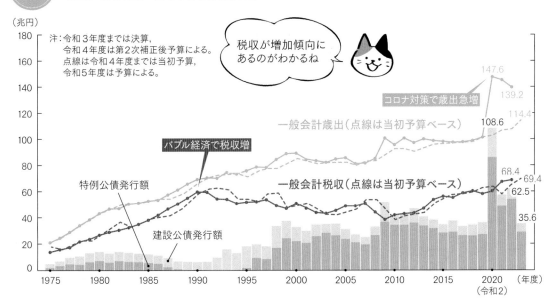

税収が増加傾向にあるのがわかるね

注：令和3年度までは決算，令和4年度は第2次補正後予算による。点線は令和4年度までは当初予算，令和5年度は予算による。

コロナ対策で歳出急増

147.6

139.2

114.4

一般会計歳出（点線は当初予算ベース）

108.6

バブル経済で税収増

特例公債発行額

一般会計税収（点線は当初予算ベース）

建設公債発行額

68.4

69.4

62.5

35.6

ポイント 歳出が税収を上回る状況が続いている。その差は借金（建設公債，特例公債）で賄われている。令和2年度は新型コロナウイルス対策で歳出が急増し，異例の財政規模となった。

覚える数字 令和2年度の歳出は147.6兆円（決算），令和4年度の公債発行額は62.5兆円（第2次補正後予算）。

公債発行額，公債依存度の推移

（出典：財務省HP〈日本の財政関係資料〉）

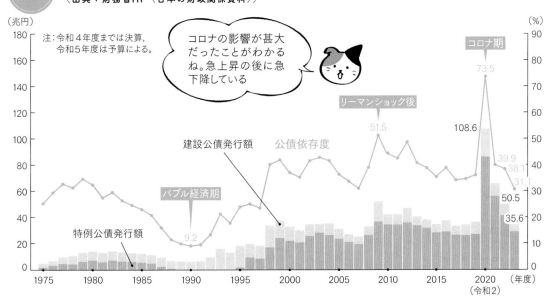

コロナの影響が甚大だったことがわかるね。急上昇の後に急下降している

注：令和4年度までは決算，令和5年度は予算による。

コロナ期

73.5

リーマンショック後

51.5

建設公債発行額　公債依存度

108.6

バブル経済期

9.2

特例公債発行額

39.9

38.1

31.1

50.5

35.6

ポイント 令和2年度の公債依存度が新型コロナ対策で急上昇。リーマンショック後を上回り過去最高を記録。その後は低下傾向で推移。

覚える数字 公債依存度はバブル期：9.2％，リーマンショック後：51.5％，コロナ前の数年：3割台で推移，令和2年度：73.5％。

普通国債残高の累増
（出典：財務省HP〈日本の財政関係資料〉）

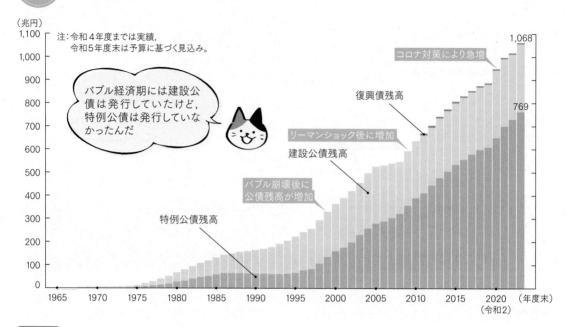

（兆円）

注：令和4年度までは実績，令和5年度末は予算に基づく見込み。

バブル経済期には建設公債は発行していたけど，特例公債は発行していなかったんだ

コロナ対策により急増　1,068

復興債残高

リーマンショック後に増加

建設公債残高

バブル崩壊後に公債残高が増加

特例公債残高

769

1965　1970　1975　1980　1985　1990　1995　2000　2005　2010　2015　2020（令和2）（年度末）

ポイント 普通国債残高は，累増の一途をたどる。特にバブル崩壊後，リーマンショック後，令和2年度の新型コロナウイルス感染緊急経済対策時に大幅に増加した。

覚える数字 普通国債残高（令和5年度末）：1,068兆円に上る見込み。このうち特例公債残高は769兆円。

国民負担率の国際比較
（出典：財務省HP〈日本の財政関係資料〉）

日本は租税負担率のほうが高い

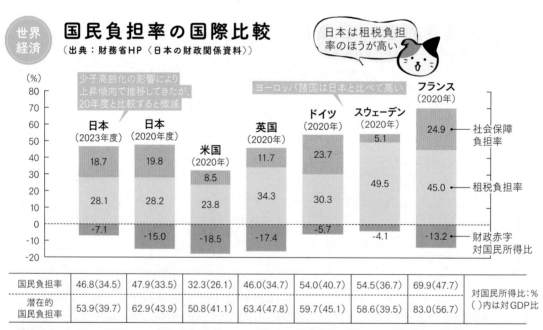

（%）

少子高齢化の影響により上昇傾向で推移してきたが，20年度と比較すると微減

ヨーロッパ諸国は日本と比べて高い

フランス（2020年）

日本（2023年度）18.7／28.1／-7.1
日本（2020年度）19.8／28.2／-15.0
米国（2020年）8.5／23.8／-18.5
英国（2020年）11.7／34.3／-17.4
ドイツ（2020年）23.7／30.3／-5.7
スウェーデン（2020年）5.1／49.5／-4.1
フランス（2020年）24.9／45.0／-13.2

社会保障負担率

租税負担率

財政赤字対国民所得比

	日本(2023年度)	日本(2020年度)	米国(2020年)	英国(2020年)	ドイツ(2020年)	スウェーデン(2020年)	フランス(2020年)	
国民負担率	46.8(34.5)	47.9(33.5)	32.3(26.1)	46.0(34.7)	54.0(40.7)	54.5(36.7)	69.9(47.7)	対国民所得比：%
潜在的国民負担率	53.9(39.7)	62.9(43.9)	50.8(41.1)	63.4(47.8)	59.7(45.1)	58.6(39.5)	83.0(56.7)	（ ）内は対GDP比

●国民負担率＝租税負担率＋社会保障負担率　●潜在的国民負担率＝国民負担率＋財政赤字対国民所得比

ポイント 国民負担率とは，国民所得に対する全国民の租税負担と社会保障負担の合計額の比率。日本はヨーロッパ諸国より低く，アメリカより高い。

覚える数字 日本の国民負担率：46.8%，社会保障負担率：18.7%，租税負担率：28.1%，潜在的国民負担率：53.9%（いずれも2023年度の見通し）。

世界経済 主要先進国のGDPと欧米の政策金利
（出典：世界経済の潮流〈概要版〉）

主要先進国の
GDPはコロナ禍
から回復傾向

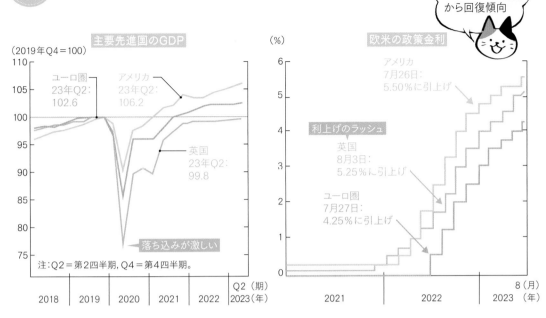

主要先進国のGDP

（2019年Q4＝100）

ユーロ圏
23年Q2：
102.6

アメリカ
23年Q2：
106.2

英国
23年Q2：
99.8

落ち込みが激しい

注：Q2＝第2四半期, Q4＝第4四半期。

2018　2019　2020　2021　2022　Q2（期）
2023（年）

欧米の政策金利

（%）

アメリカ
7月26日：
5.50％に引上げ

利上げのラッシュ

英国
8月3日：
5.25％に引上げ

ユーロ圏
7月27日：
4.25％に引上げ

2021　　　2022　　8（月）
2023　（年）

ポイント GDPはコロナ禍で一気に落ち込んだ。2023年前半の主要先進国の景気は，欧州では足踏み状態だが，アメリカは自律的に回復。総じて見れば底堅さを維持している。政策金利については，欧米中銀は引締めを継続，段階的利上げが続いている。

日本経済 日本のEPA/FTA締結状況, 日本の貿易総額に占める国, 地域の割合（出典：外務省HP）

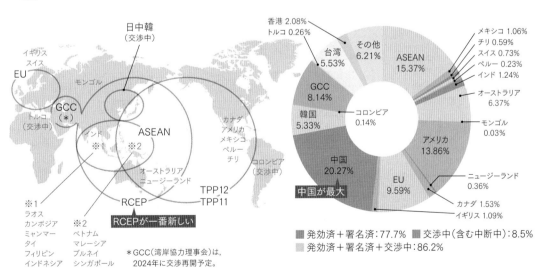

日中韓
（交渉中）

イギリス
スイス

EU

モンゴル

GCC
（＊）

トルコ
（交渉中）

インド

ASEAN
※1　※2

カナダ
アメリカ
メキシコ
ペルー

オーストラリア
ニュージーランド

コロンビア
（交渉中）

TPP12
TPP11

RCEP

RCEPが一番新しい

※1
ラオス
カンボジア
ミャンマー
タイ
フィリピン
インドネシア

※2
ベトナム
マレーシア
ブルネイ
シンガポール

＊GCC（湾岸協力理事会）は，2024年に交渉再開予定。

香港 2.08%
トルコ 0.26%

台湾
5.53%

その他
6.21%

ASEAN
15.37%

メキシコ 1.06%
チリ 0.59%
スイス 0.73%
ペルー 0.23%
インド 1.24%

オーストラリア
6.37%

GCC
8.14%

コロンビア
0.14%

モンゴル
0.03%

韓国
5.33%

アメリカ
13.86%

中国
20.27%

EU
9.59%

ニュージーランド
0.36%

中国が最大

カナダ 1.53%
イギリス 1.09%

■ 発効済＋署名済：77.7% 　■ 交渉中（含む中断中）：8.5%
■ 発効済＋署名済＋交渉中：86.2%

ポイント 2021年1月に英国のEU離脱を受けて日英EPAが発効。2022年1月には地域的な包括的経済連携（RCEP）協定が発効した。

覚える数字 これまで24か国・地域と21のEPA/FTA等が発効済み・署名済み（2023年7月）。この国・地域が日本の貿易総額に占める割合は77.7％。

完全失業率と有効求人倍率の推移
（出典：労働経済白書）

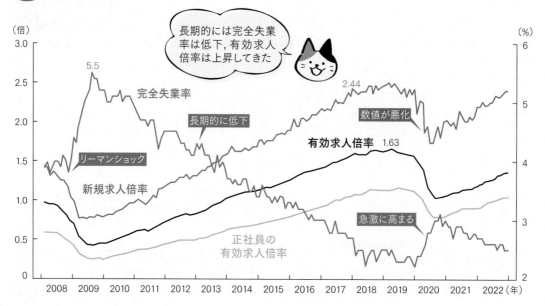

ポイント 雇用情勢は，2021年以降，経済社会活動が徐々に活発化する中で持ち直し，新規求人倍率，有効求人倍率は上昇し，完全失業率は低下した。

覚える数字 新規求人倍率：2022年平均で2.26倍。有効求人倍率：2022年平均で1.28倍。完全失業率：2022年平均で2.6％。

労働力人口の推移
（出典：高齢社会白書）

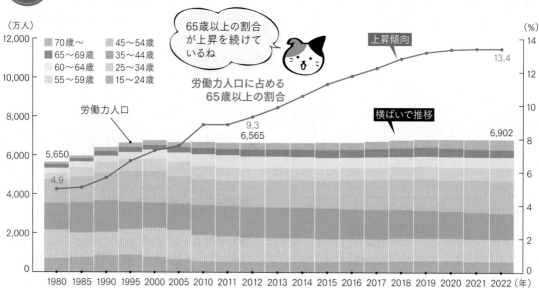

ポイント 労働力人口は，15歳以上の人口のうち，就業者と完全失業者を合わせたもの。ここ数年は横ばいで推移。65歳以上の割合は長期的に増加傾向。

覚える数字 労働力人口：6,902万人（2022年）で微減。労働力人口総数に占める65歳以上の者の割合：13.4％（2022年）で前年と同じ。

社会保障

生活保護の被保護人員・保護率・被保護世帯数の年次推移（出典：厚生労働白書）

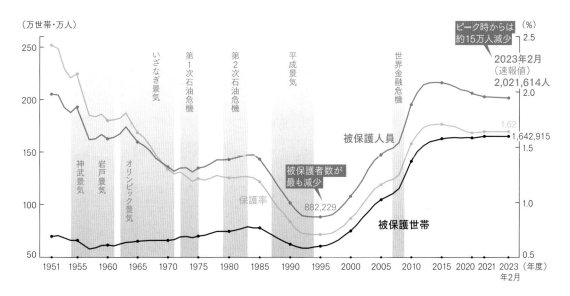

（万世帯・万人）

- ピーク時からは約15万人減少
- 2023年2月（速報値）2,021,614人
- 被保護人員
- 1,642,915
- 1.62
- 被保護者数が最も減少 882,229
- 被保護世帯
- 保護率
- 神武景気／岩戸景気／オリンピック景気／いざなぎ景気／第1次石油危機／第2次石油危機／平成景気／世界金融危機

1951 1955 1960 1965 1970 1975 1980 1985 1990 1995 2000 2005 2010 2015 2020 2021 2023（年度）年2月

ポイント 生活保護は最後のセーフティネットといわれる。被保護人員は1995年を底に増加に転じ，2015年に過去最高を記録した後，再び減少傾向にある。世帯類型別では，高齢者世帯が減少傾向。

覚える数字 被保護人員：約202.2万人，保護率：1.62，被保護世帯：約164.3万世帯（いずれも2023年2月）。

 社会保障

高齢化の推移と将来推計
（年齢3区分別人口および人口割合の推移と予測）（出典：高齢社会白書）

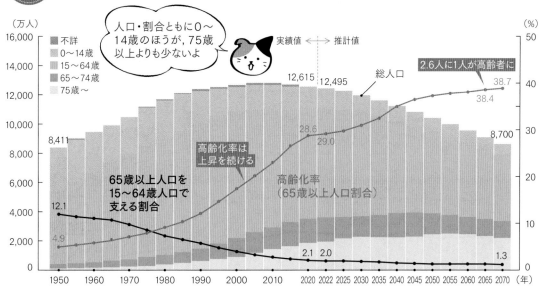

（万人）

人口・割合ともに0〜14歳のほうが，75歳以上よりも少ないよ

- 不詳
- 0〜14歳
- 15〜64歳
- 65〜74歳
- 75歳〜

実績値 ← → 推計値

2.6人に1人が高齢者に

総人口

12,615 12,495

8,411

高齢化率は上昇を続ける

65歳以上人口を15〜64歳人口で支える割合

高齢化率（65歳以上人口割合）

12.1
4.9
28.6 29.0
38.4 38.7

8,700

2.1 2.0
1.3

1950 1960 1970 1980 1990 2000 2010 2020 2022 2025 2030 2035 2040 2045 2050 2055 2060 2065 2070（年）

ポイント 日本の65歳以上人口は，1950年には総人口の5％未満であったが，1970年に7％を超え，1994年には14％を超えた。倍加年数は24年と短い。

覚える数字 日本の総人口：1億2,495万人，65歳以上人口：3,624万人，総人口に占める割合（高齢化率）は29.0％（いずれも2022年10月1日現在）。

出生数および合計特殊出生率の年次推移

社会保障

（出典：少子化社会対策白書）

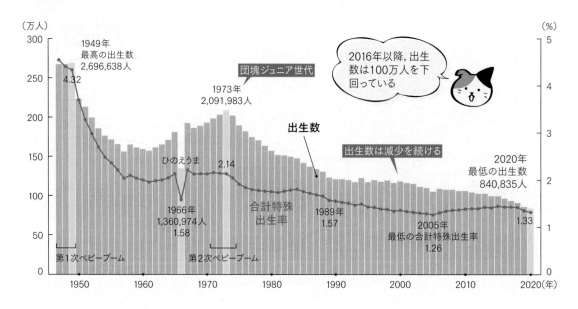

ポイント 出生数は減少を続け，80万人台で推移。合計特殊出生率とは，女性が一生の間に産む子どもの数に相当する。日本は諸外国に比べて低い。

覚える数字 出生数：約84万人（2020年），合計特殊出生率：1.33（2020年）。合計特殊出生率の過去最低：1.26（2005年）。

保育所等待機児童の現状

社会保障

（出典：少子化社会対策白書）

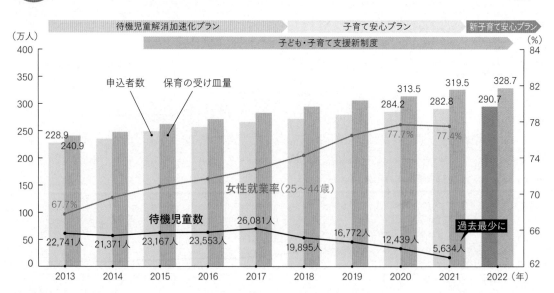

ポイント 「子育て安心プラン」で保育の受け皿を拡大し，待機児童数は過去最少に。「新子育て安心プラン」では，2021年から2024年末までの4年間に約14万人分の保育の受け皿を整備するとしている。

覚える数字 待機児童数：5,634人（2021年4月時点），女性（25-44歳）就業率：77.4%（2021年）。

社会　日本の食料自給率
（出典：食料・農業・農村白書）

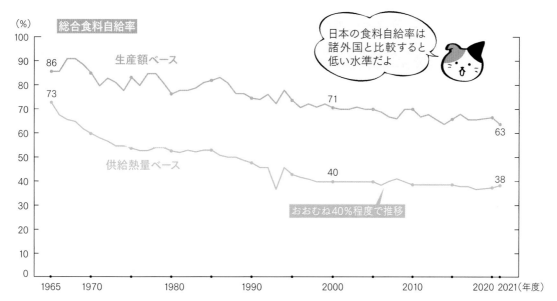

日本の食料自給率は
諸外国と比較すると
低い水準だよ

ポイント　日本の食料自給率は，長期的に低下傾向が続いてきたが，2000年代に入ってからはおおむね横ばいで推移している。

覚える数字　食料自給率：生産額ベースで63％，供給熱量ベースで38％（いずれも2021年度）。2030年度の目標は45％（供給熱量ベース）。

社会　一次エネルギー国内供給の推移と主要国の化石エネルギー依存度（出典：エネルギー白書）

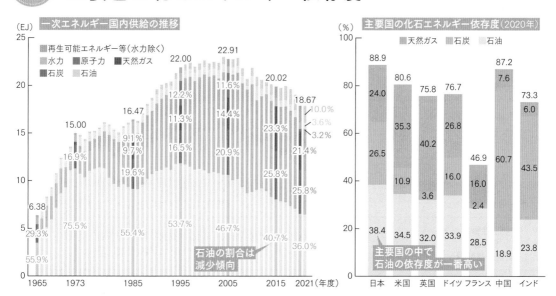

ポイント　一次エネルギー国内供給に占める石油の割合は減少傾向。しかし，日本の化石エネルギー依存度は依然として高く，その安定供給は大きな課題。

覚える数字　一次エネルギー国内供給に占める石油の割合：36.0％で1965年度以来過去最低（2021年度），日本の化石エネルギー依存度：88.9％（2020年）。

受験ジャーナル年間発行予定

令和6年度試験に向けた『受験ジャーナル』は，定期号6冊，特別企画5冊，別冊1冊を発行します。
年間の発行予定は下表をご覧ください（6年1月時点での予定です。記事の内容は変更することもあります）。

定期号	発売予定	特集等
6年度試験対応 Vol. 1	既刊	特集1：第一志望に受かる！　タイプ別学習プラン 特集2：判断推理の合格戦略 徹底分析：国家総合職，東京都，特別区
6年度試験対応 Vol. 2	既刊	巻頭企画：1年目職員座談会 [渋谷区] 特集1：数的推理の合格戦略　　特集2：国家総合職教養区分にチャレンジ！ 地方上級データバンク①：東日本　　徹底分析：国家一般職
6年度試験対応 Vol. 3	既刊	特集1：残り5か月絶対やることチェック！ 特集2：早めの面接対策 地方上級データバンク②：西日本　　徹底分析：国家専門職，裁判所
6年度試験対応 Vol. 4	既刊	特集：これが地方上級だ！徹底分析&再現問題 短期集中ゼミ：また出る過去問① 厳選！要点チェックカード [教養]
6年度試験対応 Vol. 5	6年 3月1日	特集1：時事の一問一答&予想問題 特集2：構成メモで書くカンタン論文術 短期集中ゼミ：また出る過去問②　　厳選！要点チェックカード [専門]
6年度試験対応 Vol. 6	6年 4月1日	巻頭企画：直前期のスペシャル強化策 特集1：これが市役所試験だ！徹底分析&再現問題 特集2：全772市事務系試験データ 短期集中ゼミ：また出る過去問③

特別企画	発売予定	内容
特別企画1 学習スタートブック 6年度試験対応	既刊	●合格体験記　●公務員試験Q&A　●学習プラン&体験記 ●教養試験・専門試験 合格勉強法&オススメ本 ●論文&面接試験の基礎知識　●公務員試験ガイダンス
特別企画2 公務員の仕事入門ブック 6年度試験対応	既刊	●見たい！知りたい！公務員の仕事場訪問 ●国家公務員の仕事ガイド　●地方公務員の仕事ガイド ●スペシャリストの仕事ガイド
特別企画3 6年度 直前対策ブック	既刊	●直前期の攻略ポイント　●丸ごと覚える 最重要定番データ ●国家公務員　基礎能力試験が変わる！●最新白書 早わかり解説&要点チェック ●新法・改正法 法律時事ニュース　●教養試験・専門試験の「出る文」チェック ●判断推理・数的推理の要点整理カード
特別企画4 6年度 面接完全攻略ブック	6年 3月中旬	●個別面接シミュレーション　●面接対策直前講義　●面接カードのまとめ方 ●合格者の面接再現&体験記　●個別面接データバンク ●集団討論・グループワーク　●官庁訪問　●[書き込み式] 定番質問回答シート
特別企画5 6年度 直前予想問題	6年 3月下旬	●地方上級 教養試験 予想問題　●市役所 教養試験 予想問題 ●地方上級 専門試験 予想問題　●市役所 専門試験 予想問題

別冊	発売予定	内容
6年度 国立大学法人等職員 採用試験攻略ブック	既刊	●「これが私の仕事です」　●こんな試験が行われる！ ●過去問を解いてみよう！　●6年度予想問題

国家公務員 基礎能力試験が変わる！

	5 年度	6 年度
知能分野	27問 ▶文章理解：11問 ▶判断推理：8問 ▶数的推理：5問 ▶資料解釈：3問	24問 ▶文章理解：10問 ▶判断推理：7問 ▶数的推理：4問 ▶資料解釈：3問
知識分野	13問 ▶自然・人文・社会 〈時事を含む〉	6問 ▶自然・人文・社会に関する時事 ▶情報
合　　計	40問	30問
解答時間	140分	110分

　6年度から，国家公務員の基礎能力試験が大きく変わる。イメージしやすいように，5年度と6年度の国家一般職，国家専門職の基礎能力試験の概要を比較しながら見ていこう。従来よりも，明らかに知能分野のウエートが大きくなった。したがって，知能分野を中心に対策を進めていきたい。

　一方の知識分野については，「時事問題を中心とし，普段から社会情勢等に関心を持っていれば対応できるような内容」に見直すとされている。なお，出題科目は「自然・人文・社会に関する時事」と「情報」に変わった。人事院から「例題」が発表されており，18ページに「自然・人文・社会に関する時事」の例題を掲載したので，ぜひ一度解いてみてほしい（解説は編集部で作成）。なお，受験ジャーナル6年度試験対応Vol.1には「情報」の例題・解説も掲載しているので，ぜひ参照してほしい。

　この例題では，「時事」の内容について，かなり細かい事柄まで問われていることがわかる。普段から社会情勢に関心を持っているだけで正答するのは困難だろう。これまで同様に，『公務員試験　速攻の時事』や，本書のPART1・PART2などをよく読み込んで，周到に準備しよう。

　さらに，各選択肢には，自然・人文・社会の知識の内容が組み込まれており，**1**は世界史・地理，**2**は地理・化学，**3**は経済・地理，**4**は世界史，**5**は日本史などの内容が含まれている。したがって，知識分野についても，頻出事項はひととおり押さえておきたい。本書のPART4を活用してほしい。

　続いて，19ページからは「自然・人文・社会に関する時事」の予想問題3問と，知能分野の予想問題3問を掲載した。変更初年度で過去問がないため，予想問題を最大限に活用してほしい。

補足動画を受験ジャーナルYouTubeチャンネルで配信中！
　右の二次元コードを読み込んで，再生リストの「直前対策ブック」から動画を選択してください。

世界の動向等に関する記述として最も妥当なのはどれか。

1　英国では，2019年にEUからの離脱の是非を問う国民投票と総選挙が同時に行われ，それらの結果，EU離脱に慎重であった労働党の首相が辞任することとなった。EUは1990年代前半に発効したリスボン条約により，名称がそれまでのECから変更され，その後，トルコやウクライナなど一部の中東諸国や東欧諸国も2015年までの間に加盟した。

2　中国は，同国の人権問題を厳しく批判した西側諸国に対し，2018年に追加関税措置を始めただけでなく，レアアースの輸出を禁止した。中国のレアアース生産量は世界で最も多く，例えば，レアアースの一つであるリチウムは自然界では単体で存在し，リチウムイオン電池は，充電できない一次電池として腕時計やリモコン用電池に用いられている。

3　ブラジルは，自国開催のオリンピック直後に国債が債務不履行に陥り，2019年に年率10万％以上のインフレ率を記録するハイパーインフレに見舞われた。また，同年には，アマゾンの熱帯雨林で大規模な森林火災が発生した。アマゾンの熱帯雨林は，パンパと呼ばれ，多種多様な動植物が生息している。

4　イランの大統領選で保守穏健派のハメネイ師が2021年に当選すると，米国のバイデン大統領は，同年末にイランを訪問し，対イラン経済制裁の解除を約束した。イランや隣国のイラクなどを流れる，ティグリス・ユーフラテス両川流域の沖積平野は，メソポタミア文明発祥の地とされ，そこでは，太陽暦が発達し，象形文字が発明された。

5　日本固有の領土である北方領土は，日本のポツダム宣言受諾後，ソ連に占領された。1950年代に署名された日ソ共同宣言では，平和条約締結後に歯舞群島と色丹島のソ連から日本への引渡しが約束されていた。しかし，ソ連（現ロシア）との間で平和条約は締結されておらず，2022年末現在，北方領土問題は解決していない。

解説　編集部で作成

1．EUからの離脱の是非を問う国民投票が実施されたのは2016年，下院総選挙は2019年に行われた。また，国民投票の結果を受け辞任したのは，EU離脱に慎重であった保守党のキャメロン首相。さらに，EUは1993年に発効したマーストリヒト条約により，名称がEUに変更された。なお，トルコやウクライナはEUに加盟していない（2023年12月時点）。

2．レアアースは，レアメタルの一種で，17種類の元素（希土類）の総称だが，その中にリチウムは入っていない。また，リチウムは，反応性が高いため，自然界では単体として存在しておらず，リチウム電池は充電して繰り返し使える。

3．ブラジルがハイパーインフレに陥ったのは，1980年代後半から1990年代半ばにかけてである。また，アマゾンの熱帯雨林はセルバと呼ばれる。

4．2021年の大統領選挙で当選したのは，保守強硬派のイブラーヒーム・ライーシー氏である。また，バイデン大統領がイランを訪問したという事実はない。ティグリス・ユーフラテス両川はイランには流れていない。メソポタミア文明では太陰暦が発達し，楔形文字が発明された。

5．妥当である。日ソ共同宣言は超頻出である。

正答　**5**

ポイント

　誤りが1か所ではなく，複数含まれている点が特徴的である。自然・人文・社会に関する知識をフルに使えば，正答にたどり着くことができる。

No. 1 （自然・人文・社会に関する時事）

最近の国際情勢に関する次の記述のうち，妥当なものはどれか。

1 「G7」は「Group of Seven」の略称であり，フランス，アメリカ，イギリス，ドイツ，日本，イタリア，カナダの7か国をさす。1975年に第1回のサミット（主要国首脳会議）がフランスのパリ近郊のランブイエで開かれ，このときはカナダを除く6か国が参加した。2023年には，初めて我が国においてサミットが開かれた。

2 包括的核実験禁止条約（CTBT）は，宇宙空間，大気圏内，水中，地下を含むあらゆる空間における核兵器の実験的爆発および他の核爆発を禁止する条約であり，1996年に発効した。2023年11月には，ロシアのプーチン大統領が2000年に手続を完了した本条約の批准を撤回する法律に署名し，発効させた。

3 第二次世界大戦後，国連のパレスチナ分割決議に基づき，1948年にイスラエルが独立を宣言したが，これを認めない近隣アラブ諸国との間で，第一次中東戦争が起こった。その後数次にわたる戦争が繰り返されたが，1993年のオスロ合意に基づき，ヨルダン川西岸地区は，ガザ地区とともにパレスチナ自治区となった。2023年10月，ガザ地区を実効支配するイスラム主義組織ハマスがイスラエルを攻撃し，これに対してイスラエルも応戦した。

4 オランダのロッテルダム港は，かつてニシン漁が盛んであったが，現在では欧州最大の貿易港となっており，通称「ユーロポート」と呼ばれている。オランダは，欧州連合（EU）の元となった欧州石炭鉄鋼共同体の時代から原加盟国として重要な役割を担ってきたが，2023年11月，下院総選挙が行われ，ウィルダース党首率いる左翼の共産党が初めて第一党になったことで，欧州連合から離脱することが国内的に承認された。

5 北大西洋条約機構（NATO）は，第二次世界大戦後の冷戦構造が明確化する中で，1949年にアメリカやカナダ，欧州諸国の12か国で結成した安全保障の枠組みであり，集団的自衛権を規定する。近時のロシアのウクライナ侵攻を受け，2023年4月にノルウェーが加盟し，7月にはトルコもNATOに加盟することが認められた。

解説

1. 日本で初めてサミットが開催されたのは，1979年である。東京の迎賓館で開催された。2023年の広島サミットは，我が国において開催されたサミットとしては7回目である。

2. 包括的核実験禁止条約（CTBT）はいまだ発効に至っていない。CTBTが発効するためには，特定の44か国すべての批准が必要とされているが，米国，中国，エジプト，イラン，イスラエルが批准しておらず，北朝鮮，インド，パキスタンについては署名すらしていないため，発効要件を満たしていない。後半の記述は正しい。

3. 妥当である。1973年の第四次中東戦争の際に起きた石油危機は，経済面においても世界に大きな影響を与えた。1993年にイスラエルのラビン首相とPLO（パレスチナ解放機構）のアラファト議長の間で交わされたオスロ合意に基づき，翌年，ヨルダン川西岸地区は，ガザ地区とともに「パレスチナ自治区」になった。2023年10月から開始された戦闘は，収束のめどが立っていない（2023年12月時点）。

4. 前半の記述は正しい。しかし，2023年11月のオランダ下院総選挙で第一党となったウィルダース党首率いる自由党（PVV）は，極右政党である。自由党は反移民・反欧州連合（EU）を掲げているが，欧州連合から離脱するとはしていない。したがって，国内的な承認があったわけでもない。

5. 北大西洋条約機構（NATO）の説明は正しいが，後半が誤り。すなわち，2023年4月に加盟したのはフィンランドであり，7月にはトルコのエルドアン大統領が，スウェーデンのNATO加盟を認めるとする考えを伝えた。

正答 **3**

我が国の立法事情および最高裁判所の判例に関する次の記述のうち，妥当なものはどれか。

1 従来，懲戒権はしつけとして児童虐待を正当化する口実に利用されているとの指摘があった。そこで，2022年12月，「民法等の一部を改正する法律案」が成立し，親権者による懲戒権の規定が削除され，子の人格を尊重するとともに，子の年齢および発達の程度に配慮しなければない等の改正がなされた。

2 性的指向およびジェンダーアイデンティティの多様性に関する国民の理解が必ずしも十分でない現状に鑑み，2023年6月，性的少数者への理解促進をめざすLGBT理解増進法が成立し，「性的指向」や「ジェンダーアイデンティティ」の定義が明記された。また，性的指向やジェンダーアイデンティティを理由とする不当な差別を禁止し，これに違反した者は罰せられる。

3 2030年度におけるエネルギー需給の見通し（エネルギーミックス）では，原子力は6.0～9.0％の活用とされているが，長期間にわたる運用による原子力発電所の老朽化が問題として指摘されてきた。これを踏まえて，2023年5月，GX脱炭素電源法が成立し，原子力発電所の運転期間は最長60年に厳格に制限されることとなった。

4 投票価値の平等は憲法14条1項の法の下の平等で保障されており，これまで参議院議員選挙において生じた一票の格差が二度最高裁判所において違憲と判断されたことがある。2023年10月にも，2022年7月に実施された参議院議員選挙の一票の格差を巡り，最高裁判所は，最大格差3.03倍を違憲と判断した。

5 2023年11月，映画に出演していた俳優が，麻薬取締法違反で逮捕されたことで，独立行政法人「日本芸術文化振興会」が公益性を理由に助成金交付を取り消した点（不交付決定）につき，最高裁判所は，薬物乱用の防止という公益が害される具体的な危険があることを理由に，不交付決定を理事長の裁量権の範囲内として適法と判断した。

解説

1．妥当である。改正民法では，親権者による懲戒権の規定を削除するとともに（民法822条），親権者は，子の人格を尊重するとともに，子の年齢および発達の程度に配慮しなければならず，かつ，体罰等の，子の心身の健全な発達に有害な影響を及ぼす言動をしてはならないものとする（同821条）とされた。

2．「性的指向」や「ジェンダーアイデンティティ」の定義が明記された点は正しいが，本法は理念法であるため，罰則規定は盛り込まれていない。

3．2030年度におけるエネルギー需給の見通し（エネルギーミックス）では，原子力は20～22％の活用とされている。また，GX脱炭素電源法では，原子力発電所を最長60年という制限を事実上超えて運転できるようになった。具体的には，原子力規制委員会の審査や裁判所の命令，行政指導などで停止した期間を運転期間から除外することができるとされたため，これによれば，たとえば停止期間が10年間であれば，運転開始から70年まで稼働させることができるようになる。

4．一票の格差が二度最高裁判所において違憲と判断されたことがあるのは衆議院議員選挙においてである。1976年（最大格差4.99倍），1985年（最大格差4.40倍）に違憲の判断が下された。また，2023年10月の判決では，最高裁判所は，最大格差3.03倍を合憲とした。

5．最高裁判所は，不交付決定が許されるのは「重要な公益が害される具体的な危険がある場合に限られる」とし，今回は薬物乱用の防止という公益が害される具体的な危険があるとはいえないとして，不交付決定を理事長の裁量権の逸脱，濫用に当たり違法と判断した。

正答　**1**

No. 3 （自然・人文・社会に関する時事）

危機管理等に関する次の記述のうち、妥当なものはどれか。

1 世界保健機関（WHO）は、1948年に設立された「すべての人々が可能な最高の健康水準に到達すること」を目的とする国連の専門機関であり、我が国も原加盟国として世界の保健課題への貢献を行ってきた。2020年1月、WHOは新型コロナウイルスの感染拡大を受け、「国際的に懸念される公衆衛生上の緊急事態（緊急事態宣言）」を宣言して以降、現在もなお当該宣言は継続している。

2 2023年5月、新型コロナウイルス感染症は「5類感染症」へと移行し、これにより、政府が一律に日常における基本的感染対策を求めることはしないこととなった。2023年9月には、感染症危機への対応にかかる司令塔機能を強化するために、内閣法が改正され、内閣官房に内閣感染症危機管理統括庁が設置された。

3 気候変動に関する政府間パネル（IPCC: Intergovernmental Panel on Climate Change）は、世界気象機関（WMO）および国連環境計画（UNEP）により1988年に設立された政府間組織である。IPCCは2023年3月、第六次評価報告書の統合報告書を公表し、世界の平均気温が、産業革命前と比べて2011〜2020年の10年間ですでに1.5℃上昇したとし、このままの状況では、21世紀の間に世界の平均気温の上昇が2℃を超えると指摘した。

4 地震におけるマグニチュードは地震の揺れの強さを表し、マグニチュードが1大きくなると、エネルギーは約32倍大きくなり、2大きくなると100倍になるとされる。2023年2月、トルコ南部でマグニチュード9.0の大地震が発生し、余震の影響も含め多数の建物が倒壊する被害を受けた。

5 線状降水帯とは、梅雨という季節現象をもたらす前線をさし、春から盛夏への季節の移行期に、日本から中国大陸付近に出現する停滞前線で、一般的には、南北振動を繰り返しながら沖縄地方から東北地方へゆっくり北上する。2023年も線状降水帯が各地で発生し、大雨をもたらした。

解説

1. 我が国がWHOに加盟したのは、1951年5月である。また、WHOは、2023年5月に宣言を終了すると発表した。約3年3か月を経ての終了の決定となった。

2. 妥当である。内閣官房に設置された内閣感染症危機管理統括庁は、内閣総理大臣・内閣官房長官を直接支えて、感染症対応の方針の企画立案、各省の総合調整を一元的に所掌することになっている。

3. IPCCの定義は正しいが、後半が誤りである。正しくは、産業革命前と比べて2011〜2020年の10年間ですでに1.1℃上昇したとし、このままの状況では、21世紀の間に世界の平均気温の上昇が1.5℃を超えると指摘した。

4. 地震におけるマグニチュードは地震の規模を表し、マグニチュードが1大きくなると、エネルギーは約32倍大きくなり、2大きくなると1,000倍になるとされる。また、2023年2月にトルコ南部で発生したトルコ・シリア大地震のマグニチュードは7.8である。マグニチュード9.0は東日本大震災時のものである。

5. 本肢は梅雨前線に関する説明である。線状降水帯とは、次々と発生する発達した雨雲（積乱雲）が列をなした、組織化した積乱雲群によって、数時間にわたってほぼ同じ場所を通過または停滞することで作り出される、線状に伸びる雨域のことをいう。2023年も線状降水帯による集中豪雨が発生し、土砂災害や河川の氾濫で尊い命が奪われた。

正答 **2**

スペシャル企画

ある中学校のクラスで，英語，数学，国語，社会，理科の5教科について「好き」か「好きでない」かのアンケート調査を行ったところ，次のことがわかった。これから確実にいえるのはどれか。

○英語が好きでない生徒は，数学が好きである。
○国語が好きな生徒は，社会が好きである。
○理科が好きな生徒は，英語が好きでない。
○英語と国語の2教科に関しては，2教科とも好きか，2教科とも好きでないのいずれかであった。

1 数学が好きな生徒は，理科が好きである。
2 国語が好きな生徒は，数学が好きである。
3 理科が好きな生徒は，社会が好きである。
4 数学が好きでない生徒は，社会が好きである。
5 5教科のうち，4教科が好きな生徒がいる。

予想問題 **No. 5** （判断推理）

図Ⅰのように小さな立方体が27個積み重なった大きな立方体がある。ここからいくつかの小立方体を取り除いてできた立体を，正面および右側面から見たとき，図Ⅱ，図Ⅲのように見えた。なお，小立方体は可能な限り多く取り除くものとする。このとき，図Ⅰの点A，B，Cを通るような平面で切断した場合，小立方体はいくつ切断されるか。

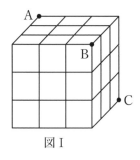
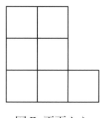
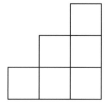

図Ⅰ　　　　　　　図Ⅱ 正面から　　　　　図Ⅲ 右側面から

1 0個
2 1個
3 2個
4 3個
5 4個

ポイント

　国家一般職の論理の問題は，多くが論理式を用いて解くタイプである。しかし，5年に一度くらいは，処理が難しい条件が出題されるので，注意が必要である。図形分野は，2問に1問は王道的なタイプが出題される。立体の切断，投影図，折り紙，軌跡など，パターン問題を学習しよう。

解説 No. 4

　4番目の条件「英語と国語の2教科に関しては，2教科とも好きか，2教科とも好きでないのいずれかであった」より，英語と国語のアンケート結果は同じなので，1つの教科「英・国」にまとめる。これを踏まえて1〜3番目の条件を論理式で表す。

○英・国 → 数学

○英・国 → 社会　　　対偶をとる　　　$\overline{\text{社会}}$ → $\overline{\text{英・国}}$

○理科 → $\overline{\text{英・国}}$

　これをつなげると右のようになる。　　　$\overline{\text{社会}}$ → $\overline{\text{英・国}}$ → 数学

　　　　　　　　　　　　　　　　　　　　　　　　↑
　　　　　　　　　　　　　　　　　　　　　　　理科

　三段論法より，$\overline{\text{社会}}$ → 数学（$\overline{\text{数学}}$ → 社会）が成り立つ。

　よって，正答は**4**である。

正答　**4**

解説 No. 5

　図Ⅱ，Ⅲの視点から，小立方体の積み立て方は，次の2通りが考えられる。

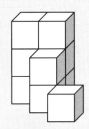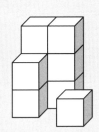

　図Ⅰの状態から，点A，B，Cを通る平面で切断すると，次の①〜⑨の9個の小立方体が切断される。

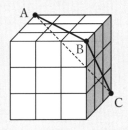

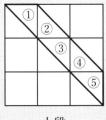

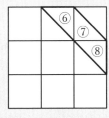

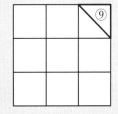

　　　　上段　　　　　　　　　　中段　　　　　　　　　　下段

　2通りの立体において，いずれの場合も①，②，⑥の3個の小立方体が切断される。

　よって，正答は**4**である。

正答　**4**

　小さな立方体が27個あり，それぞれに0，1，2，3，……26と順番に異なる数字が書かれている。これをxyz座標空間に下図のような順番で積み上げていき，3×3×3の大きな立方体を作る。この場合，たとえば「10」の小立方体は（x, y, z）＝（1，0，1）にある。

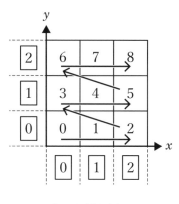

上から見た図

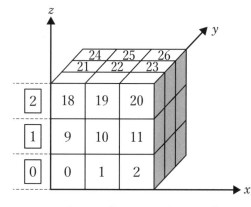

$z = 1$（9〜17），$z = 2$（18〜26）も
同様に小立方体を積み上げる

　ここで，同様に0，1，2，3，……と異なる数字が書かれている小立方体をn^3個用意し，先ほどと同じ規則で$n×n×n$の大立方体を組み立てたところ，「365」の小立方体の真上には「429」の小立方体が置かれた。「365」の小立方体が置かれた座標として正しいのはどれか。

1　（5，5，3）
2　（5，5，4）
3　（5，5，5）
4　（5，5，6）
5　（5，5，7）

解説

　3×3×3の場合を例に考えると，3個単位でx, y, z軸が変わっているので3進法ととらえることができる。したがって，$n×n×n$の大立方体はn進法と考えることができる。

　ここで，真上にある数字は，z軸が1増えているので，数字はn^2増えることになる。429－365＝64＝8^2なので，$n = 8$と考えることができる。

　「365」を8進法に変換すると，555となるので，座標は（x, y, z）＝（5，5，5）である。

　よって，正答は**3**である。

$$\begin{array}{r|l} 8 & 365 \\ \hline 8 & 45 \cdots 5 \\ \hline & 5 \cdots 5 \end{array}$$

正答　**3**

ポイント

　近年，国家総合職で毎年出題されていること，および，6年度から「情報」が出題されることから，記数法の問題を予想問題に加えた。10進法の変換だけではなく，位取り記数法の意味を理解しておくと，国家レベルの難易度にも対応できる。

PART
2

最新白書
早わかり解説&要点チェック

時事問題の出題ソースは，最新年度の「白書」であるが，
自分で何冊もの白書を読みこなすのは非常に大変だ。
ここでは，毎年のように出題される頻出の白書を厳選して，
そのポイントをわかりやすく解説する。

経済財政白書

注目 POINT

日本経済は，ウィズコロナによる上向きの動きが見られ，人材の活用，労働の質の向上，脱炭素化，デジタル化などを総合的に進め，中長期的な成長に資する取組みが重要である。

37ページの問題1～3をチェック！

マクロ経済の動向と課題

2023年5月に新型コロナ感染症が5類相当となる中，コロナ禍後の経済へと移行し，物価と賃金は成長に向けて動き始めた。物価と賃金については，サービス物価の上昇が緩やかである一方で，**30年ぶりの賃上げが進む**とともに，**価格改定頻度も上昇**している。来年度も高い賃上げを継続することにより「賃金と物価の好循環」を実現し，懸案のデフレからの脱却を実現・定着させていくことが重要である。また，経済政策は，財政出動による景気や生活の下支えから潜在成長率の上昇に軸足を移し，**DX**[1]**・GX**[2]**等の民間投資の誘発や少子化対策等**の中長期的な成長に資する取組みが不可欠である。

※1：デジタルトランスフォーメーション。デジタル技術を効果的に活用し，業務，組織，プロセスなどを変革し，競争力を高めること。

※2：グリーントランスフォーメーション。化石燃料等の使用をできるだけ抑制し，クリーンエネルギーを活用していくための変革やその実現をめざす諸活動。

金融の動向

2013年以降の金融政策により，**長期金利は大きく低下した**。実質金利の低下により，設備投資向けの貸出しが活発化するなど，一定の効果が見られた。

なお，金利の上昇は分配を通じて経済主体別に異なる影響が及ぶ。**家計部門**は受取利子の上昇により**全体の収支は改善方向が期待**され，**非金融法人企業部門全体**は足下では受取利子が支払金利を上回って**収支はプラス**だが，資産・負債の保有状況に応じて影響はさまざまである。

日本の財政状況

コロナ禍は経済や財政にも大きな影響を与え，家計・企業向けの支援，感染症対応による政府消費等の増加で**基礎的財政収支（PB）赤字と債務残高対GDP比は拡大**した。名目成長率はマイナスであったが，消費税率引上げなどにより**税収は増加**した。

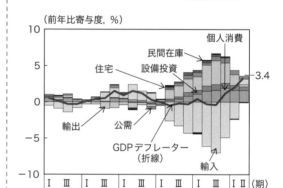

（前年比寄与度，%）

GDPデフレーターの寄与度分解

家計所得向上と少子化対策のための課題

家計所得を増やすためには，労働移動の活発化，副業・兼業の拡大，女性・高齢者の活躍促進に加え，資産形成を通じた所得の引上げなども重要である。

少子化対策の観点でも，**将来の所得上昇期待を高めて，結婚・出産の後押し**をすることが大切である。さらに，「共働き・共育て」を支援する仕組みとして，**保育所整備・男性育休やベビーシッター利用の促進**も求められる。

企業の収益性向上に向けた課題

マークアップ率（企業の価格設定力）の向上は，企業の収益性を改善させ，投資や賃上げ余力を高めるため，経済の好循環の観点からも重要であり，その向上を図るためには，**研究開発投資や人への投資などの無形資産投資**が重要な役割を果たす。また，無形資産には，その影響が広く及ぶ正の外部性があるため，官民投資による後押しが求められる。

労働経済白書

注目POINT

日本における社会経済活動は新型コロナウイルス禍の影響で停滞していたが，2022年に活発化し，より良い条件の仕事を探すとの理由で離職する人が増え，転職者数は3年ぶりに増加した。

37ページの問題4〜6をチェック！

2022年の労働市場（労働力概況）

2022年平均の完全失業率は前年差0.2ポイント低下の2.6%で，新型コロナ禍からの回復が労働市場にも反映されている。就業者は約6,700万人，就業率は約6割，失業者は約200万人，働く希望はあるが求職活動はしていない就業希望者は約240万人である。約440万人は働く希望はありつつも仕事に就けていないが，就業意欲がある者の94%程度が実際に仕事に就いている状況にある。

2022年平均の正社員の新規求人倍率は，前年差0.16ポイント上昇の1.68倍，有効求人倍率は0.11ポイント上昇の0.99倍，パートタイム労働者の新規求人倍率は，0.26ポイント上昇の2.42倍，有効求人倍率は0.14ポイント上昇の1.28倍であった。

転職者の動向

転職者数は，2011年以降，増加傾向で推移した後，2020年，2021年と減少が続き，290万人まで減少した一方で，2022年には3年ぶりに増加し303万人となった。前職を離職した理由別に転職者数の前年差を比較すると，2022年は「より良い条件の仕事を探すため」に離職した者の数が増加に転じた。

就業者の内訳と非正規雇用労働者

就業者の内訳を見ると，雇用者が約6,000万人と，就業者の大半を占めており，雇用者の中では，正規雇用労働者が約3,600万人と約6割，非正規雇用労働者が2,100万人と約3割を占めている。

賃金の動向

2022年における名目賃金はすべての月で前年同月を上回り，民間主要企業の賃上げ率は，2.20%と4年ぶりに前年の水準を上回った。一方で，円安の進行等に伴う物価上昇により，実質賃金は前年比で1.0%減少した。ここ25年の動向に着目すると，一人当たり名目労働生産性・名目賃金はほぼ横ばいで推移している。物価の影響も考慮した実質で見ると，一人当たり実質労働生産性は他国並みに上昇しているものの，一人当たり実質賃金は伸び悩んでいる。総じて，我が国においては，労働時間の減少や労働分配率の低下等が一人当たり賃金を押し下げている。

政策による賃金への影響

最低賃金が近年大きく上昇している中で，最低賃金に近いパートタイム労働者割合は高まっている。最低賃金の引上げは，最低賃金＋75円以内のパートタイム労働者の割合を大きく上昇させ，時給が低い（下位10%）パートタイム労働者の賃金を大きく引き上げる可能性がある。また，「同一労働同一賃金」の施行は，正規・非正規雇用労働者の時給差を約10%縮小させるとともに，非正規雇用労働者に対して賞与が支給される事業所の割合を約5%上昇させた可能性がある。

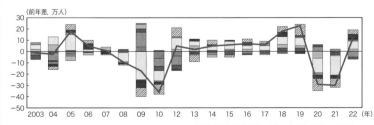

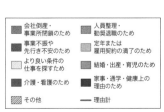

前職離職理由別に見た転職者数の推移

厚生労働白書

注目 POINT

単身世帯の増加，人々の交流の希薄化などの下，諸課題は複雑化・複合化しつつあり，制度の狭間にある課題にも取り組み，「つながり・支え合いのある地域共生社会」の構築が求められる。

37ページの問題7〜9をチェック！

社会保障を取り巻く環境

人口の動向は，社会保障とそのあり方などに大きな影響を及ぼす。我が国の人口は**2008年をピーク**に減少に転じ，**2022年の総人口が約1億2,495万人**であったのに対し，**2070年には約8,700万人**に落ち込むことが推計されており，本格的な少子高齢化・人口減少時代を迎えようとしている。

その下で，世帯規模が縮小するとともに，単身世帯の割合が増加し，また，人口規模の小さい市区町村の増加などの要因により，家族や地域における支え合いの機能の低下が懸念される。ちなみに，1世帯当たり人員は，1990年に2.99人であったが，2040年には2.08人まで減少するものと推計されている。単身世帯割合については，1990年に23.1％であったが，**2020年には38.0％まで増加**した。

人々の意識などに着目すると，各地域では，形式的な付き合いを望む人が増えてきており，人間関係が希薄化する中で，孤独・孤立の問題も顕在化してきている。

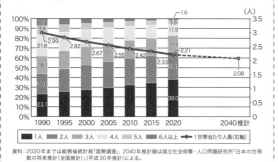

資料：2020年までは総務省統計局「国勢調査」，2040年推計値は国立社会保障・人口問題研究所「日本の世帯数の将来推計（全国推計）」（平成30年推計）による。

世帯人員数別世帯構成と1世帯当たり人員の推移

横断的な対応が必要な課題や制度の狭間の課題

人口構造や世帯構成が変化し，家族や地域のつながりが弱まっている中で，複数の課題が重なり合い複雑化している分野において，横断的な対応が求められる課題や従来の対象者別の制度には合致しにくい制度の狭間にある課題が表面化してきている。具体的には，80代の親が50代の子どもの生活を支え，経済的・精神的な負担を強いられる**「8050問題」**，就労や就学などを回避したまま6か月以上にわたって家庭内にとどまっている**「ひきこもり」**，本来大人が担うものと想定されている家事や家族の世話などを日常的に子どもが担う**「ヤングケアラー」**などの諸問題がある。また，本来必要な衛生の確保や健康，安全を維持するためのケアを怠り，損なう**「セルフネグレクト」**も深刻化している。

施策の方向性

対応が急務となっている諸問題について，相談者の属性，世代，相談内容にかかわらず，**包括的な支援体制を構築するための重層的支援体制整備事業を一層推進する**ことが求められる。特に，複雑化・複合化した課題は，さまざまな関係機関がかかわるため，ネットワークの構築が重要である。たとえば，福祉関係部局に加え，教育委員会，ハローワーク，社会福祉協議会に加え，NPO法人，家族会など民間を含めた連携が重要である。

さらに潜在的な支援の必要性を早期に発見し，課題の深刻化を防ぐために，**アウトリーチによる能動型の支援**も求められる。デジタルを活用した居場所づくりや，ボランティアなどの社会活動に参加しやすい仕組みなども不可欠である。

以上のように，社会が抱える課題を踏まえ，地域共生社会の実現に向けて，すべての人に**「つながり・支え合い」**を創出すること，人々の意欲・能力が十分発揮できる「つながり・支え合い」を創出するという観点で施策を進めることが求められる。全体として，自らに支援が必要な状況になったときに，周囲に支援を求めることができる環境が必要である。

男女共同参画白書

内閣府調査によれば，「この仕事を長く続けたい」と考える女性の割合が若手ほど大きい一方，日本の社会には固定的な性別役割分担が残存しており，大きな変革が求められる。

37ページの問題10〜12をチェック！

令和5年版
男女共同参画白書
みんなでつくる。
みんなの未来。
内閣府

家事・育児等・働き方の現状と課題

人生100年時代を迎え，我が国における家族の姿や人生は変化が加速し，多様化している。しかし，我が国においては，有償労働時間が男性に，無償労働時間が女性に大きく偏るなど，依然として，固定的な性別役割分担が残っている。一方で，近年，主に若い世代の理想とする生き方は変わってきており，未来を担う若い世代が，理想とする生き方，働き方を実現できる社会を作ることこそが，今後の男女共同参画社会の形成の促進において重要であり，すべての人の活躍にもつながるものと考えられる。

以上を踏まえ，固定的性別役割分担を前提とした長時間労働等の慣行を見直し，「男性は仕事」「女性は家庭」の「昭和モデル」から，**すべての人が希望に応じて，家庭でも仕事でも活躍できる社会，「令和モデル」に切り替える**べきである。

男女共同参画に関する現状と意識

女性の就業率はどの年齢階級でも上昇してきているが，**35〜44歳以上で，若い年代（25〜34歳）と比べて非正規雇用割合が上昇する傾向**が続いている。

近年の調査によれば，女性は年齢階級が高いほうが「子どもができても，ずっと職業を続けるほうがよい」と考える傾向があり，同じ世代でも，年齢が上がるにつれて，そのように考える傾向が強くなる。

また，男性が家事・育児等に積極的に参加するためには，「男性が育児・家事などに参加することに対する男性自身の抵抗感をなくすこと」が必要，とする割合は，男性より女性のほうが大きい。男性は年齢が低いほど割合が小さく，若い世代ほど家事・育児等への抵抗感が少ないことが明らかである。「男性による育児・家事などについて，職場における上司や周囲の理解を進めること」「労働時間の短縮や休暇制度，テレワークなどのICTを利用した多様な働き方を普及することで，仕事以外の時間をより多く持てるようにすること」は，男女ともに，年代が低いほうが，その割合が大きい傾向にある。

総じて，**男性は年齢が低いほど，家事・育児参加に関しては抵抗を感じておらず，職場等，周囲の環境を改めることがより必要である**と考えている。

就業率と仕事・生活の調和

就業率は男女ともに上昇傾向にあり，2022年について見ると，**15〜64歳の女性は72.4％，25〜44歳の女性は79.8％，15〜64歳の男性は84.2％**であった。**女性の年齢階級別正規雇用比率は25〜29歳の59.7％をピークに低下し，Ｌ字カーブを描いている。**

労働時間については，週間就業時間60時間以上の雇用者の割合は減少傾向にあり，男女別に見ると，男性は女性より高く，子育て期にある30代男性では9.1％，40代男性では10.3％となっている。

年次有給休暇の取得率については，近年上昇傾向にあり，2021年は全体で**58.3％**である。これを男女別に見ると，男性は女性より低く，**令和3（2021）年の取得率は，女性62.1％，男性56.5％**である。

さらに，**第1子出産前に就業していた女性の就業継続率（第1子出産後）は上昇傾向**にあり，2015〜19年に第1子を出産した女性では69.5％に上る。

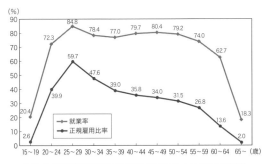

女性の年齢階級別正規雇用比率（令和4年〈2022〉年）

高齢社会白書

 注目POINT
高齢化が急速に進み，健康寿命や平均寿命が延びている状況の下，高齢者の社会参加や生きがいが，健康とのさらなる好循環を生み出せるよう，実情に合わせた取組みが期待される。

37ページの問題13～15をチェック！

我が国の人口と高齢化率の動向

　令和4（2022）年10月1日現在，我が国の総人口が1億2,495万人であるのに対して，**65歳以上人口は3,624万人であり，総人口に占める割合（高齢化率）は29.0%である**。そのうち，65～74歳人口は1,687万人で，総人口に占める割合は13.5%，また，75歳以上人口は1,936万人，総人口に占める割合は15.5%で，65～74歳人口を上回っている。**令和52（2070）年には，2.6人に1人が65歳以上，4人に1人が75歳以上になると推計**されている。

高齢者の就業率と健康寿命の動向

　高齢者の就業率の推移を見ると，10年前の平成24（2012）年の就業率と比較して，令和4（2022）年は**60～64歳が15.3ポイント，65～69歳が13.7ポイント，70～74歳が10.5ポイント，75歳以上では2.6ポイント伸びている**。

　また，日常生活に制限のない期間（**健康寿命**）は，令和元（2019）年時点で，**男性が72.68年，女性が75.38年**となっており，平成22（2010）年と比べて男性が2.26年，女性が1.76年延びている。ちなみに，同期間における平均寿命の延びは，男性が1.86年，女性が1.15年である。総じて，健康寿命は延伸し，平均寿命と比較しても延びが大きい。

「令和4（2022）年度高齢者の健康に関する調査」

　健康・スポーツ・地域行事など，社会活動の参加の有無別に現在の健康状態について見ると，**この1年間に社会活動に参加した人は，健康状態が「良い」と回答した割合が高くなっている**。

　また，健康状態が「良い」と回答した人ほど生きがいを感じる程度は高くなっており，**健康状態と生きがいは非常に強い相関関係が見られる**。

コロナ禍によるコミュニケーションの変化

　内閣官房が令和3（2021）年度に実施した「人々のつながりに関する基礎調査」を見ると，**コロナ禍により，人と直接会ってコミュニケーションをとることが「減った」と回答した割合が6割を超えている**。そのうち，約3割が直接会わずにコミュニケーションをとることが「増えた」と回答している。

　また，健康調査の結果では，インターネットでの医療機関や病気等の情報収集状況を平成29（2017）年度と比較すると，「インターネットで調べることがある」と答えた高齢者の割合が大きく増加している。

　さらに，別の調査によると，「携帯電話・スマホで家族・友人などと連絡をとる」「インターネットで情報を集めたり，ショッピングをする」と回答した割合が高くなっている。今後は情報機器の使い方がわからずに使いこなせていない高齢者や，必要性を感じられない高齢者を対象とした**デジタルデバイド解消の取組みをより一層推進していく**必要がある。

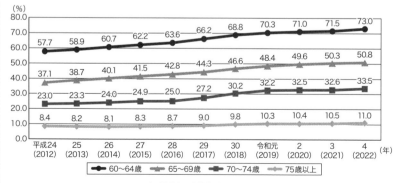

年齢階級別就業率の推移

通商白書

※「通商白書2023」はPDF形式等で公表

令和5年版
通商白書

経済産業省

注目POINT 世界経済の減速や不確実性の高まりなどを踏まえ，サプライチェーンの強靭化，グローバル・サウスとの連携強化，「内なる国際化」などを進めることが求められる。

37ページの問題16〜18をチェック！

減速感を強める世界経済

ロシアのウクライナ侵攻などによる不確実性の高まり，各国で進むインフレの高進や金融引締めの加速などの要因により，世界経済は減速感を高めている。また，米中間のハイテク分野における覇権争いが激化していることなどから，世界経済は分断の危機に直面している。その下で，グローバル・サウス※は，金融引締めの影響を受けた通貨価値の変動や金利上昇などから債券リスクが上昇し，今後も債務の状況に注意が必要である。

また，デカップリング（経済の分断）の進行や対立の激化は世界経済に損失を与える可能性が高い。グローバル・サウスは，中立を保って双方と貿易を続けることにより一定の利益を確保している。

※南半球に多いアジアやアフリカなどの新興国や途上国の総称。具体的な国としては，インドやインドネシア，トルコ，南アフリカなどが挙げられる。

WTOの動向

WTO（世界貿易機関）は上級委員の不在が長期化し，事実上の機能停止状態が続いた。その下で，紛争解決システムの利用件数は急減した。これを踏まえ，EU（欧州連合）は経済的威圧行為や市場歪曲措置に対し，独自に対抗できる措置を公表した。

世界的なインフレと課題

供給不足による世界的なインフレが進んでいる下で，設備投資などによる供給力強化や生産性の向上のほか，サプライチェーンの強靭化が求められる。

一般に，貿易開放度が高いほど全要素生産性が高くなる傾向にある。また，自由・民主主義・人権・法の支配といった基本的価値は経済秩序においても重要であり，それらを尊重する国相手の貿易ほど，不確実性の高まりによる貿易損失効果が小さい。

日本の貿易の動向

鉱物性燃料の輸入価格の上昇により，貿易赤字は大幅に拡大したものの，海外投資から得た利子・配当などの第一次所得収支の黒字幅が大きく，2022年の経常収支は黒字となった。

円安は輸出拡大の好機である一方で，約3割の品目で収益増につなげられなかった。

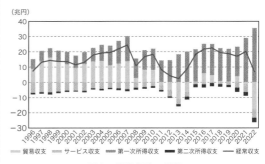

日本の経常収支の推移

日本企業の動向と課題

中国に対する地政学的リスクや経済安全保障上のリスクが高まっているととらえる国内企業が増えている一方で，直接的な取引先として，ASEANやインドを重視する傾向が見られる。

また，サプライチェーンの強靭化に向けた課題として，戦略的な在庫の積み増しや，調達・生産・販売拠点の分散化，国内調達・生産・販売強化などが強く認識されるようになった。サプライチェーンは，コロナ禍で脆弱性が露呈したが，これらの実態把握のためには，取引先のデータ連携が重要である。

さらに，企業のグローバル化は収益，雇用，賃金，生産性のほか，地域の輸出促進でも国内経済に貢献している。さまざまな状況に対応すべく，「内なる国際化」の推進が重要である。

科学技術・イノベーション白書

注目 POINT 大学や企業,自治体などによる科学技術に関する取組みが進められているが,地域の課題を解決し,経済発展と社会的課題の解決を両立する人間中心の社会を築くことが求められる。

38ページの問題19～21をチェック!

政府による科学技術・イノベーションの強化策

政府は,感染症,地球温暖化,少子高齢化など,世界が直面するさまざまな社会的課題の解決に資する科学技術・イノベーションに重点投資することとしている。**第6期科学技術・イノベーション基本計画**では,**Society 5.0**※の実現に向けて,少子高齢化,都市と地方の問題など我が国の社会課題の解決に向けた研究開発を推進するとともに,課題解決先進国として世界へ貢献し,一人一人の多様な幸せを向上させることを目標としている。

そのため,政府では科学技術分野の人材育成,世界最高水準の研究大学を形成するための大学ファンドや先端科学技術への大胆な投資,スタートアップへの徹底的な支援などを推進している。

※狩猟社会（Society 1.0）,農耕社会（Society 2.0）,工業社会（Society 3.0）,情報社会（Society 4.0）に続く,「サイバー空間（仮想空間）とフィジカル空間（現実空間）を高度に融合させたシステムにより,経済発展と社会的課題の解決を両立する人間中心の社会」。

地域における科学技術・イノベーション拠点等の例

川崎市において,商用で日本初の量子コンピュータが設置された。神戸市では,世界で初めて人工多能性幹細胞（iPS細胞）から作った網膜細胞の移植手術が行われた。また,青森県弘前市と弘前大学では,認知症や生活習慣病の予防法開発に取り組んでおり,熊本県では,最先端の半導体技術の研究開発が進められた。そのほか,各地の大学,高等専門学校等において,新しい技術開発が進められている。

地域科学技術・イノベーション政策の課題と展望

地域の社会的・経済的課題は,複雑で困難なものが多く,かつ絶えず変化しているため,地方大学,地方公共団体,企業など,個別の立場からのみで地域課題の解決やイノベーションを創出することは困難である。**高い研究能力を持つ地方大学等,地方公共団体および産業界が協働**し,地域の産学官のステークホルダーおよび地域住民にとってより良い地域のあり方を検討し,めざすべき地域の未来像となる地域ビジョンを策定することが重要である。

求められる人材育成

イノベーションが急速に進展し,技術がめまぐるしく進化する中,Society 5.0の実現に向け,AI・ビッグデータ・IoT等の革新的な技術を社会実装につなげるとともに,**産業構造改革を促す人材を育成**する必要性が高まっている。

これらについて,各省庁等における取組みが進められており,たとえば,文部科学省における**「AI戦略2019」**では,大学・高等専門学校における数理・データサイエンス・AI教育のうち,優れた教育プログラムを政府が認定することとし,令和4（2022）年度時点でリテラシーレベル217件,応用基礎レベル68件の教育プログラムを認定している。

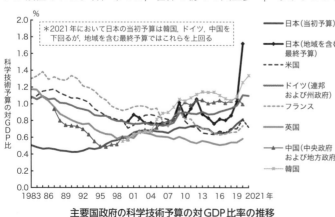

*2021年において日本の当初予算は韓国,ドイツ,中国を下回るが,地域を含む最終予算ではこれらを上回る

縦軸: 科学技術予算の対GDP比（%）　横軸: 1983 86 89 92 95 98 01 04 07 10 13 16 19 2021年

凡例:
— 日本(当初予算)
— 日本(地域を含む最終予算)
--- 米国
- ドイツ(連邦および州政府)
--- フランス
— 英国
— 中国(中央政府および地方政府)
— 韓国

主要国政府の科学技術予算の対GDP比率の推移

情報通信白書

注目POINT データを活用した多様なデジタルサービスは生活に深く浸透しつつあり，新しい時代に向けて，強靱・健全なデータ流通社会の実現に向けた取組みが求められる。

38ページの問題22～24をチェック！

情報通信関連産業の動向

2022年におけるICT市場の規模は，支出額ベースで**27.2兆円であり，前年比5.2%増**となった。また，2021年における 情報通信産業の**名目国内総生産は52.7兆円**であり，これは，**全産業の9.7%に当たり，前年比で0.8%増**であった。

さらに，2021年における ICT財・サービスの貿易額の名目値は，**輸入が19.2兆円で前年比14.6%増，輸出が12兆円で前年比13.3%増**であった。

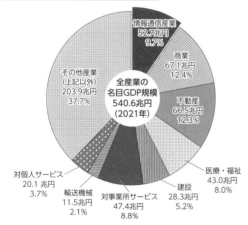

情報通信産業
52.7兆円
9.7%

商業
67.1兆円
12.4%

不動産
66.5兆円
12.3%

全産業の
名目GDP規模
540.6兆円
(2021年)

その他産業
(上記以外)
203.9兆円
37.7%

対個人サービス
20.1兆円
3.7%

輸送機械
11.5兆円
2.1%

対事業所サービス
47.4兆円
8.8%

建設
28.3兆円
5.2%

医療・福祉
43.0兆円
8.0%

主な産業のGDP（名目）

通信インフラの高度化とデジタルサービスの多様化

インターネット普及初期の頃は，ホームページ閲覧などWeb1.0と呼ばれる片方向のデータの流通が中心であったが，2000年代に入り，SNS等の普及により，不特定多数のユーザー間での双方向のデータのやり取りが進展し，いわゆるWeb2.0が発展した。近年は，**ブロックチェーンを活用したデータの流通・分散管理をベースとするWeb3.0**が注目されるとともに，さらに，我が国を含む各国において，メタバースや生成AIを活用したChat GPT，プロンプト型画像生成AIなどの新たなサービスも登場した。

パーソナルデータの活用状況

我が国の企業でも，パーソナルデータの活用が進展する一方，米国の企業と比較すると，活用状況は低調である。具体的には，**個人データを事業に活用している日本企業は52.8%**であり，米国企業の81.9%と比べて，**29.1ポイント低い水準**であった。

活用の課題・障壁として，日本では「**データの収集・管理に係るコスト**」や「**データの管理に伴うリスクや社会的責任の大きさ**」を挙げる企業が多い。

ユーザーの側から見ると，SNS，検索などプラットフォーマーの提供するデジタルサービスはわれわれの生活の利便性向上に貢献する一方，一定数のユーザーは，サービス利用時にプラットフォーマーへパーソナルデータを提供することについて不安を感じている。それを踏まえ，パーソナルデータを提供する際に重視する点について，「**十分なセキュリティの担保**」「**データの利用目的**」「**適切なデータの取扱い方法**」を挙げるユーザーが多い。

情報に接する際のリスクなど

SNS等では，自分と似た意見にばかり触れてしまうようになる「**エコーチェンバー**」や，自分好みの情報以外が自動的にはじかれてしまう「**フィルターバブル**」等が見られ，「**情報の偏り**」が生じやすい。これに関連して，SNS等では自分に近い意見や考え方等が表示されやすい傾向があることについて「よく知っている」と「どちらかといえば知っている」と回答した割合は，**欧米と比較すると低い**。

さらに，利用者がさまざまな情報を容易に入手・発信可能となる一方，誹謗中傷や偽の情報・誤った情報が流通・拡散する問題も顕在化している。AI・ディープフェイクの普及により，偽画像・動画の拡散が加速するおそれもある。

食料・農業・農村白書

注目POINT　国際情勢や気候変動，世界の人口増加などを背景に，日本では食料安全保障上のリスクが高まっており，食料の生産基盤の維持・強化，安定的な供給が不可欠である。

38ページの問題25〜27をチェック！

世界の食料需給と食料安全保障

世界の食料需給については，世界的な人口増加や新興国の経済成長等により食料需要の増加が見込まれる中，気候変動による農産物の生産可能地域の変化や異常気象による大規模な不作等が食料供給に影響を及ぼす可能性があり，**中長期的には逼迫が懸念される**。さらに，2022年2月のロシアによるウクライナ侵略等により，穀物や農業生産資材についても，価格高騰や原料供給国からの輸出の停滞等の安定供給を脅かす事態が発生した。

我が国の食料を巡る国内外の状況は刻々と変化し，食料安全保障[※]上のリスクが増大しており，早急にこれに対処することが求められる。ちなみに，2022年の農産物輸入額は，価格の上昇と円安の影響で前年より31.2％増加したが，穀物の輸入数量は微増し，牛肉や果実類の輸入量は減少した。

また，我が国の農産物輸入額において，**輸入先上位6か国が占める割合は6割程度であり，主要農産物の輸入構造は少数の特定国に依存している。**

※国内の農業生産の増大を図ることに加え，輸入および備蓄を適切に組み合わせ，凶作や輸入の途絶等の不測の事態への備えを含め，食料の安定的な供給を確保すること。

輸出の動向とこれからの展望

2022年の農林水産物・食品の輸出額は，外食向けの需要増加や為替相場の影響もあり，**前年に比べ14.3％増加の1兆4,148億円となり，過去最高を更新**した。我が国は，2025年までに2兆円，2030年までに5兆円とする目標を掲げ，取組みを進めている。

「みどりの食料システム戦略」の推進

「みどりの食料システム戦略」は，食料・農林水産業の生産力向上と持続性の両立をイノベーションで実現させるため，中長期的な観点から戦略的に取り組む政策方針で，2022年6月に中間目標としてKPI（重要業績評価指標）2030年目標を定めた。加温面積に占めるハイブリッド型園芸施設等の割合を50％とすること，土壌診断やデータ等を活用した施肥の効率化・スマート化の推進等により，化学肥料使用量を20％低減すること等を設定している。

また，労働力不足の解消や生産性向上等を実現するため，**スマート農業の現場実装や農業のデジタルトランスフォーメーション（DX）の加速化**をさらに推進することが求められる。

デジタル田園都市国家構想

2022年12月，政府は，デジタル技術の活用によって，地域の個性を活かしながら地方の社会課題の解決や地域の魅力の向上を図り，地方活性化を加速することを目的にした**「デジタル田園都市国家構想総合戦略」**を策定した。高齢化や過疎化に直面する農山漁村においてこそ，地域資源を活用したさまざまな取組みにおいてデジタル技術を活用し，地域活性化を図ることが期待される。

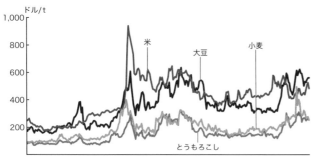

穀物等の国際価格

環境白書・循環型社会白書・生物多様性白書

38ページの問題28〜30をチェック！

注目POINT 気候変動や生物多様性の損失など，地域環境は悪化のリスクを抱えており，持続可能な経済社会システムと暮らしを築き，環境・経済・社会の統合的向上を図ることが急務である。

気候変動の現状と危機

世界各地において高温や大雨などの異常気象が多く発生し，深刻な気象災害を引き起こしていることに示されているように，気候変動問題は危機的な状況にある。地域温暖化が進行することにより，豪雨や猛暑のリスクがさらに高まることが予想される。

国連環境計画 (UNEP) の「Emission Gap Report2022」によると，温室効果ガス排出量について，**世界はいまだパリ協定の目標達成には及んでおらず，今世紀の気温上昇は2.8℃に及ぶと考えられる**。その対策についても，ネットゼロの約束，宣言の信頼性と実行可能性は不確実性が高く，予断を許さない。ちなみに，2020年の世界の人為起源の温室効果ガスの総排出量はおよそ540億トンCO_2である。

日本の2021年度の温室効果ガス排出量は，11億7,000万トンCO_2であり，前年度より２％増加した。 森林整備などの吸収源対策による吸収量は4,760万トンCO_2，排出量から吸収量を引いた**排出・吸収量は11億2,200万トンCO_2で，削減目標基準年（2013年度）の排出量と比較すると，20.3％減少した。**

総じて，気候変動や生物多様性の損失は，経済や社会に大きな影響を与えており，早急に，世界的な規模での対策が求められる。

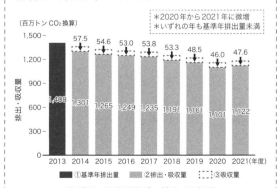

（百万トン CO_2換算）

＊2020年から2021年に微増
＊いずれの年も基準年排出量未満

	2013	2014	2015	2016	2017	2018	2019	2020	2021(年度)
吸収量		57.5	54.6	53.0	53.8	53.3	48.5	46.0	47.6
排出・吸収量	1,408	1,301	1,265	1,249	1,235	1,191	1,161	1,101	1,122

■①基準年排出量 ■②排出・吸収量 □③吸収量

我が国の温室効果ガス排出・吸収量

環境問題に対する国際的な取組み

2022年11月，エジプトのシャルム・エル・シェイクにおいて，「国連気候変動枠組条約第27回締約国会議（COP27）」が開催され，**「シャルム・エル・シェイク実施計画」が決定**された。特に，全締約国の気候変動対策の強化が求められる内容となった。

また2023年４月には，札幌において，日本を議長国とした**「G７札幌 気候・エネルギー・環境大臣会合」**が開催された。その中で，脱炭素，循環経済，ネイチャーポジティブ（自然再興）経済を統合的に推進し，気候変動，生物多様性の損失，汚染に対処することや，安全性，エネルギー安全保障，経済効率性および環境を同時に実現すること，排出削減と経済成長の両立などの重要性が確認された。

持続可能な経済社会システムと地域，暮らしの実現

国際社会の不安定化は，環境やエネルギーにも深刻な影響を及ぼす。たとえば，2022年のロシアによるウクライナ侵攻により，世界のエネルギー情勢は一変した。日本は気候危機の中で，経済社会の構造をより強靭で持続可能なものにする必要がある。

具体的には，2050年カーボンニュートラル（炭素中立）と2030年度温室効果ガス46％削減という目標実現のため，**2030年までの期間を「勝負の10年」と位置づけ**，グリーントランスフォーメーション（GX）により持続可能で強靭な社会経済システムへの転換を進める。また，地域の脱炭素化のため，2030年までにカーボンニュートラルを実現する**脱炭素先行地域を2025年までに少なくとも100か所選定し，基盤となる重点対策を展開する**。消費ベースでの日本の温室効果ガス排出量は，約６割が家計によるものであるから，資源循環や自然資源を大切にする視点でライフスタイルを変えていく必要がある。

防衛白書

注目POINT ウクライナや我が国近隣の緊迫した状況に示されるように，国際社会は試練の時を迎え，危機の時代に突入しつつある。国民の命や暮らしを守るために，抑止力を高めていく必要がある。

38ページの問題31〜33をチェック！

我が国の安全保障を巡る環境

我が国と普遍的価値や政治・経済体制を共有しない国家が，不当に勢力を拡大しつつある。特に，主権と領土一体性を侵害し，武力行使を禁ずる国際法と国連憲章に違反するロシアのウクライナ侵略など，力による一方的な現状変更やその試みは，法の支配に基づく国際秩序に対する深刻な挑戦である。**パワーバランスの変化で国家間の競争が顕在化**し，特に米国と中国の競争は激しさを増す。国際社会が共通の課題への対応で団結しづらくなっている。

アメリカと中国を巡る情勢

我が国と密接な関係にあるアメリカは，同盟とパートナーシップが世界戦略上最大の優位性であると認識する一方で，中国を「対応を絶えず迫ってくる挑戦」と位置づけている。また，**日米豪印の「QUAD（クアッド）」や米英豪の「AUKUS（オーカス）」などの多国間による枠組み**を通じて「自由で開かれたインド太平洋」を推進する姿勢を示している。

一方で**中国は，過去30年以上にわたって国防費を急増させ，量的にも，質的にも，軍事力を強化している**。対外的な姿勢や軍事動向は，国際秩序を強化するうえで最大の戦略的な挑戦といえる。

2022年8月，**中国は台湾周辺の海・空域ですべての軍種を動員した実戦化統合訓練を実施**した。訓練

エリアに9発の弾道ミサイルを発射し，このうち**5発が我が国の排他的経済水域（EEZ）内に着弾**した。演習では台湾の封鎖や制海権・制空権の獲得など，侵攻作戦の一部が演練された可能性がある。

中台の軍事バランスは，全体として中国側に有利な方向に急速に傾斜している。台湾海峡の平和と安定について国際社会で懸念が高まっている。

北朝鮮を巡る情勢

北朝鮮は飛翔体の発射を繰り返し，核・ミサイル技術と運用能力の向上に力を注いでいる。特に，我が国を射程に収める弾道ミサイルについては，必要な核兵器の小型化や弾頭化を実現し，攻撃力を保有していると見られ，重大な脅威となっている。

安保関連3文書

いっそう厳しく，複雑な安全保障環境を踏まえ，2022年12月，我が国は，**国家安全保障戦略，国家防衛戦略，防衛力整備計画**の3文書を閣議決定した。

国家安全保障戦略は安全保障の最上位の政策文書である。特に，外交力・防衛力・経済力を含む総合的な国力を最大限に活用し，国益を守るべく，危機を未然に防ぎ，国際秩序を強化する外交・防衛体制の強化，米国との安保協力の深化，サイバー・海洋・宇宙など全方位で守る取組み・経済安全保障の促進などを実施する方針である。

また，国家防衛戦略では，防衛計画の大綱に代えて，防衛目標と達成手段を示し，「我が国の防衛上必要な7つの機能・能力」として，スタンド・オフ防衛能力，統合防空ミサイル防衛能力，無人アセット防衛能力，領域横断作戦能力，指揮統制・情報関連機能，機動展開能力・国民保護，持続性・強靱性を挙げている。

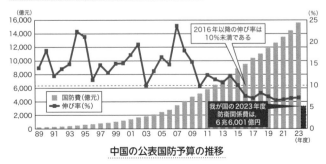

中国の公表国防予算の推移

最新白書の〇✕チェック問題

下線部：ひっかけポイント

☑	**1**	2013年以降，経済状況の<u>長期金利や実質金利は上昇傾向</u>が続いたが，金融政策が奏功し，設備投資向けの貸出が活発化するなど，一定の効果が見られた。
☑	**2**	コロナ禍は経済や財政にも大きな影響を与え，家計・企業向けの支援，感染症対応による政府消費等が増加したが，<u>基礎的財政収支（PB）赤字は縮小した</u>。
☑	**3**	2022年を通じて，GDPデフレーターの伸びに対するプラスの寄与度の大きさについては，個人消費や設備投資と比較して，<u>輸出の寄与度が大きかった</u>。
☑	**4**	日本の労働市場の概況について2022年の平均で見ると，<u>完全失業率は前年から0.2ポイント減の2.6％</u>，正社員の新規求人倍率は0.16ポイント増の1.68倍であった。
☑	**5**	前職離職理由別転職者数の推移によれば，2022年は，「人員整理・退職勧奨のため」の転職が減少する一方，<u>「より良い条件の仕事を探すため」</u>の転職が増加した。
☑	**6**	一人当たり名目労働生産性・名目賃金は，我が国では<u>25年間にわたり堅調に増加</u>している。
☑	**7**	日本において世帯の規模は縮小する傾向にあり，特に単身世帯割合については，1990年に23.1％であったが，<u>2020年には38.0％まで増加</u>した。
☑	**8**	近年では，社会保障制度の狭間に位置する諸問題が顕在化しており，その一つとして，<u>就労や就学などを回避し6か月以上にわたって家庭内にとどまっている「セルフネグレクト」</u>が挙げられる。
☑	**9**	潜在的な支援の必要性を早期に発見し，課題の深刻化を防ぐために，<u>プル型による能動型の支援</u>も求められる。
☑	**10**	近年の調査によれば，<u>男性は年齢が高いほど家事・育児参加に関しては抵抗を感じておらず</u>，職場等，周囲の環境を改めることがより必要であると考えている。
☑	**11**	2022年における<u>女性の就業率および正規雇用比率</u>は，いずれも，<u>25～29歳がピーク</u>になっている。
☑	**12**	<u>第1子出産前に就業していた女性が出産後に就業を継続する割合</u>は，一時期上昇傾向にあったが，<u>低下に転じた</u>。
☑	**13**	日本において，2022年10月1日時点における，65歳以上の人口が総人口に占める割合である<u>高齢化率は3割を大きく上回った</u>。
☑	**14**	2021年から2022年にかけて，年齢階級別の<u>高齢者の就業率はいずれの階級においても増加</u>した。
☑	**15**	「令和4（2022）年度高齢者の健康に関する調査」の結果によれば，<u>この1年間に社会活動に参加した人は，健康状態が「良い」と回答した割合が高い</u>。
☑	**16**	WTO（世界貿易機関）は上級委員の不在が長期化し，事実上の機能停止状態が続いた一方，<u>紛争解決システムの利用件数は急増した</u>。
☑	**17**	<u>2022年における日本の貿易収支は赤字</u>であったが，第一次所得収支の黒字額が上回ったことなどにより，<u>経常収支は黒字</u>であった。
☑	**18**	日本企業について，中国に対する地政学上・経済安全保障上のリスクが高まっているととらえる企業が増えている一方で，直接的な取引先として，<u>ASEANやインドを重視する傾向</u>が見られる。

---

1 ✕ 金利は低下傾向　2 ✕ PB赤字は拡大　3 〇　4 〇　5 〇　6 ✕ 横ばい　7 〇
8 ✕「セルフネグレクト」ではなく「ひきこもり」　9 ✕「プル型」ではなく「アウトリーチ」
10 ✕「高いほど」ではなく「低いほど」　11 〇　12 ✕ 上昇傾向が継続　13 ✕ 29.0％　14 〇
15 〇　16 ✕「急増」ではなく「急減」　17 〇　18 〇

最新白書の〇✕チェック問題

☑	19	Society 5.0とは，狩猟社会（Society 1.0），農耕社会（Society 2.0），工業社会（Society 3.0），商業社会（Society 4.0）に続く，新たな社会であり，仮想空間と現実空間を高度に融合させたシステムを柱とする。
☑	20	科学技術予算の対GDP比率を比較すると，2021年度において，日本の当初予算では韓国，ドイツ，中国を下回っているものの，地域を含む最終予算ではこれらの国を上回っている。
☑	21	文部科学省における「AI戦略 2019」では，優れた教育プログラムを政府が認定することとされており，産業界をはじめとした社会全体として積極的に評価する環境を醸成することを重視している。
☑	22	2021年における日本の名目GDP（国内総生産）に占める情報通信産業の割合は，商業，不動産に次ぐ水準であり，約9.7%を占めた。
☑	23	我が国の企業でもパーソナルデータの活用が急速に進展し，米国の企業を上回る水準となった。
☑	24	最近の調査によれば，日本において，SNS等で自分に近い意見や考え方等が表示されやすい傾向があることについて知っていると回答した割合は，欧米と比較すると高い。
☑	25	不透明な国際情勢を受け，農産物価格に上昇傾向が見られ，大豆，米，トウモロコシの価格はそれぞれ2023年3月時点において過去の最高値を更新した。
☑	26	我が国の農産物輸入額において，輸入先上位6か国が占める割合は6割程度であり，主要農産物の輸入構造は少数の特定国に依存している状況が続いている。
☑	27	世界経済における不確実性の高まりを受けて，2022年における我が国の農林水産物・食品の輸出額は減少傾向が続いた。
☑	28	国連環境計画（UNEP）の「Emission Gap Report2022」によると，温室効果ガス排出量について，世界はいまだパリ協定の目標達成には及んでおらず，今世紀の気温上昇は2.8℃に及ぶと考えられる。
☑	29	日本による温室効果ガスの排出・吸収量は，2020年から2021年にかけて微増したものの，基準とされる1,408万トン（CO_2換算）を下回る水準が続いた。
☑	30	2022年に開催された「国連気候変動枠組条約第27回締約国会議（COP27）」で合意された「シャルム・エル・シェイク実施計画」には，意見対立から，全締約国の気候変動対策の強化を求める文言は盛り込まれなかった。
☑	31	『防衛白書』では中国における軍備拡大の不透明性が指摘されているが，同国の公表国防予算は大きな伸びが続いており，2020年以降も前年比で10%を超える伸びが続いた。
☑	32	中国は，2022年8月に台湾周辺の海・空域ですべての軍種を動員した実戦化統合訓練を実施したが，日本政府の厳重な警告により，日本の排他的経済水域（EEZ）内への着弾は回避された。
☑	33	閣議決定された国家安全保障戦略，国家防衛戦略，防衛力整備計画の3文書のうち，安全保障上の最上位の政策文書は，国家安全保障戦略である。

---

19 ✕ Society 4.0は情報社会　20 〇　21 〇　22 〇　23 ✕ 米国企業と比較すると低調
24 ✕ 欧米と比較すると低い　25 ✕ 最高値には至らず　26 〇　27 ✕ 増加し過去最高
28 〇　29 〇　30 ✕ 盛り込まれた　31 ✕ 2016年以降は10%未満
32 ✕ 5発がEEZ内に着弾　33 〇

PART 3

新法・改正法
法律時事ニュース

新法・改正法は，社会が直面している問題に対する
対策・解決策を示すものであり，
教養試験・専門試験を問わず，出題可能性が高い。
時事対策の一環として，法律制定の経緯と内容の骨子を
しっかり押さえておきたい。

今年も出る！ 近年の 注目法律

✓ 民法の改正 [所有者不明土地の利用の円滑化を図る方策]

2023年4月1日施行

　相続登記がされないこと等により，所有者不明土地（不動産登記簿により所有者が直ちに判明しない土地や，所有者が判明しても，その所在が不明で連絡がつかない土地）が発生している。所有者の探索に多大な時間と費用が必要（戸籍・住民票の収集，現地訪問等の負担）となることから，所有者の所在等が不明な場合は，土地が管理されず放置されることが多く，共有者が多数の場合や一部所在不明の場合は，土地の管理・利用のために必要な合意形成が困難となる。そのため，公共事業や復旧・復興事業が円滑に進まず，民間取引が阻害されるなど，土地の利活用が阻害されたり，土地の管理が不全化し，隣接する土地への悪影響が発生する。そこで，財産管理制度見直しによる土地・建物の管理制度が創設された。

　現行の不在者財産管理人・相続財産管理人は，人単位で財産全般を管理する必要があり，非効率的になりがちである。そのため，所有者不明土地・建物の管理制度が創設されたのである。個々の所有者不明土地・建物の管理に特化した新たな財産管理制度が創設され，裁判所が管理命令を発令し，管理人を選任する。裁判所の許可があれば売却もできる。これにより，所有者不明土地・建物の管理が効率化・合理化される。

　また，所有者が判明していても，管理されないことによって危険な状態になることもある。そこで，管理不全土地・建物の管理制度も創設された。所有者が土地・建物を管理せずこれを放置していることで他人の権利が侵害されるおそれがある場合に，管理人の選任を可能にする制度が創設された。これにより，管理不全化した土地・建物の適切な管理が可能となる。

裁判所 → 所有者不明土地管理人選任 → 所有者不明土地管理処分

✓ 法人等による寄附の不当な勧誘の防止等に関する法律

2022年12月16日公布，2023年6月1日全面施行

　法人等による不当な寄附の勧誘を禁止するとともに，当該勧誘を行う法人等に対する行政上の措置等を定めることにより，消費者契約法とあいまって，法人等からの寄附の勧誘を受ける者の保護を図ることを目的として制定された。旧統一教会の問題を契機に作られた法律である。

　❶寄附の勧誘に関する規制：寄附の勧誘の際，不当勧誘行為で寄附者を困惑させることを禁止する。また，借り入れ等による資金調達の要求も禁止する。令和5年度の東京都Ⅰ類Bの教養試験において同法に関する出題があり，「寄附の勧誘に際し，霊感等の合理的実証が困難な特別な能力による知見を用い不安をあおる行為は，不当な勧誘行為に該当し禁止される」という選択肢が見られた。

　❷寄附の意思表示の取消し：禁止行為に基づく寄附の意思表示をした場合には取り消すことができる。また，子や配偶者が，生活費など将来受け取るべきぶんも返還請求することができる。

霊感で不安をあおる行為

宗教法人 ✕→ 被害者の個人

取消し＆返還請求

宗教法人 ← 被害者の個人

　❸寄附をした者に対する支援：国は，権利の適切な行使により被害の回復等を図ることができるようにするため，必要な支援に関する施策を講ずる努力義務を負う。

　❹罰則の規定：違反行為者に対する罰則も規定されている。

✓ デジタル改革関連法

2021年9月に，情報通信技術を活用することで，デジタル化社会の実現を図るデジタル改革関連法が施行された。官民や地域の枠を超えたデータの利活用によって，少子高齢化や自然災害などの社会的課題の解決を図り，デジタル化を推進することが目的である。デジタル改革関連法とは，次の6つの法律の総称である。

❶デジタル社会形成基本法：日本のデジタル戦略を担ってきたIT基本法を廃止し，ゆとりと豊かさを実感できる国民生活の実現，デジタルの利用機会の格差是正などを基本理念とするものである。デジタル化の目標や達成時期を定めた重点計画を作成するとしている。

❷デジタル庁設置法：国の情報システムを統括・管理するとともに，他省庁への勧告権を含む強力な総合調整機能を有する**デジタル庁**の設置を規定する法律で，同庁は2021年9月1日に発足。内閣直属の組織で，長は内閣総理大臣，また，担当の**デジタル大臣**，事務方トップの特別職の**デジタル監**が置かれる。その所掌する事務の一つとして，行政手続における個人等を識別する番号等の利用に関する総合的・基本的な政策の企画立案が規定されている。

❸デジタル社会形成関係整備法：個人情報保護について法律を一本化し，国や地方などで異なっていた個人情報の取扱いに共通ルールを定め，民間の監督を担ってきた個人情報保護委員会が，行政機関を含めて監督する。また，押印・書面手続きの見直しを図るものであるが，すべての行政手続で押印を廃止するものではない。

❹預貯金口座登録法：マイナンバーと預貯金口座を紐づけ，相続人が被相続人の口座情報を求めることができるものである。本人の同意を前提とし，複数の預貯金口座への個人番号の付番が行え，マイナポータルからも登録できる仕組みである。

❺公金受取口座管理法：国民が公金の受取りのための口座をマイナンバーとともに登録でき，災害などの緊急時の給付金の支給に利用できるようにするものである。

❻地方自治体情報システム標準化法：地方によってばらばらのシステムを，国が策定した基準に合わせることで，行政運営の効率化や住民の利便性向上を図るものである。

✓ 刑法の改正

❶侮辱罪の法定刑の引上げ：侮辱罪の法定刑の引上げの規定は，同年7月7日から施行された。侮辱罪の法定刑が，これまでの「拘留又は科料」から「**1年以下の懲役若しくは禁錮若しくは30万円以下の罰金又は拘留若しくは科料**」に引き上げられた（施行3年後における施行状況の検証が附則に追加）。

インターネット上の誹謗中傷が特に社会問題となっていることを契機として，誹謗中傷全般に対する非難が高まるとともに，誹謗中傷を抑止すべきとの国民の意識が高まっていること，近時の誹謗中傷の実態への対処として，侮辱罪の法定刑を引き上げ，厳正に対処すべきとの法的評価を示し，これを抑止するとともに，悪質な侮辱行為に対して厳正に対処することが必要となったためである。なお，名誉毀損罪の法定刑は，「3年以下の懲役若しくは禁錮又は50万円以下の罰金」のままである。5年度の国家総合職基礎能力試験では「名誉毀損罪が厳罰化された」とする誤肢が出題されている。

❷拘禁刑の創設による刑罰変更：刑事施設における受刑者の処遇のより一層の拡充を図るために，刑罰から懲役と禁錮をなくして，新たに拘禁刑を作る。刑罰の目的を，懲罰から立ち直りへ移すものであり，拘禁刑では刑務作業を一律には義務づけずに指導，教育を充実させることになる。刑罰の種類が変わるのは刑法制定の1907（明治40）年以来初めてで，こちらは3年以内に施行される。前述の試験で「禁錮刑が創設」という誤肢が出題されている。

現行の懲役では木工，印刷などの刑務作業が義務づけられるが，禁錮は義務づけられない。2020年の受刑者のうち，禁錮は1％未満で，過失による交通事故で適用されることが多いが，希望して作業に従事する者が大半で，懲役と区別する意味は稀薄であった。そこで，拘禁刑の条文に「改善更生を図るため，必要な作業を行わせ，または必要な指導を行う」と明記し，個々の受刑者の特性に応じて作業と指導を柔軟に組み合わせられるようにした。再犯者の割合が近年約5割と高止まりしている現状から，再犯率が高い薬物犯罪に特化した指導プログラムや，出所後の社会生活に必要な最低限の学力を身につける教科指導を充実させ，再犯者を減少させるのがその目的である。

✅ 少年法の改正

2022年4月に，18歳と19歳の少年を特定少年と位置づけ，17歳未満の少年とは異なる扱いを受けることを内容とした改正少年法が施行された。

少年法は，20歳未満の者を一律に少年として適用するものであるが，成人年齢を20歳から18歳に引き下げる改正民法が2022年4月から施行されたことに伴い，20歳に満たない者を少年として一律に保護の対象とすることは維持しつつ，18歳と19歳の少年を特定少年として，17歳未満の少年と区別する特定少年の特例規定が創設された。18歳と19歳に刑法が一律適用されるわけではない。改正のポイントは以下のとおりである。

❶検察官送致（逆送）対象事件が拡大：少年事件において，捜査機関は一定の嫌疑があれば，原則すべての事件を家庭裁判所に送致しなければならず，送致を受けた家庭裁判所は少年審判に付し，事件を調査したうえで保護観察などの保護処分を下すことになる。ただし，一定の事件の場合には，検察官に送致することで，成人と同様の刑事裁判にかけることができる（逆送）。改正により，「刑事処分を相当と認めるとき」や，死刑または無期もしくは短期1年以上の懲役・禁錮に当たる罪を犯した事件も対象とされることになった。

❷報道規制の解除：少年法では，少年時に犯した罪について，氏名や年齢，容ぼうなど本人と推定できる情報の報道（推知報道）は禁止されているが，特定少年が犯した罪について，起訴された場合（略式手続きは除く），推知報道の禁止が解除されることとなり，実名報道が可能となった。本試験では，実名報道は控えるとする誤りの選択肢が出された。

❸不定期刑の適用の除外：少年に対して刑罰を言い渡す際，明確な期間を示さない不定期刑（懲役○年以上△年以下）を言い渡すことになっているが，特定少年に対しては成人と同様に，明確な期間（懲役○年）を示して言い渡すことになった。

✅ 経済安全保障推進法

高度な先端技術の流出防止や，医薬品などの経済や生活に欠かせない重要物質の確保などを目的として，政府が企業の設備を審査するほか，先端技術研究にも関与し，罰則も設けるなど国の介入を強める法律で，その内容は次の4本柱からなる。違反した企業には最高で2年以下の懲役か100万円以下の罰金が科される。

❶医薬品や半導体などを安定的に確保するサプライチェーン（供給網）の強化：国民の生存や国民生活・経済活動に甚大な影響のある物質の安定供給の確保を図るための，（a）特定重要物質の指定，（b）民間事業者の計画の認定・支援措置，（c）特別の対策としての政府による取組み等。

❷サイバー攻撃に備えた電気，金融，鉄道などの基幹インフラの事前審査：基幹インフラの重要設備が我が国の外部から行われる役務の安定的な提供を妨害する行為の手段として使用されることを防止するため，（a）重要設備の導入・維持管理等の委託の事前審査や，（b）勧告・命令等を行う。審査対象は，法律で対象事業の外縁（例，電気事業）を示したうえで，政令で絞り込む。対象事業者は重要設備の導入・維持管理等の委託に関する計画書を事前に届出して審査を受ける。審査期間は原則30日。5年度の特別区教養試験で，この「事前審査」が出題された。

❸宇宙，海洋などの先端技術の官民協力：先端的な重要技術の研究開発の促進とその成果の適切な活用のために，（a）資金支援，（b）官民伴走支援のための協議会設置，（c）調査研究業務の委託等を行う。

❹原子力や高度な武器に関する技術の特許非公開：安全保障上機微な発明の特許出願につき，公開や流出を防止するとともに，安全保障を損なわずに特許法上の権利を得られるようにするため，保全指定をして特許を非公開とする仕組みや外国出願制限等をする。前述の試験で，この「非公開」が出題された。

発明の選定プロセスは，まず特許庁が第1次審査として技術分野等によるスクリーニングを行い，特定の技術分野に属する発明の特許出願を内閣府に送付する。次に，第2次審査として保全審査を行う。その際，国家および国民の安全を損なう事態を生じるおそれの程度，発明を非公開とした場合に産業の発達に及ぼす影響等を考慮する。

✔ 那覇市孔子廟訴訟違憲判決

最高裁大法廷判決：2021年2月24日

事案と争点 沖縄県那覇市長が，市の管理する都市公園内に，儒教の祖・孔子を崇敬する一般社団法人が所有する孔子廟設置の許可および公園使用料全額の免除をした。これが，**憲法20条3項の禁止する「宗教的活動」に該当する**かが争われた。

結論 最高裁は，市長の行為は憲法が禁止する「宗教的活動」に当たり，**政教分離原則に違反する**と判断した。

解説 まず，政教分離原則に関する，国家と宗教のかかわり合いについて，我が国の社会的，文化的諸条件に照らし，信教の自由の保障の確保という制度の根本目的との関係で相当とされる限度を超えるものを許さないとした。

次に，国公有地上にある施設の敷地使用料が免除される場合を，宗教的施設であっても，文化的あるいは社会的な価値や意義に着目して免除される場合もあるとしたうえで，①施設の性格，②免除することにした経緯，③免除に伴う国公有地の無償提供の態様，④これらに対する一般人の評価等，諸般の事情を考慮し，社会通念に照らして総合的に判断すべきとする基準を提示した。この基準は，空知太（そらちぶと）神社事件と同じ基準であり，津地鎮祭事件で提示した「目的効果基準」は採用していないことに注意が必要である。

そして，今回の施設等を①〜④に当てはめ（特に，免除の対象額が年間576万7,200円に上る），本件免除は，市と宗教とのかかわり合いが，我が国の社会的，文化的諸条件に照らし，信教の自由の保障の確保という制度の根本目的との関係で相当とされる限度を超えるものとして，**憲法20条3項の禁止する宗教的活動に該当する**と結論づけたのである。

● 最高裁判所の政教分離原則（憲法20条等）の違憲判決3例

・愛媛玉ぐし料事件（1997年4月2日）
・砂川空知太神社事件（2010年1月20日）
・那覇孔子廟事件（2021年2月24日）

✔ 在外日本人国民審査権訴訟違憲判決

最高裁大法廷判決：2022年5月25日

事案と争点 国外に居住しており，国内の市町村の区域内に住所を有していない日本国民，すなわち**在外国民に，最高裁判所裁判官の任命に関する国民審査に係る審査権の行使が認められていない**ことの適否等が争われた。

結論 最高裁は，国民審査法が在外国民に審査権の行使をまったく認めていないことは，憲法15条1項，79条2項，3項に違反すると判断した。

解説 最高裁は，審査権（選挙権のある18歳以上が罷免すべきだと思う裁判官に×印をつけて投票し，×が有効票の過半数だと罷免となる制度）が国民主権の原理に基づき憲法に明記された主権者の権能の一内容である点で**選挙権と同様の性質を有し**，憲法が衆議院議員総選挙の際に国民審査を行うとしているから，**憲法は，選挙権と同様に，国民に対して審査権を行使する機会を平等に保障する**。よって，国民の審査権またはその行使を制限することは原則として許されず，審査権またはその行使を制限するためには，制限することがやむを得ないと認められる事由がなければならず，制限することなしには国民審査の公正を確保しつつ審査権の行使を認めることが事実上不可能・著しく困難であると認められる場合でない限り，やむを得ない事由があるとはいえず，このような事由なしに審査権の行使を制限することは，憲法15条1項，79条2項，3項に違反する。国が審査権の行使を可能にするための所要の立法措置をとらないという不作為によって国民が審査権を行使することができない場合も，同様であるとした。

そして，審査権と同様の性質を有する選挙権については，在外選挙制度の下で，現に複数回にわたり国政選挙が実施されていることも踏まえると，**在外審査制度を創設すること自体について特段の制度的な制約はない**。国民審査の公正を確保しつつ，在外国民の審査権の行使を可能にするための立法措置をとることが，事実上不可能・著しく困難ではない。在外国民の審査権の行使を可能にするための立法措置がなんらとられていないことについて，やむを得ない事由があるということはできないとした。

PART 3

新法・改正法

☑ トランスジェンダー審判違憲決定

最高裁大法廷決定：2023年10月25日

事案と争点 トランスジェンダーが戸籍上の性別を変えるのに生殖能力を失わせる手術を必要とする性同一性障害特例法の要件が，憲法に違反するかが争われた。

結論 最高裁は，本件規定による身体への侵襲を受けない自由の制約について，現時点において，その必要性が低減しており，その程度が重大なものとなっていることなどを総合的に較量すれば，必要かつ合理的なものということはできず，本件規定は憲法13条に違反すると判断した。

解説 特例法が性別変更について定めている要件のうち，Ⅰ生殖腺がないか，その機能を永続的に欠く（生殖不能要件）と，Ⅱ変更する性別の器官に似た外観を備えている（外観要件）が，手術要件といわれるものである。Ⅰの要件を満たすには精巣・卵巣の摘出（生殖腺除去手術），Ⅱの要件を満たすには陰茎切除（外性器除去手術）などが原則として必要とされる。今回の審判は，出生時の性別は男性で，女性として社会生活を送るトランス女性が，手術なしでの性別変更を求めたものである。

　最高裁は，憲法13条（すべて国民は，個人として尊重される。生命，自由及び幸福追求に対する国民の権利については，公共の福祉に反しない限り，立法その他の国政の上で，最大の尊重を必要とする。）と，本件規定について次のように判示した。

　①憲法13条：自己の意思に反して身体への侵襲を受けない自由は，人格的生存にかかわる重要な権利として，同条によって保障されている。生殖腺除去手術は，精巣または卵巣を摘出する手術であり，生命または身体に対する危険を伴い不可逆的な結果をもたらす身体への強度な侵襲であるから，このような生殖腺除去手術を受けることが強制される場合は，身体への侵襲を受けない自由に対する重大な制約に当たる。このような制約は，性同一性障害を有する者一般に対して生殖腺除去手術を受けることを直接的に強制するものではないことを考慮しても，身体への侵襲を受けない自由の重要性に照らし，必要かつ合理的なものということができない限り，許されない。

　②Ⅰの要件：本件規定がなかったとしても，生殖腺除去手術を受けずに性別変更審判を受けた者が子をもうけることにより親子関係等にかかわる問題が生ずることは，極めてまれなことである。2003年の特例法制定当時に考慮されていた本件規定による制約の必要性は，その前提となる諸事情の変化により低減しているというべきである。本件規定による身体への侵襲を受けない自由に対する制約は，治療としては生殖腺除去手術を要しない性同一性障害者に対し，身体への侵襲を受けない自由を放棄して強度な身体的侵襲である生殖腺除去手術を受けることを甘受するか，または性自認に従った法令上の性別の取扱いを受けるという重要な法的利益を放棄して性別変更審判を受けることを断念するかという過酷な二者択一を迫るものになったということができる。このような二者択一を迫るという態様により過剰な制約を課すものであるから，本件規定による制約の程度は重大なものというべきである。

　③Ⅱの要件：最高裁は，Ⅱの外観要件については，高裁段階で検討されていないとして自ら判断を示さず，審理を高裁に差し戻した。そのため，申立人の性別変更を認めるか否かの結論は，今後の審理に持ち越された。今回違憲としたのは，Ⅰの要件のほうのみであることに注意が必要である。

| Ⅰ：生殖不能要件 | 生殖腺除去手術が必要 | ➡ | **違憲** |
| Ⅱ：外観要件 | 外性器除去手術が必要 | ➡ | 高裁に差し戻し |

✔ 民法の改正

　児童虐待が社会問題になっている現状を踏まえて民法の懲戒権に関する規定等を見直すとともに，いわゆる無戸籍者の問題を解消する観点から民法の嫡出推定制度に関する規定等を見直す。

　❶懲戒権規定の廃止：懲戒権に関する規定（改正前民法822条）が，児童虐待を正当化する口実になっているとの指摘を受け，改正前822条を削除する。そのうえで，親権者は民法820条により必要な監護教育をすることができることを前提に，監護教育に際し，子の人格を尊重するとともに，その年齢および発達の程度に配慮しなければならず，体罰その他の子の心身の健全な発達に有害な影響を及ぼす言動をしてはならないものとする（新821条）。以上は，公布日から施行する。

　なお，本改正に伴い，児童福祉法および児童虐待の防止等に関する法律上の監護教育に関する規定についても同様の措置を講ずる。

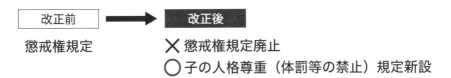

改正前	➡	改正後
懲戒権規定		✕ 懲戒権規定廃止 ◯ 子の人格尊重（体罰等の禁止）規定新設

　❷嫡出推定の見直し：嫡出推定の範囲に例外を設ける方策として，婚姻の解消等の日から300日以内に生まれた子は，前夫の子と推定するとの原則は維持しつつ，無戸籍者問題を解消する観点から，母が前夫以外の男性と再婚した後に生まれた子は，再婚後の夫の子と推定するとの例外を設けるものとする（新772条）。

	離婚		離婚後300日
原則 （再婚しない場合）		前夫の子 →	出生
例外 （離婚後300日以内に再婚した場合）		前夫の子 → 再婚 → 前夫の子 →	出生

　この見直しに伴い，100日間の女性の再婚禁止期間（改正前733条）を廃止する。

　❸嫡出否認制度の見直し：否認権者を拡大する方策として，否認権者を，夫のみから子および母にも拡大する。また，再婚後の夫の子と推定される子については，母の前夫にも否認権を認める（新774条，775条）。

　嫡出否認の訴えの出訴期間を伸長する方策として，嫡出否認の訴えの出訴期間を，現行法の1年から伸長する。父が提起する場合は，父が子の出生を知った時から3年。子・母が提起する場合は，子の出生の時から3年。前夫が提起する場合は，前夫が子の出生を知った時から3年とする（新777条〜778条の2）。なお，この施行日は令和6年4月1日であるが，子および母は，施行日から1年間に限り，施行日前に生まれた子について否認することができる。

　❹認知無効の訴えの見直し：子，認知をした者および子の母は，原則的に，所定の起算点から7年以内に限り，認知について反対の事実があることを理由に，認知の無効の訴えを提起することができるものとする（新786条）。

　❺新生殖補助医療法：第三者の提供精子を用いた生殖補助医療により生まれた子の親子関係に関する民法の特例に関する規律を見直す。妻が夫の同意の下，第三者の提供精子を用いた生殖補助医療により懐胎・出産した子については，夫に加え，子および妻も，嫡出否認をすることができないものとする（新生殖補助医療法10条参照）。

PART
3
新法・改正法

✔ 刑法と刑事訴訟法の改正

❶**不同意性交等罪・不同意わいせつ罪**：以下の Ⅰ または Ⅱ によって，性交等（性交・肛門性交・口腔性交のほか，膣や肛門に，陰茎以外の身体の一部または物を挿入する行為も含む）をした場合，不同意性交等罪で5年以上の有期懲役。わいせつな行為をした場合，不同意わいせつ罪で6月以上10年以下の懲役が成立。これらの罪は，配偶者やパートナーの間でも成立する。

Ⅰ：次のいずれかを原因として，同意しない意思を形成，表明または全うすることが困難な状態にさせること，あるいは相手がそのような状態にあることに乗じること。

① 暴行または脅迫
② 心身の障害
③ アルコールまたは薬物の影響
④ 睡眠その他の意識不明瞭
⑤ 同意しない意思を形成，表明または全うするいとまの不存在（例：不意打ち）
⑥ 予想と異なる事態との直面に起因する恐怖または驚愕（例：フリーズ）
⑦ 虐待に起因する心理的反応（例：虐待による無力感・恐怖心）
⑧ 経済的または社会的関係上の地位に基づく影響力による不利益の憂慮（例：祖父母・孫，上司・部下，教師・生徒などの立場ゆえの影響力によって，不利益が生じることを不安に思うこと）

Ⅱ：わいせつな行為ではないと誤信させたり，人違いをさせること，または相手がそのような誤信をしていることに乗じること。

上記ⅠやⅡに当たらない場合でも，相手が13歳未満の子どもである場合，または，相手が13歳以上16歳未満の子どもで，行為者が5歳以上年長である場合にも，不同意性交等罪や不同意わいせつ罪は成立する。

❷**16歳未満の者に対する面会要求等の罪**：16歳未満の子どもに対して，以下のいずれかの行為をした場合（相手が13歳以上16歳未満の子どもであるときは，行為者が5歳以上年長である場合），面会要求等の罪が成立する。

わいせつの目的で，次のいずれかの手段を使って，会うことを要求することで，1年以下の懲役または50万円以下の罰金。

① 威迫，偽計または誘惑（例：脅す，うそをつく，甘い言葉で誘う）
② 拒まれたのに反復（例：拒まれたのに，何度も繰り返し要求する）
③ 利益供与またはその申込みや約束（例：金銭や物を与える，その約束をする）

その結果，わいせつの目的で会うことで，2年以下の懲役または100万円以下の罰金。また，性交等をする姿，性的な部位を露出した姿などの写真や動画を撮影して送るよう要求することで，1年以下の懲役または50万円以下の罰金。

❸**公訴時効期間の延長**：性犯罪について，公訴時効期間がそれぞれ5年延長。

不同意わいせつ等致傷，強盗・不同意性交等の罪などは，15年 → 20年。不同意性交等，監護者性交等の罪は，10年 → 15年。不同意わいせつ，監護者わいせつの罪などは，7年 → 12年。

この期間に加えて，被害者が18歳未満の場合は，被害者が18歳に達する日までの期間に相当する期間を加算した期間が公訴時効期間となる。たとえば，12歳時の不同意性交等の被害の場合，時効完成は，21年（15年＋6年）後となる。

❹**その他**：「性的な姿態を撮影する行為等の処罰及び押収物に記録された性的な姿態の影像に係る電磁的記録の消去等に関する法律」が新設され，性的姿態等撮影罪などが新たに設けられた。2023年7月13日から施行。

✔ 著作権法の改正

2023年5月26日公布，2024年1月1日から順次施行

　著作物等の公正な利用を図るとともに著作権等の適切な保護に資するため，①著作物等の利用の可否に係る著作権者等の意思が確認できない場合の著作物等の利用に関する裁定制度を創設する等の措置，②立法または行政の目的のために内部資料として必要と認められる場合等に著作物等の公衆送信等を可能とする措置，③著作権等の侵害に対する損害賠償額の算定の合理化を図る措置について定める。

　❶著作物等の利用に関する新たな裁定制度の創設等：利用の可否に係る著作権者等の意思が確認できない著作物等の利用の円滑化を図る。未管理公表著作物等（集中管理がされておらず，利用の可否に係る著作権者等の意思を円滑に確認できる情報が公表されていない著作物等）を利用しようとする者は，著作権者等の意思を確認するための措置をとったにもかかわらず，確認ができない場合には，文化庁長官の裁定を受け，補償金を供託することにより，裁定において定める期間に限り，当該未管理公表著作物等を利用することができることとする。文化庁長官は，著作権者等からの請求により，当該裁定を取り消すことで，取消し後は本制度による利用ができないこととし，著作権者等は補償金を受け取ることができることとする。

未管理公表著作物の
利用
裁定

文化庁長官　　　　　　　　　　　　　利用者

　窓口組織（民間機関）による新たな制度等の事務の実施による手続の簡素化を図る。迅速な著作物等利用を可能とするため，新たな裁定制度の申請受付，要件確認および補償金の額の決定に関する事務の一部について，文化庁長官の登録を受けた窓口組織（民間機関）が行うことができることとする。新たな制度および現行裁定制度の補償金について，文化庁長官の指定を受けた補償金等の管理機関への支払いを行うことができることとし，供託手続を不要とする。

登録　　　　　　　　　　申請受付など

文化庁長官　　　　　　　　窓口組織（民間機関）

　❷立法・行政における著作物等の公衆送信等を可能とする措置：立法または行政の内部資料についてのクラウド利用等の公衆送信等を実現する。立法または行政の目的のために内部資料として必要と認められる場合には，必要な限度において，内部資料の利用者間に限って著作物等を公衆送信等できることとする。また，特許審査等の行政手続等のための公衆送信等についても，特許審査等の行政手続・行政審判手続につき，デジタル化に対応し，必要と認められる限度において，著作物等を公衆送信等できることとする。さらに，裁判手続についても，裁判手続のIT化のための各種制度改正に併せて，著作物等を公衆送信等できるよう規定の整備を行う。なお，民事訴訟手続については令和4年民事訴訟法等の一部改正法により措置済みである。

　❸海賊版被害等の実効的救済を図るための損害賠償額の算定方法の見直し：侵害品の譲渡等数量に基づく算定に係るライセンス料相当額を認定する。侵害者の売上げ等の数量が，権利者の販売等の能力を超える場合等であっても，ライセンス機会喪失による逸失利益の損害額の認定を可能とする。そして，ライセンス料相当額の考慮要素を明確化する。損害額として認定されるライセンス料相当額の算定に当たり，著作権侵害があったことを前提に交渉した場合に決まるであろう額を考慮できる旨を明記する。

法律時事の○×チェック問題

☑	1	民法が改正されて，個々の所有者不明土地等の管理に特化した新たな財産管理制度が創設されたことにより，裁判所が管理命令を発令し，管理人を選任することができるようになり，管理人は<u>裁判所の許可を要せず</u>に所有者土地等を売却することができる。
☑	2	法人等による寄附の不当な勧誘の防止等に関する法律は，寄附の勧誘に際して，霊感等の合理的実証が困難な特別な能力による知見を用いて<u>不安をあおる行為は，不当な勧誘行為に該当し，禁止される</u>とした。
☑	3	デジタル庁設置法が制定され，デジタル庁が2021年9月に発足した。同庁が所掌する事務の一つとして，<u>行政手続における個人等を識別する番号等の利用に関する総合的・基本的な政策の企画立案</u>が規定されている。
☑	4	侮辱罪を重罰化する改正刑法が2022年7月7日に施行され，その法定刑が引き上げられたことによって，同罪の法定刑は，これまでの「拘留又は科料」から「<u>3年以下の懲役若しくは禁錮又は50万円以下の罰金</u>」となった。
☑	5	少年法は，従来，20歳未満の者を一律に少年として適用されるものであったが，成人年齢を20歳から18歳に引き下げる改正民法が施行されたことに伴って，罪を犯した<u>18歳および19歳の者に対しては，刑法が一律に適用</u>されることになった。
☑	6	経済安全保障推進法が制定されたことにより，基幹インフラの重要設備が我が国の外部から行われる役務の安定的な提供を妨害する行為の手段として使用されることを防止するため，重要設備の導入・維持管理等の委託の<u>事前審査や，勧告・命令</u>が規定された。
☑	7	市長が，市の管理する都市公園内に，儒教の祖・孔子を崇敬する一般社団法人が所有する孔子廟の設置を許可し，その公園使用料の全額を免除することは，憲法<u>20条3項の禁止する「宗教的活動」に該当しない</u>。
☑	8	最高裁判所の裁判官に関する国民審査権は，<u>選挙権と同様の性質を有するものではない</u>から，国民審査法が，国民審査が，在外国民に審査権の行使をまったく認めていないことは，<u>憲法15条1項，79条2項，3項に違反しない</u>。
☑	9	トランスジェンダーが戸籍上の性別を変えるのに生殖能力を失わせる手術を必要とする特例法の要件は，<u>身体への侵襲を受けない自由の制約</u>について，その必要性が低減しており，その程度が重大なものとなっていることから，必要かつ合理的なものということはできず，<u>憲法13条に違反する</u>。
☑	10	民法改正により，婚姻の解消などの日から300日以内に生まれた子は，前夫の子と推定するとの原則は維持しつつも，母が前夫以外の男性と<u>再婚した後に生まれた子は，再婚後の夫の子</u>と推定するとの例外が設けられた。
☑	11	刑事訴訟法が改正されて，性犯罪について，公訴時効期間が<u>3年延長</u>されたことにより，不同意性交等，監護者性交等の罪は，10年から<u>13年</u>に，不同意わいせつ，監護者わいせつの罪などは，7年から<u>10年</u>になった。
☑	12	未管理公表著作物等を利用しようとする者は，著作権者等の意思を確認するための措置をとったにもかかわらず確認ができない場合に，<u>文化庁長官の裁定を受け</u>，補償金を供託することにより，裁定において定める期間に限り，当該未管理公表著作物等を利用することができるようになった。

1 ✕　2 ○　3 ○　4 ✕ 1年以下の懲役若しくは30万円以下の罰金　5 ✕　6 ○　7 ✕　8 ✕　9 ○　10 ○　11 ✕ それぞれ，10年から15年，7年から12年　12 ○

PART
4

教養試験の「出る文」チェック

教養試験の頻出テーマについて，
選択肢形式で「出る文」としてピックアップした。
直前期の見直しに活用してほしい。
十分に準備できていない科目も，
2〜3回このパートに目を通しておけば，
かなりの効果があるはずだ。

下線部：ひっかけポイント
　：特に要注意のテーマ

政治

解説

●政治

1 ホッブズは，自然状態では人間は自由で平等であったが，文明の発展によりそれらが損なわれたとき，全員一致で社会契約を結び，一切の権利を共同体に移譲することでのみ自由や平等は回復できるとした。

2 政党の政治活動を税金によって援助する仕組みとして政党交付金があるが，これは国民1人当たり年間250円を総額として，国会議員数の割合や国政選挙での得票率に応じて各党に配分されるものである。

3 日本では1955年に左右に分裂していた社会党が統一され社会民主党となり，日本民主党と自由党が保守合同し自由民主党が結成された結果，いわゆる「55年体制」と呼ばれる二大政党制が確立した。

4 我が国では，1925年に普通選挙法が成立し，貴族院と衆議院の両院において選挙権による制限が撤廃された。これにより，女子にも初めて選挙権が与えられた。

5 我が国の衆議院議員選挙では，小選挙区の立候補者を拘束名簿式比例代表名簿にも登載することができるが，その場合，複数の重複候補者を同一順位にすることはできない。

6 我が国の参議院議員選挙の比例代表制における当選者の決定は，事前に候補者を優先順に列挙する拘束名簿式によるが，この名簿を切り離して特定枠を定めることができる。

7 日本は，イギリスに近い議院内閣制であり，日本，イギリスともに国務大臣の過半数は国会議員の中から選ばれなければならない。一方，イギリスでは上院の第一党の党首が慣例的に首相に任命される。

8 フランスの大統領は間接選挙で選ばれているため，形式的・儀礼的な権限のみを有する。また，半大統領制を採用しているため，大統領が議会の信任を得るために，自らの政党と異なる政党から首相を選任する状態である「コアビタシオン」（保革共存）が生じうる。

9 アメリカの大統領は間接選挙で選出され，議会が可決した法案に対する拒否権を持つ。また，大統領は議会から独立しているため，仮に非行があったとしても，議会によって解任されることはない。

1 ✕ ルソーに関する説明である。ホッブズは自然状態を「万人の万人に対する闘争」ととらえた。

2 ○

3 ✕ 社会民主党ではなく，日本社会党（社会党）である。また，「55年体制」は，完全な二大政党制ではなく「一と二分の一政党制」と呼ばれている。一党優位性の典型とされる。

4 ✕ 衆議院のみ。また，女子に選挙権が与えられたのは終戦直後の1945年。

5 ✕ 複数の重複立候補者を同一順位にすることができる。同一順位の中から惜敗率（小選挙区の最多得票数に対する当該候補者の得票数の割合）の大きい順に当選者が決まる。

6 ✕ 参議院議員選挙の比例代表制は，個人得票数によって当選者が決まる非拘束名簿式を採用している。なお，拘束名簿式は衆議院議員選挙で用いられている。

7 ✕ イギリスの国務大臣は全員が国会議員でなければならない。また，イギリスの首相は，上院（貴族院）ではなく，下院（庶民院）の第一党党首がそのまま国王から任命される。

8 ✕ 直接選挙で選ばれているため，強大な権限を有する。

9 ✕ 大統領に非行があった場合，議会は大統領を解任することができる（弾劾裁判）。

10 ドイツの大統領は国家元首であるものの，形式的・儀礼的な役割の<u>みを果たし</u>，政治における実質的権限は，基本的には連邦議会（下院）の過半数の賛成により選出される首相（宰相）が有している。

11 所得倍増計画を打ち出した<u>佐藤栄作</u>内閣の下，日本は国際通貨基金（IMF）8条国へ移行し，経済協力開発機構（OECD）に加盟した。

12 <u>第一次臨時行政調査会</u>では，「増税なき財政再建」のスローガンの下，行政改革が提言され，日本国有鉄道，日本電信電話公社，日本専売公社の3公社が民営化された。

13 地方議会の議員の任期は4年であるが，直接請求により解職されることがある。また，議会が首長の不信任案を可決した場合，首長は議会を解散することができない。

14 普通地方公共団体の有権者は，その総数の<u>3分の1以上</u>の者の連署をもって，その代表者から，当該普通地方公共団体の<u>選挙管理委員会</u>に対し，条例の制定または改廃の請求をすることができる。

15 市町村長および市町村議会議員の被選挙権は満25歳以上であり，<u>都道府県知事および都道府県議会議員の被選挙権は満30歳以上</u>である。

16 日本の大都市制度には，従来，指定都市，中核市，特例市の3つが存在していたが，現在は，<u>中核市制度が廃止され，特例市の人口要件が「20万人以上」</u>に緩和されている。

●国際関係

17 1951年に締結された日米安全保障条約には，米軍による<u>日本防衛義務</u>が規定され，<u>事前協議制度も盛り込まれていた</u>。

18 国連総会は全加盟国で構成され，決議は1国1票が与えられ，<u>常に過半数で行われる</u>。もっとも，総会の決議は加盟国を拘束しない。

19 国際司法裁判所は，紛争当事国の同意による付託，あるいは訴えに対する<u>被告国の同意を得ないでも裁判を開始することができる</u>。

20 国連平和維持活動（PKO）は，<u>国連憲章第7章に根拠を有し</u>，わが国もPKO協力法に基づき，活動に参加することができる。

21 国際人権規約は，「市民的及び政治的権利に関する国際規約」（A規約）や，「経済的，社会的及び文化的権利に関する国際規約」（B規約）などからなる。

22 包括的核実験禁止条約（CTBT）は，地下を含む核実験を禁止しているが，<u>日本をはじめ</u>，アメリカや中国も批准しておらず，いまだ発効するに至っていない。

---

10 ◯

11 ✕ 池田勇人内閣である。なお，所得倍増計画は1967年に達成された。

12 ✕ 「増税なき財政再建」は，第二次臨時行政調査会のスローガンである。また，3公社の民営化も第二次臨時行政調査会の答申に基づいて行われた。

13 ✕ 首長は議会を解散することができる。

14 ✕ 連署要件は50分の1以上，請求先は普通地方公共団体の長である。

15 ✕ 都道府県議会議員の被選挙権は満25歳以上である。

16 ✕ 廃止されたのは特例市である。また，中核市の人口要件が従前の30万人以上から「20万人以上」に緩和された。

17 ✕ 共同防衛義務と事前協議制度は，1960年に改定された新安保条約に盛り込まれた内容である。

18 ✕ 常に過半数で行われるわけではなく，重要事項は3分の2以上の多数決で行われる。

19 ✕ 付託や同意を得ないと開始することができない。

20 ✕ PKOは，国連憲章上の明確な根拠を持たない。同第7章が想定した軍事行動（国連軍の組織）は，東西冷戦の中で十分に機能しなかったため，慣行を通じてPKOが蓄積されてきた。

21 ✕ 「経済的，社会的及び文化的権利に関する国際規約」がA規約（社会権規約）で，「市民的及び政治的権利に関する国際規約」がB規約（自由権規約）である。

22 ✕ 日本は1997年に批准している。アメリカや中国は署名しているが未批准である。なお，発効していないという点は正しい。

切り取り線

法律

出題頻度が最も高い憲法を中心に，知識を正確なものにしておこう。憲法以外の諸法は，過去の出題箇所に絞って知識を整理しておくのが効果的である。

出る文

●憲法総論

1 法治主義にいう「法」は，内容が合理的でなければならないという実質的要件を含む観念である。

2 権力分立制は，権力を行使する者に対する不信を基礎に成立しており，それは民主主義的な政治組織の原理といわれる。

●基本的人権

3 社会権は，資本主義の高度化に伴う失業・貧困などの弊害から，社会的・経済的弱者を守るために保障された20世紀的な人権であり，ワイマール憲法に初めて規定され，「国家による自由」といわれる。

4 在留外国人も社会保障を受ける権利を有するから，社会保障給付について，在留外国人は日本人と同等に扱われなければならない。

5 最高裁判所は，新しい人権として，みだりに容ぼう・姿態を撮影されない自由（肖像権）や，環境権を承認している。

6 二重の基準論とは，経済的自由権に対する規制を，消極目的と積極目的に分け，それぞれに応じた違憲審査基準を用いることである。

7 基本的人権は侵すことのできない永久の権利であるから，表現の自由は，公権力によって侵されないだけでなく，たとえ公共の福祉を理由とする場合であっても，制約を受けない。

8 地方公共団体が同一の取締事項について各別に条例を制定した結果，その取扱いにおいて差別を生ずることになった場合には，その地域差が生じていることは憲法14条１項に違反する。

9 令和３年の最高裁判所大法廷は，夫婦が婚姻の際に定めるところに従い夫または妻の氏を称すると定める民法750条の規定は，憲法14条１項，24条に違反しないと判示した。

10 令和５年の最高裁判所大法廷は，参議院議員の選挙において一票の格差が最大3.03倍の場合は，違憲状態であると判示した。

11 公務員に憲法の尊重・擁護を宣誓させることは，思想・良心の自由を保障する憲法19条に違反する。

解説

1 ✕ 出る文は法の支配についての記述である。

2 ✕ 自由主義的な政治組織の原理である。

3 ◎ なお，自由権は「国家からの自由」，参政権は「国家への自由」といわれる。

4 ✕ 判例は，自国民を在留外国人より優先的に扱うことも許されるとする（最判平元・３・２）。

5 ✕ 最高裁判所は，肖像権は承認する（最大判昭44・12・24）が，環境権は承認していない。

6 ✕ 二重の基準論とは，精神的自由権と経済的自由権を対比して，前者への規制に対する審査はより厳格な基準によるべきとする理論である。出る文の内容は規制目的二分論である。

7 ✕ ヘイトスピーチ解消など，表現の自由も公共の福祉による制約を受ける可能性を有している（憲法13条後段）。

8 ✕ 判例は，憲法が各地方公共団体の条例制定権を認める以上，地域によって差別を生ずることは当然に予期されることであるとして，地域差を理由に違憲とはできないとする（最大判昭33・10・15）。

9 ◎ 最大決令３・６・23。

10 ✕ 合憲である（最大判令５・10・18）。

11 ✕ 公務員は憲法尊重擁護義務を負う（憲法99条）から，その宣誓をさせることは職務の性質上の本質的要請であり，憲法19条には違反しない。

切り取り線

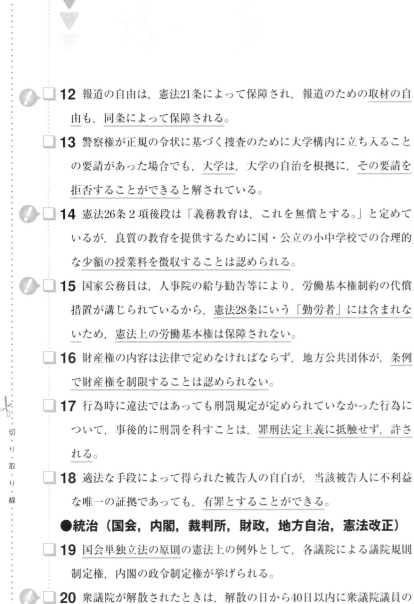

12 報道の自由は，憲法21条によって保障され，報道のための取材の自由も，同条によって保障される。

13 警察権が正規の令状に基づく捜査のために大学構内に立ち入ることの要請があった場合でも，大学は，大学の自治を根拠に，その要請を拒否することができると解されている。

14 憲法26条2項後段は「義務教育は，これを無償とする。」と定めているが，良質の教育を提供するために国・公立の小中学校での合理的な少額の授業料を徴収することは認められる。

15 国家公務員は，人事院の給与勧告等により，労働基本権制約の代償措置が講じられているから，憲法28条にいう「勤労者」には含まれないため，憲法上の労働基本権は保障されない。

16 財産権の内容は法律で定めなければならず，地方公共団体が，条例で財産権を制限することは認められない。

17 行為時に違法ではあっても刑罰規定が定められていなかった行為について，事後的に刑罰を科すことは，罪刑法定主義に抵触せず，許される。

18 適法な手段によって得られた被告人の自白が，当該被告人に不利益な唯一の証拠であっても，有罪とすることができる。

●統治（国会，内閣，裁判所，財政，地方自治，憲法改正）

19 国会単独立法の原則の憲法上の例外として，各議院による議院規則制定権，内閣の政令制定権が挙げられる。

20 衆議院が解散されたときは，解散の日から40日以内に衆議院議員の総選挙を行い，その選挙の日から30日以内に臨時国会を召集しなければならない。

21 参議院の緊急集会は，内閣が求めた場合だけでなく，参議院議員の総議員の一定人数以上の要求があれば開催することができる。

22 衆議院で可決し，参議院でこれと異なった議決をした法律案は，衆議院の再可決により法律となるが，この場合に両院協議会は必ず開かれなければならない。

23 参議院が衆議院の可決した予算を受け取った後，国会休会中の期間を除いて30日以内に議決しないときは，衆議院は参議院が否決したものとみなすことができる。

24 内閣総理大臣は，衆議院議員の中から国会の議決で指名され，天皇により任命される。

解説

12 ✕ 判例は，取材の自由は，同条の精神に照らし十分尊重に値する（最大決昭44・11・26〈博多駅事件〉）とし，保障するとはしていない。

13 ✕ 大学といえども治外法権の場ではないから，大学は拒否できないと解されている。

14 ✕ 判例は，義務教育の無償は，授業料不徴収の意味であるとする（最大判昭39・2・26）。

15 ✕ 判例は，公務員も憲法28条にいう「勤労者」に当たり，労働基本権が保障されるとする（全農林警職法事件）。

16 ✕ 憲法29条2項は，財産権の内容は，「法律」で定めると規定している。判例は，条例による財産権の制限も認められるとする（最大判昭38・6・26〈奈良県ため池条例事件〉）。

17 ✕ 事後法による処罰や遡及処罰は禁止される（憲法39条前段参照）。

18 ✕ 有罪とすることはできない（憲法38条3項）。自白以外の補強証拠が必要である。

19 ✕ 各議院による議院規則制定権，内閣の政令制定権は，国会中心立法の原則の例外である。

20 ✕ 衆議院解散後に召集される国会は特別国会である（憲法54条1項，国会法1条3項）。

21 ✕ 内閣だけが求めることができ（憲法54条2項ただし書，国会法99条1項参照），参議院議員側からはできない。

22 ✕ 法律案についての両院協議会の開催は任意的である（憲法59条3項）。

23 ✕ 衆議院の議決が国会の議決とされる（憲法60条2項）。

24 ✕ 国会議員の中から指名される（憲法67条1項）。よって，参議院議員でもよい。任命については正しい（同6条1項）。

PART **4**

教養試験の「出る文」

25 衆議院で内閣の不信任の決議案を可決し，または信任の決議案を否決した場合でなければ，内閣は衆議院を解散することができない。

26 衆議院議員総選挙において与党が過半数を確保した場合でも，選挙後の初めての国会召集時に，内閣は総辞職をする必要がある。

27 違憲審査権は法令の合憲性を判断する極めて重要な権限であるから，これを行使できるのは最高裁判所に限られ，下級裁判所には認められない。

28 司法権の独立は，立法権や行政権といった外部からの干渉が行われる場合にのみ問題となり，司法内部においては問題とはならない。

29 最高裁判所の長たる裁判官は，内閣の指名に基づいて天皇が任命し，最高裁判所のその他の裁判官は，内閣が任命する。また，下級裁判所の裁判官は，最高裁判所の指名した者の名簿によって内閣が任命する。

30 現行の制度の下では，特定の者の具体的な法律関係について紛争が存する場合にのみ，裁判所は違憲審査権を行使することができる。

31 令和4年の最高裁判所大法廷は，最高裁判所裁判官の国民審査において，海外在住の日本人が投票できないことが争われた事件で，憲法違反とする初の判断を示した。

32 予算の法的性質について，予算に法的性格を認めるが，法律とは異なった国法の一形式であると解する立場（予算法形式説）では，予算と法律が矛盾するという問題が排除される。

33 憲法92条の「地方自治の本旨」は住民自治と団体自治によって構成されており，団体自治とは，住民が地方自治体の政治に自ら参加する権利を持つとする原理である。

34 憲法の規定する改正手続に従えば，国民主権の原理を変更することも認められると解するのが通説である。

●その他の法律

35 現行法では，憲法，刑法，刑事訴訟法，民事訴訟法は公法に，民法，商法は私法に属する。

36 普通地方公共団体においては，議会は首長の不信任議決権を持ち，また，首長は議会の解散権を持つ。

37 民法が改正されて，女性にのみ設けられていた100日間の再婚禁止期間の規定は削除された。

38 裁判員の参加する刑事裁判では，裁判員は，被告人が有罪か無罪かについてのみ関与するが，刑の量定については関与しない。

---

25 ✕ 内閣は，不信任決議がされた場合（憲法69条）に限らず，憲法7条3号によっても解散できると解されている。

26 ◯ 憲法70条。

27 ✕ 下級裁判所も違憲審査権の行使が認められる（最大判昭25・2・1）。

28 ✕ 司法権の独立は司法内部においても問題となりうる（吹田黙祷事件など）。

29 ◯ 憲法6条2項，79条1項，80条1項。

30 ◯ 最大判昭27・10・8（警察予備隊違憲訴訟）。

31 ◯ 最高裁判所裁判官の国民審査は，選挙権のある18歳以上の者が罷免すべきだと思う裁判官に×印をつけて投票し，×が有効票の過半数だと罷免となる制度である（最大判令4・5・25）。

32 ✕ 予算は法律とは異なった国法の一形式と解するのであるから，予算と法律が矛盾するという問題が生じうる。なお，出る文は，予算は法律それ自体であると解する立場（予算法律説）からの帰結である。

33 ✕ 団体自治とは，国から独立した団体が自己の事務を自ら行う原理である。出る文は住民自治の内容である。

34 ✕ 通説は，国民主権の原理，基本的人権の尊重，平和主義などの憲法の基本原理の変更は認められないとする。

35 ◯ 公法とは，国家と私人との関係や国家組織内部の問題等を規律する法。民事訴訟法は，裁判所と私人との関係を規律するため，公法に分類される。

36 ◯ 地方自治法178条。

37 ◯

38 ✕ 裁判員は，被告人が有罪か無罪かだけでなく，刑の量定についても関与する（裁判員法6条1項）。

切り取り線

経済

直前期のポイント 経済原論や試験前年度の話題にちなんだ理論・時事問題が多い。概念や定義はもとより，財政絡みの積年の課題に対する取組みなどにも注目したい。

 解説

●ミクロ経済学

☐ **1** マーシャル的調整過程によれば，市場で超過需要が発生すると価格が上昇して市場は均衡に向かう。

☐ **2** ある財市場において供給曲線の傾きが需要曲線の傾きより小さいとき，この市場の均衡はワルラス的に安定である。

☐ **3** 消費者の所得が増加して需要が増え，企業が増産して対応すると，供給曲線は右へシフトする。

☐ **4** ある財の需要曲線は右下がり，供給曲線は右上がりとする。この財の原材料の価格が上昇すると，この財の需要曲線が左上へシフトし，この財の価格は上昇する。

☐ **5** 需要の価格弾力性が1より小さな財のことを奢侈品といい，需要の価格弾力性が1より大きな財のことを必需品という。

☐ **6** ある財の価格が下落するとき，代替効果はこの財の需要を増やす方向に働き，所得効果はこの財の需要を減らす方向に働く。

☐ **7** 外部性とは，ある経済主体の活動が，市場での取引きを経ないで，他の経済主体に及ぼす影響のことであり，環境汚染は外部不経済の一例である。

☐ **8** 完全競争市場で操業する企業は生産要素を所与の価格で購入し，自ら生産した財を所与の価格で売却する。

☐ **9** 市場が完全競争であるとき，そこで操業する企業は短期的にも，長期的にも超過利潤を得ることができない。

☐ **10** 生産者の販売価格と消費者の購入価格を不一致とし，その差を政府が補助金で補てんすることがある。このような価格設定のことを差別価格という。

☐ **11** 独占企業が差別価格を設定する場合，需要の価格弾力性が小さい消費者には低い価格を設定し，需要の価格弾力性が大きい消費者には高い価格を設定することによって，利潤を最大にすることができる。

☐ **12** 企業が外部不経済を発生している場合，この企業の私的限界費用曲線は，この企業の社会的限界費用曲線の下方に位置する。

1 ✕ ワルラス的。マーシャル的調整過程は，消費者価格が生産者価格を上回るとき，数量の増加をもって市場は均衡に向かうと考える。

2 ◎ なお，供給曲線の傾き＞需要曲線の傾きならば，マーシャル的に安定である。

3 ✕ 消費者の所得増加に伴う需要の増加は需要曲線を右へシフトさせるが，それに対応するための企業の増産では供給曲線はシフトしない。

4 ✕ 生産に要する原材料の価格が上昇すると，この財の生産にかかる（限界）費用が上昇するので，供給曲線が左上へシフトする。

5 ✕ 必需品，奢侈品。需要の価格弾力性は，価格が1％上昇したときの需要量の減少率である。

6 ✕ 減らすとは限らない。財が上級財ならば所得効果は増える方向に働き，中立財ならば変わらない。

7 ◎

8 ◎

9 ✕ 短期的には正または負の超過利潤を得ることもある。

10 ✕ 二重価格。二重価格の下での（社会的）総余剰は，「消費者余剰＋生産者余剰－政府の補助金」によって計算できる。

11 ✕ 高い，低い。

12 ◎ ちなみに，企業が外部経済を発生している場合，この企業の私的限界費用曲線は，この企業の社会的限界費用曲線の上方に位置する。

PART **4** 教養試験の「出る文」

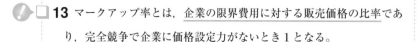

13 マークアップ率とは，企業の限界費用に対する販売価格の比率であり，完全競争で企業に価格設定力がないとき1となる。

●マクロ経済学

14 三面等価の法則とは，国民経済全体から見ると，国民所得は生産面，支出面，消費面において必ず等しくなるというものである。

15 国民所得は雇用者所得，財産所得および企業所得の合計であり，その額は国民純生産に固定資本減耗を加え，間接税から補助金を控除した額を差し引いた額に等しい。

16 国内総生産は一定期間に新たに創出された付加価値の総額であり，古美術品の売買に伴う手数料は国内総生産に計上されないが，家政婦が行った家事労働はすべて国内総生産に計上される。

17 国民経済計算において，企業の生産設備の新設は投資に含まれるが，企業の在庫の増加は投資には含まれない。

18 労働需給が引き締まれば賃金率が高まるという関係性は，物価版フィリップスカーブといわれている。

19 生産を行う場合に必要なものとして資本と労働を用いる場合，TFP（全要素生産性）とは資本と労働の相乗効果を表すものである。

20 マネタリーベースとは，市中に出回っている流通現金（日本銀行券発行高と貨幣流通高の合計）に日本銀行当座預金を加えたもので，マネーストック統計の現金とは異なり，金融機関の保有分が含まれる。

21 マネーストックのうち，金融政策として実際に効果を持つ貨幣量のことをハイパワード・マネーという。

22 売りオペレーションとは，中央銀行が外国為替市場で自国通貨を売って貨幣供給量を増大させる手段で，不況時にとられる。

23 インフレーションが生じると，毎期一定額の収入を得る家計にとっては不利な状況となり，毎期一定額を返済する固定金利ローンの債務者にとっては有利な状況になる。

24 銀行等の融資により資金調達することを直接金融といい，金融機関を経ずに株式等の発行により資金調達することを間接金融という。

25 2022年，東京証券取引所は従来の4つあった市場区分を，プライム市場，スタンダード市場，グロース市場の3つに再編した。

26 物価指数を計算する方式にはラスパイレス方式とパーシェ方式があり，消費者物価指数と企業物価指数ではパーシェ方式が，GDPデフレータではラスパイレス方式が採択されている。

13 ◯

14 ✕ 分配面。

15 ✕ 固定資本減耗を加える必要はない。ちなみに，国民純生産に固定資本減耗を加えると，国民総生産に等しくなる。

16 ✕ 古美術品の売買手数料は計上される。家政婦の家事労働について，市場で取引きされていないものは計上されない。

17 ✕ 含まれる。在庫の増加は在庫投資ともいう。

18 ✕ 賃金版。物価版は，物価上昇率と失業率の間のトレードオフの関係性を示す。

19 ✕ 資本と労働の増加によらない生産の増加。TFPの例に，生産効率の向上や技術進歩などがある。

20 ◯

21 ✕ 中央銀行が直接的に操作できる貨幣量のことをハイパワード・マネーという。ちなみに，マネーストックをハイパワード・マネーで除した値を貨幣乗数という。

22 ✕ 売りオペレーションは債券市場で債券を売る手段で，好況時にとられる。外国為替市場で自国通貨を売買する政策は，為替介入政策である。

23 ◯ インフレーションが生じると，毎期一定額の収入は実質的に目減りし，毎期一定額の返済も実質的に目減りする。

24 ✕ 間接金融，直接金融。銀行は資金供給者と資金需要者の間で仲介業務を行う。

25 ◯

26 ✕ ラスパイレス方式，パーシェ方式。ラスパイレス方式では基準年の価格にウエートをかけ，パーシェ方式では比較年の各品目にウエートをかけて算出する。

●財政学・その他

27 ジニ係数とは，不平等の度合いを測定する指標の一つであり，不平等の度合いが増すにつれてその値は0に近づく。

28 租税を含む閉鎖経済を想定した45度線モデルにおいて，税収と政府支出を同時に同額増加させると，均衡予算乗数の定理より，均衡国民所得は変化しない。

29 クラウディング・アウト効果とは，政府支出を変化させる財政政策を行っても，利子率の変動によって，均衡国民所得の変化が乗数効果より小さくなる効果をいう。

30 財政法は非募債主義をとる一方，公共事業費，出資金および貸付金の財源に充てる場合にのみ公債を発行しまたは借入金をなすことができると定めており，この規定により発行される国債を特例公債という。

31 基礎的財政収支（プライマリーバランス）とは，国債発行額を除く税収等の歳入から一般会計の歳出を差し引いた収支のことである。

32 財政には，政府が公共財を供給する資源配分機能，累進課税を伴う所得税などによって所得格差を是正する所得再分配機能，および裁量的財政政策などによって景気変動を小さくする景気調整機能の3つがある。

33 （純粋）公共財は，対価を支払わない者に対してそれを利用できないようにすることができないという非競合性の性質と，ある利用者の利用量が他の利用者の利用量に影響を与えないという非排除性の性質を持つ。

34 景気動向指数は，内閣府が毎月公表する指標であり，有効求人倍率（除く学卒）などの先行指数，完全失業率などの一致指数および新規求人数（除く学卒）などの遅行指数の3つの指標からなる。

35 国際収支は，経常収支，資本移転等収支および金融収支からなり，直接投資や証券投資などは資本移転等収支に含まれる。

36 変動為替相場制度の下でも，政策として為替レートを誘導しようとすることがあるが，日本では，日本銀行がその必要性の判断から実務までを担っている。

37 為替市場において1ドル100円から1ドル150円に変化するとき，円はドルに対して切り下がっているという。

38 持株会社は1997年の会社法改正によって設立が解禁された会社であり，他の複数の会社の株式を保有することによって，それらを支配することを目的としている。

27 ✕　1。ちなみに，ジニ係数は，ローレンツ曲線と45度線（均等分布線）に囲まれる面積を用いて計算する。

28 ✕　政府支出の増額分だけ増大する。

29 ◯

30 ✕　建設国債。特例公債（赤字国債）とは，建設国債の発行をもってしてもなお歳入不足が見込まれる場合に，公共事業費など以外に充てる資金を調達することを目的として，特例法に基づいて発行されるものである。

31 ✕　国債費を除いた歳出。なお，現在の国の基礎的財政収支は赤字，地方の基礎的財政収支は黒字，国・地方の基礎的財政収支は赤字である。

32 ◯

33 ✕　非排除性，非競合性。なお，いずれか一方のみの性質を持つ財を準公共財，双方の性質を持たない財のことを私的財という。

34 ✕　一致指数，遅行指数，先行指数。なお，一致指数は景気の現況を示す指標，遅行指数は景気に遅れて変化が現れる指数，先行指数は景気の先行きを表す指数とされている。

35 ✕　金融収支。なお，経常収支は，貿易収支，サービス収支，第一次所得収支（非居住者に支払われる報酬や投資収益など）および第二次所得収支（海外への無償の資金援助など対価を伴わない移転）からなる。

36 ✕　日本銀行は，財務大臣の指示を受けて実務を行っている。ちなみに，為替介入の正式名称は外国為替平衡操作である。

37 ◯

38 ✕　独占禁止法。ちなみに，当初は銀行・証券会社が再編に向けて設立した金融持株会社が多かった。

PART **4**

教養試験の「出る文」

思 想

直前期のポイント

西洋近現代の思想，日本の近代思想，諸子百家を中心に，思想家・キーワード・学派・主著・有名な言葉を結べるようにしておこう。時間はかけたくない。

解　説

●世界の源流思想

☐ **1** 古代ギリシアの哲学者プラトンは，「善く生きること」を追求し，「無知の知」を思想の出発点として「問答法」によって客観的真理を得ようと努め，真の知が徳を導くとして知徳合一を唱えた。

☐ **2** 諸子百家の時代，孔子は仁を普遍的原理と主張，その教えは儒学として発展した。戦国時代の儒者孟子は，人間の本性は悪であるという性悪説を唱え，礼によって人間を教化指導する礼治主義を主張した。

☐ **3** 道家は，老子を祖とし，荘子らに受け継がれ発展した学派で，老荘思想とも称され，無為自然を説いた。法治主義の法家は，商鞅・韓非らにより形成され，漢の武帝にも採用された。

●西洋近現代思想

☐ **4** イギリス経験論の先駆者ベーコンは，スコラ哲学が有する偏見を批判し，種族・洞窟・市場・劇場の4つのイドラ（偏見）を排除することを説き，実験に基づいて個々の事例から一般法則を導く帰納法を提唱した。主著は『人間本性論』である。

☐ **5** 17世紀のフランスの哲学者デカルトは合理論の祖といわれる。合理論は認識の起源を理性の働きに求める立場で，経験論が重視する感覚的経験を真理の獲得の手段として不必要とみなし，経験論と対立する。「人間は考える葦である」という言葉は彼の哲学の根本原理である。

☐ **6** イギリスの思想家ホッブズ（1632～1704年）は，『統治二論』において，政府に対する抵抗権を認める社会契約説を説き，名誉革命を正当化し，アメリカ独立宣言やフランス革命に大きな影響を与えた。

☐ **7** 18世紀のドイツの哲学者カントは，経験論と合理論を統合する批判哲学を樹立し，ドイツ観念論哲学の基礎を打ち立てた。主著に『純粋理性批判』『実践理性批判』『判断力批判』等がある。

☐ **8** ベンサムは，功利主義の立場をとりながらも量的な快楽計算を否定し，快楽に質的な差異を認める質的功利主義を説いた。

☐ **9** マルクスは，エンゲルスとともに科学的社会主義を創始し，また，『共産党宣言』を起草した。史的唯物論の思想体系を確立し，社会主

1 ✖ ソクラテス。プラトンはソクラテスの弟子でイデア論を説いた。プラトンの弟子のアリストテレスは万学の祖といわれる。

2 ✖ 性悪説を唱えたのは荀子。孟子は性善説や仁義を唱え，徳による王道政治を説いた。

3 ✖ 法家は秦の始皇帝などが採用した。武帝のときに官学となったのは儒教。

4 ✖ ベーコンの主著は『学問の進歩』『ノヴム・オルガヌム』『ニュー・アトランティス』など。『人間本性論』は経験論を発展させたヒュームの主著。

5 ✖ デカルトの哲学の根本原理といわれる言葉は「われ思う，ゆえにわれあり」。「人間は考える葦である」はパスカルの言葉。

6 ✖ ロック。ホッブズは自然状態を「万人の万人に対する闘い」の状態とし，各人が自然権を譲渡して国に主権を与える社会契約説を唱えた。

7 ◎ ドイツ観念論哲学は，フィヒテ，シェリングを経て弁証法哲学を唱えるヘーゲルが完成し，19世紀前半のヨーロッパ思想界をリードした。

8 ✖ J.S.ミル。ベンサムは，善悪の判断基準を「最大多数の最大幸福」に求める功利主義の創始者。J.S.ミルは功利主義の立場を堅持しながらも，ベンサムの量的功利主義に対して質的功利主義を主張した。

9 ◎ 階級社会の構造，資本主義社会の運動法則，社会主義革

切・り・取・り・線

義革命の必然性を主張した。主著は『資本論』など。

10 プラグマティズムの創始者はパースであり，それを広く世界に普及させたのがジェームズである。ジェームズは，ある観念が真理であるということは，その観念によって行動した場合に生まれる結果が，生活の中で実際に役立つことだと考え，<u>真理の基準は実生活における有用性にある</u>とした。

11 現実存在を重視し人間性の回復をめざす実存主義の哲学者には，キルケゴール，ニーチェを先駆者として，ハイデッガー，ヤスパースや「実存は本質に先立つ」と説いた<u>デリダ</u>らがいる。

12 20世紀中頃になると，『悲しき熱帯』の著者<u>ソシュール</u>に代表される構造主義や，アドルノ，マルクーゼ，フロムらのフランクフルト学派等の新思潮が現れた。

13 <u>ロールズ</u>は，1971年に『正義論』を出版して公正としての正義を唱え，公正な機会均等の原理や格差の原理について説いた。

●日本の思想

14 鎌倉時代には，法然，親鸞，一遍，道元，栄西，日蓮らを開祖とする鎌倉新仏教が生まれた。<u>法然</u>は「善人なをもて往生をとぐ，いはんや悪人をや」とする悪人正機説を説き，<u>栄西</u>は只管打坐による自力修行の道を説いた。

15 『学問のすゝめ』などを著した福沢諭吉は独立自尊の精神を説き，J.S.ミルの『自由之理』（『自由論』の翻訳）を出した<u>中江兆民</u>は功利主義の思想を我が国に伝えた。

16 明治〜昭和時代のキリスト教思想家，<u>新渡戸稲造</u>は，「二つのJ」の信念に立ち，無教会主義を提唱し，非戦論を唱えた。

17 西田幾多郎は近代日本の代表的哲学者で，主観・客観の対立を前提とする西洋哲学に反対し，根本的な実在は主客未分の純粋経験であるとして禅体験と西洋思想の融合を図った。主著は『人間の学としての倫理学』等。

●現代社会の倫理

18 医師が患者やその家族に対して，病状や治療方法，副作用などについて十分に説明し，患者や家族がそれに同意することを<u>リヴィング・ウィル</u>といい，治療を行う際の原則とされている。

19 テレビなどの情報メディアを正しく読み取り，主体的に活用できる能力のことをメディア・リテラシーという。

解説

命の必然性を論証することによって，社会主義思想を，空想から社会科学理論に高めた学説といわれる。

10 ◎ そして，プラグマティズムはデューイによって大成された。デューイは，概念は課題解決のための道具であるとする道具主義を説いた。

11 ✕ サルトル。サルトルは「人間は自由の刑に処せられている」とも論じた。主著は『嘔吐』『存在と無』など。デリダはポスト構造主義の代表的哲学者である。

12 ✕ レヴィ=ストロース。実存主義が「主体」を問題にしたのに対し，構造主義はどの集団や時代にも普遍的に見られる「構造」を問題にした。ソシュールは構造言語学の創始者。

13 ◎ アメリカの政治学者。

14 ✕ 親鸞，道元。念仏（浄土信仰）系の法然の浄土宗・親鸞の浄土真宗・一遍の時宗，題目を唱える日蓮の日蓮宗，禅宗系の栄西の臨済宗・道元の曹洞宗がある。新仏教の特色は①教えが平易，②修行が容易，③信仰者層は武士・農民・商工業者など（貴族以外）。

15 ✕ 『自由論』を翻訳し，功利主義を紹介したのは中村正直。

16 ✕ 内村鑑三。新渡戸稲造は『武士道』の著者である。

17 ✕ 『善の研究』『無の自覚的限定』等。『人間の学としての倫理学』は和辻哲郎の著作。

18 ✕ インフォームド・コンセント。リヴィング・ウィルは，自分の死の迎え方について，事前に自分の意思を表明しておくことである。

19 ◎ 情報を取捨選択する能力も含まれる。

日本史

直前期の
ポイント ▷ 江戸時代以降を中心にざっと見直しておこう。満州事変以降は丁寧に見ておきたい。通史で出やすい対外交渉史，貿易史などもタテの視線で確認しておきたい。

出る文

解説

●古代から中世

1 大仏造立の詔発布と同年の743年，口分田不足の対応策として<u>三世一身の法</u>が制定された。公地維持政策だったが，結果として公地公民制が崩壊し，初期荘園（墾田地系荘園）が成立することになった。

2 藤原氏けん制のため宇多天皇に抜てきされて親政を支えた菅原道真は，<u>遣隋使</u>の廃止を建議した。醍醐天皇が即位すると右大臣となったが，藤原時平の讒言（ざんげん）によって大宰権帥に左遷され，大宰府で死去した。

3 摂関政治は藤原道長・頼通父子の時代に全盛を迎えたが，11世紀後半に<u>後醍醐天皇</u>が院政を始めると衰退した。院政はその後，鳥羽・後白河上皇と続き，その間，院政政権と結びついた武士が勢力を伸ばし，<u>承平・天慶の乱</u>によって貴族と武士の力関係が逆転した。

●武家政治の成立と展開

4 平清盛は後白河上皇の近臣として武士で初めて太政大臣となり，孫の安徳天皇を即位させて外戚として勢力を振るう一方，畿内・西国の武士を家人として支配下に置き，<u>日宋貿易</u>にも力を入れた。

5 承久の乱の結果，公家政権が衰え，幕府政権と北条氏による執権政治が確立した。没収された上皇方の所領には新補地頭が任命された。また，京都には六波羅探題が置かれ，<u>北条義時</u>がその初代となった。

6 鎌倉幕府は二度の元寇（文禄・慶長の役）で元軍を撃退したが，防衛戦のために恩賞は少なく御家人は困窮した。その救済のために<u>棄捐令</u>が出されたが逆に経済が混乱し，幕府の信用はさらに低下した。

7 足利義満は倭寇の禁圧を求める明の呼びかけに応じ，使節を派遣して国交を開き，明との<u>対等な関係</u>に基づく勘合貿易を始めた。

8 豊臣秀吉は<u>荘園整理令</u>と刀狩を実施し，近世封建体制の基礎を確立した。貿易の利に着目して<u>南蛮貿易</u>を開始する一方，バテレン追放令を出してキリスト教を禁じた。

9 江戸幕府は大名統制のために武家諸法度を定め，3代家光のときの武家諸法度（寛永令）で<u>参勤交代制</u>が法制化された。

10 1641年に鎖国体制が完成してからも，江戸時代を通じて外国と他民

---

1 ✕ 墾田永年私財法。三世一身の法は723年。収公期限が近づくと墾田が荒廃したため，743年に墾田永年私財法が出された。

2 ✕ 遣唐使。奈良時代～平安前期の対外関係の中心は唐文化の摂取であり，遣唐使は630年から894年に廃止されるまでに15回派遣された。遣隋使は7世紀初めの推古朝の時代に隋へ派遣された使節。

3 ✕ 白河上皇，保元・平治の乱。

4 ○

5 ✕ 北条泰時。義時は当時の執権で泰時の父。父の死後執権となった泰時は，連署や評定を置いて合議体制を整備し，御成敗式目を制定した。

6 ✕ 文永の役・弘安の役，永仁の徳政令。文禄・慶長の役は秀吉の朝鮮侵略。棄捐令は松平定信の寛政の改革の政策。

7 ✕ 朝貢関係。勘合貿易は，義満が明に朝貢して「日本国王」として冊封されることで認められた朝貢貿易である。

8 ✕ 太閤検地，朱印船貿易。荘園整理令は平安時代の荘園抑圧策。南蛮貿易は16世紀後期から鎖国に到るまで行われたポルトガル・イスパニア船による貿易。朱印船貿易は，秀吉が始め鎖国まで続いたもので，朱印状を与えられて東南アジア各地に赴いた官許船による貿易。

9 ○ 最初の武家諸法度（元和令）は2代秀忠の名で公布された。内容は城の新築禁止・修理の許可制，無届婚姻の禁止等。

族に対する4つの窓口があった。対馬の宗氏は朝鮮との貿易を認められ，朝鮮からは，将軍の代替わりごとに慶賀使が来日した。

11 徳川吉宗は寛政の改革を行い，旧里帰農令，囲米等を行った。また言論出版の統制を行い，海防論を説いた林子平を弾圧したが，その翌年の1792年にはロシアのレザノフが根室に来航し，通商を要求した。

12 アヘン戦争で清がイギリスに敗れると，幕府は1842年に異国船打払令を出した。その11年後，来航したペリーに開国を迫られ，翌1854年，日米修好通商条約を結び，下田と箱館を開港した。

●近代国家の成立

13 明治新政府は1869年に版籍奉還，1871年に廃藩置県を実施して中央集権体制を確立した。1873年には国民皆兵を主旨とする徴兵令を発布し，同年の農地改革により新政府の財政収入を安定させた。

14 征韓論政変後，下野した板垣退助・後藤象二郎らによる民撰議院設立建白書の提出は自由民権運動の第一歩となった。各地で不平士族による反乱も起きたが，西郷隆盛を擁した最大規模の西南戦争が鎮圧されると武力反乱は後を絶ち，自由民権運動が活発化した。

15 寺島宗則は鹿鳴館を中心とする欧化政策をとって条約改正に当たったが，欧化政策に対する反感やノルマントン号事件で広がった外国人判事に対する不信などから国民の反対が強く，自由民権派も大同団結運動を起こして対等条約の締結を要求したため外相を辞任した。

16 政府は自由民権運動を弾圧しつつ憲法制定の準備を極秘のうちに着々と進めた。黒田清隆は渡欧してイギリスの憲法を学び，帰国後，井上毅・伊東巳代治らと草案を起草した。草案を審議するために設置された枢密院での審議を経て，1889年，大日本帝国憲法が発布された。

17 下関条約が締結されると，イギリスはドイツとフランスを誘って三国干渉を行った。山東半島を手放した日本は軍備拡張を図り，北清事変後にロシアが満州を占領すると日英同盟を結び，その2年後に日露戦争が開始された。

18 ポーツマス条約で，ロシアは，日本の韓国に対する一切の指導権を認め，旅順・大連の租借権および長春以南の東清鉄道とその付属の利権を日本に与え，樺太の北緯50度以南を割譲した。

●2つの世界大戦

19 第一次世界大戦が勃発すると，第二次大隈内閣は日英同盟を理由に参戦するとともに，段祺瑞政府に対して二十一カ条の要求を行い，要

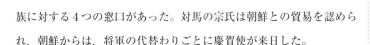

家光の寛永令で参勤交代制，大型船建造禁止等が加わり，以後将軍の代替わりごとに少しずつ修正された。

10 ✖ 朝鮮通信使。慶賀使は，薩摩の支配を受けた琉球王国が将軍の代替わりごとに幕府に派遣した使節。国王の代替わりのときは謝恩使。

11 ✖ 松平定信，ラクスマン。18世紀以後，幕藩体制が動揺し，吉宗，松平定信，水野忠邦がそれぞれ享保，寛政，天保の改革を行ったが失敗。異国船の来航も始まり，まずラクスマンが根室に来航した。

12 ✖ 薪水給与令。1825年に出した異国船打払令から方針転換した。日米和親条約。日米修好通商条約は1858年に結ばれた貿易開始を認めた条約。

13 ✖ 地租改正。土地所有者に地券を発行し，課税対象を地価とし，税率を地価の3％とした。農地改革は第二次世界大戦後の改革。

14 ○ 欧米視察から帰国した岩倉・大久保らの内治派が，内治の急を唱えて征韓派を抑え，征韓派の参議が下野した事件を征韓論政変という。

15 ✖ 井上馨。寺島は井上の前任。

16 ✖ 伊藤博文，ドイツ。黒田は帝国憲法発布時の総理大臣。伊藤は君主権の強いドイツ憲法を日本の見本とした。

17 ✖ ロシア，遼東半島。日本は下関条約で遼東半島を獲得したが，日本の遼東半島領有は，ロシアがねらう満州への進出の障害となった。

18 ○ しかし，賠償金を得られなかったこと等への不満から，日比谷焼打ち事件が起こった。

19 ✖ 袁世凱。段祺瑞は袁世凱の死後政府の実権を握り，寺内

求の大部分を承認させた。

20 第一次世界大戦中の好況とシベリア出兵を見越した買い占めによる米価急騰から米騒動が発生し，寺内内閣が倒れ，原内閣が成立した。

21 浜口雄幸内閣が金解禁を発表した直後に世界恐慌が波及し，昭和恐慌となった。また幣原協調外交を再開したが，ロンドン海軍軍縮条約を批准すると統帥権干犯問題が起こり，首相は右翼青年に狙撃された。

22 1931年に満州事変が勃発し，32年の五・一五事件で政党政治が終了した。33年に国際連盟を脱退し，36年には二・二六事件が起きた。天皇機関説事件など学問・言論への弾圧が続き，軍部が台頭した。

23 柳条湖事件を契機に日中全面戦争が始まると，中国では第二次国共合作が成立し，抗日民族統一戦線が結成された。日本軍は首都南京を陥落させたが，国民政府は重慶に遷都し，英米仏も中国を援助した。

24 日ソ中立条約で北方を固めた日本は南進を断行し，これがアメリカを刺激して1941年太平洋戦争が勃発した。日本は開戦半年後から敗退を重ね，1945年の原爆投下，ソ連参戦を受けて無条件降伏した。

●戦後の日本

25 GHQの指令により経済の民主化が行われた。1945年に財閥が解体され，47年には独占禁止法が制定された。46年以降2度にわたる農地改革が行われ，寄生地主制が消滅した。

26 日本は1951年のサンフランシスコ平和条約で主権を回復し，1956年の日ソ共同宣言でソ連と国交を回復し，同年末国際連合に加盟した。

27 日本経済は1955年から73年にかけて高度成長を遂げた。池田勇人内閣は列島改造をスローガンに成長政策を進め，64年には東京オリンピックが開かれ，68年には日本のGNPが資本主義国中2位となった。

28 佐藤栄作内閣は，1965年朴政権との間に日韓基本条約を結び国交を正常化し，71年沖縄返還協定に調印した。

29 田中角栄内閣は，日中平和友好条約に調印して中国との国交正常化を実現する一方，国内では列島改造論を唱えたが，政治資金疑惑で退陣した。また，石油危機が起こり，高度経済成長は終了した。

30 プラザ合意（1985年）後の円高不況対策として低金利政策がとられると，大量の資金が土地・株式等の投機に流れバブル経済となった。1990年代初めにはそれが崩壊し，以後は景気の低迷が続いた。

31 1993年，共産党を除く非自民8党派を連立与党とする細川護熙内閣は，衆議院に小選挙区比例代表並立制を導入した。

正毅内閣のときに西原借款と呼ばれる巨額の借款供与を受けた。

20 ◎ 第一次世界大戦中の好況とシベリア出兵と米騒動の関係は重要。原内閣は初の本格的政党内閣。

21 ◎ 金解禁とは金の輸出禁止を解くこと。為替相場の安定化と貿易拡大を目的とした。

22 ◎ 五・一五事件では犬養毅首相が暗殺された。天皇機関説事件では，それまで定説だった美濃部達吉の天皇機関説が攻撃され政府に否定された。

23 ✕ 廬溝橋事件。柳条湖事件は満州事変の発端となった事件。日中戦争は長期化し，満ソ国境でのノモンハン事件にも敗れ，資源を求めて南進策をとった。

24 ◎ 1945年2月のヤルタ会談において，ソ連の対日参戦とその代償としての南樺太・千島の領有が密約されていた。

25 ◎ 同年に過度経済力集中排除法も公布された。

26 ◎ 日ソ（現在はロシア）間では平和条約は未締結である。

27 ✕ 所得倍増。高度成長の前半期には「三種の神器」といわれた電気洗濯機・白黒テレビ・電気冷蔵庫，後半期には，「3C」といわれたカラーテレビ・カー（自家用車）・クーラーが普及した。

28 ◎ 翌1972年に沖縄の施政権の日本復帰が実現した。

29 ✕ 日中共同声明。日中平和友好条約の締結は1978年，福田赳夫内閣である。

30 ◎ バブル経済は土地取引きの規制強化等によって崩壊。

31 ◎ 細川護熙内閣の成立により，自民党の長期単独政権に終止符が打たれ，「55年体制」が崩壊した。

世界史

直前期のポイント ヨーロッパ勢力のアジア進出以降の歴史を中心にざっと見直しておこう。中国王朝史も，王朝名・時代順・大きな反乱・有名な施策等を結べる程度に確認しておこう。

解説

●中国王朝史

☐ **1** 前221年に中国を統一した秦の始皇帝は，郡県制による中央集権化を行い，法家思想による焚書坑儒で儒家を弾圧し，匈奴に備えて万里の長城を修築した。

☐ **2** 前漢では，当初，郡国制を採用し（のちに中央集権化）九品中正によって官吏を登用し，儒学を官学として統治した。対外的には匈奴を撃つため大月氏に張騫を派遣したことで西域経営の端緒が開かれた。

☐ **3** 唐の6代皇帝玄宗は，その治世前半では律令の立て直しに励み，府兵制から募兵制に変更した。治世後半では安史の乱が起こり，乱後は均田制が完全に壊れ，唐朝は衰退した。

☐ **4** 元はモンゴル人第一主義によって民族差別を行い，モンゴル人を第一として漢人とともに支配階級を形成したが，やがて財政政策の失敗などから反乱が起こり，漢民族の明によってモンゴル高原へ追われた。

☐ **5** 黄巾の乱から出た朱元璋（洪武帝）は明を建国し，漢民族の中国支配を復活，里甲制（賦役黄冊・魚鱗図冊を整備）を敷いた。その子永楽帝は張騫を南海に遠征させ，多くの国々に朝貢させた。

☐ **6** 清では康熙帝，雍正帝，乾隆帝の治世に領土が拡大した。ロシアとはネルチンスク条約で北部国境を画定し，キャフタ条約でモンゴルまで支配し，ウイグル人等を支配下に入れてその土地を新疆と名付けた。

●近世ヨーロッパの形成と展開

☐ **7** 十字軍遠征以来，北イタリアの都市が栄え，都市住民の自由で合理的な気運からルネサンスがおこった。イタリアの人文主義者（ヒューマニスト）には，『君主論』のダンテ，ペトラルカ，ボッカチオらがいる。

☐ **8** 大航海時代を通じスペイン・ポルトガル両国の植民地争奪戦が激化したため，教皇アレクサンデル6世が植民地分界線を定め，ポルトガルはアジア，スペインはアメリカ大陸を中心に勢力を拡大した。

☐ **9** スイスではルターが独自の宗教改革を進め，予定説を唱え，職業を重視し，営利や蓄財を肯定したため新興市民層に急速に広まった。

☐ **10** フランスのルイ14世は，「君主は国家第一の僕」と称して，コルベ

1 ◯ 厳しい政治のために陳勝・呉広の農民反乱で前206年に滅亡し，20年に満たない短命な王朝となった。

2 ✕ 郷挙里選。地方長官が地域の有徳者を官吏として推薦した。九品中正は三国時代の魏で始まった官吏登用法である。

3 ◯ 没落均田農民が増加し，府兵制維持が困難となったため，傭兵制度の募兵制に切り替えた。安史の乱は，辺境の傭兵集団の長である節度使の安禄山とその武将史思明の反乱。乱後は節度使が割拠した。

4 ✕ 色目人。色目人はウイグル人，イラン人など西域諸国出身の人々。漢人は被支配階級だった。

5 ✕ 紅巾の乱。鄭和。黄巾の乱は後漢末。張騫は，漢代に武帝が大月氏に派遣した人物。

6 ◯ その3代の治世が清の全盛期で，18世紀頃今日の中国領土の原型ができた。ジュンガルを滅ぼしウイグル人を支配下に入れ，彼らの土地を新疆と名付けて藩部とした。

7 ✕ マキャヴェリ。ダンテもイタリアの人文主義者で『神曲』の著者。ラテン語ではなく口語で書かれ，イタリア国民文学の先駆となった。ルネサンスの三大巨匠はダ＝ヴィンチ，ミケランジェロ，ラファエロ。三大発明は火薬，羅針盤，活版印刷術。

8 ◯ 植民地分界線は1494年のトルデシリャス条約でやや西に移された。

PART 4 教養試験の「出る文」

切り取り線

ールを用い重商主義政策を推進して王権を強化したが，ナントの王令（勅令）を廃止したため，ユグノーの商工業者が大量に亡命した。

●近代国家の成立と発展

□ **11** 清教徒革命，王政復古を経て，トーリー党の援助で即位したジェームズ2世も専制政治を行った。議会はオレンジ公ウィリアム夫妻を招請し，ジェームズ2世は亡命して名誉革命が成功した。夫妻はウィリアム3世，メアリ2世として即位し，「権利の請願」が発布された。

□ **12** 7年戦争によって財政難に陥ったイギリスが，アメリカ植民地に対する課税を強化すると，植民地側は大陸会議を開いて本国に抗議した。ボストン茶会事件を発端に独立戦争が始まり，植民地側は1776年にトマス・ペインらの起草したアメリカ独立宣言を発表した。

□ **13** フランス革命は憲法制定やルイ16世の処刑では終わらず，ロベスピエールを中心としたジャコバン派の独裁が行われたが，ブリュメール18日のクーデタにより恐怖政治は終結した。

□ **14** ナポレオン戦争後のヨーロッパの秩序再建のために開かれたウィーン会議は，オーストリアの宰相メッテルニヒが主導し，フランスの外相タレーランが唱えた，フランス革命前の王位・王国を正統とする正統主義が指導原理とされ，保守反動的ウィーン体制が成立した。

□ **15** アメリカでは，奴隷制を巡る対立だけでなく，自由貿易を求める北部と保護貿易を求める南部との経済上の対立から，リンカンの大統領就任をきっかけに南北戦争が勃発した。

●20世紀以降の国際社会

□ **16** イギリスの3B政策とドイツの3C政策の対立，パン＝ゲルマン主義とパン＝スラヴ主義の対立等によって三国協商と三国同盟の二大陣営の対立が激化し，サライェヴォ事件を機に第一次世界大戦へ発展した。

□ **17** 第一次世界大戦中には，イギリスがサイクス・ピコ協定によってユダヤ人のパレスティナ復帰運動を支援する一方，フセイン・マクマホン協定でアラブ人にトルコからの独立を約束して，双方の協力を得ようとする秘密外交が行われた。

□ **18** 第一次世界大戦中のロシアで革命が起こり，社会主義のソヴィエト政権が成立し，ロカルノ条約でドイツと単独講和を結んだ。

□ **19** 1929年のニューヨークでの株価大暴落から始まった世界恐慌に対し，アメリカはローズヴェルト大統領がTVAなどのニューディール政策を行い，イギリスはオタワ会議を開きブロック経済を実施した。

9 ✕ カルヴァン。ドイツのルターは，教皇レオ10世の免罪符販売を非難して「95カ条の論題」を発表し，聖書中心主義，福音主義を唱えた。

10 ✕ 「朕は国家なり」。「君主は国家第一の僕」と言ったのはプロイセンのフリードリヒ2世（大王）である。

11 ✕ 権利の章典。チャールズ1世は「権利の請願」を無視して専制政治を行い，清教徒革命が起こって処刑された。

12 ✕ トマス・ジェファソン。アメリカ独立宣言はロックの影響が色濃く，自然権，社会契約論，国民主権，革命権を主張。トマス・ペインは『コモン・センス』を書いたイギリス生まれの文筆家。

13 ✕ テルミドールのクーデタ。ブリュメール18日のクーデタはナポレオンが総裁政府を倒したクーデタ。

14 〇

15 ✕ 保護貿易を求める北部と自由貿易を求める南部。北部はイギリスの工業から国内産業を守るための保護貿易を求め，南部はイギリスへ大量に綿花を輸出し，工業製品を輸入するため自由貿易を求めた。

16 ✕ イギリスの3C政策とドイツの3B政策。3Cはカルカッタ，カイロ，ケープタウンの頭文字，3Bはベルリン，ビザンティウム，バグダードの頭文字で，両国の世界政策を表す。

17 ✕ バルフォア宣言。サイクス・ピコ協定（1916年）は，英・仏・露によるオスマン帝国領の分割協定である。

18 ✕ ブレスト＝リトフスク条約。ロカルノ条約は第一次世界大戦後のヨーロッパの安全保障についての条約。ドイツの国際連盟加盟が了承された。

20 世界恐慌で深刻な経済状況に陥ったドイツでは，ヒトラー率いるナチスが全権委任法で独裁化し，再軍備を行い，ラインラント進駐，オーストリア併合を行った。そしてさらにズデーテン地方の割譲を要求したが，英仏が宣戦布告し，第二次世界大戦が開始された。

21 ローズヴェルト，チャーチル，レーニンによるヤルタ会談（1943年）において，ソ連が要望する第二戦線の問題が討議され，米英両国はノルマンディー上陸作戦の実行を約束した。

22 第二次世界大戦後は冷戦が始まり，アメリカがトルーマン・ドクトリンを開始し，マーシャル・プランを発表すると，東側もワルシャワ条約機構を結成して経済面で結束し，西側が集団安全保障機構のNATOを設立すると，東側もCOMECONを結成し軍事的に結束した。

23 1950年，北朝鮮軍の侵攻により朝鮮戦争が始まると，国連はソ連軍主体の国連軍を，中国は韓国に義勇軍を送り，1953年休戦となった。

24 1962年，ソ連のキューバにおけるミサイル基地建設計画をアメリカが探知しキューバ危機が起こったが，ソ連のフルシチョフがミサイルを撤去し危機は回避され，翌年，部分的核実験禁止条約が結ばれた。

25 アメリカ合衆国は，1965年の北爆開始からベトナム戦争に本格介入したが，結果はベトナム和平協定に基づく米軍の全面撤退となった。

26 1979年にソ連がチェチェン侵攻を行い新冷戦と呼ばれたが，80年代後半に共産党書記長となったゴルバチョフがペレストロイカを進め，チェチェンから撤退した。東欧で民主化が進み，ベルリンの壁も壊され，ゴルバチョフとレーガンのマルタ会談で冷戦終結が宣言された。

27 1991年，ソ連内のほとんどの共和国がソ連からの離脱を宣言してロシア連邦を中心とするEU（欧州連合）を結成し，ソ連は解体した。

28 2001年の同時多発テロ事件を受け，アメリカは容疑者ビン・ラーディンの引渡しに応じないイラクを空爆し，2003年には大量破壊兵器を隠し持っているとして有志連合を組織し，湾岸戦争を始めた。

29 2011年以降の「アラブの春」と呼ばれる中東地域の民主化運動は多くの国で頓挫し，ソマリア内戦では大量の難民が発生した。

30 ロシアのプーチン政権が，2014年にウクライナのクリミア半島をロシアに編入し，2022年にウクライナに侵攻した。

31 イスラエルによる占領とヨルダン川地区の封鎖が続いてきたパレスチナで，2023年にイスラム組織ファタハがイスラエルに大規模攻撃を行った。それを契機に両者の戦闘が激化し，事態は深刻化している。

解　説

19 ○

20 ✕ 英仏は宥和政策をとりドイツの増長を招いた。英仏は，ドイツの矛先がソ連に向けられることを期待して妥協策をとったのである。独ソ不可侵条約後のドイツのポーランド侵入で英仏はようやく宣戦布告した。

21 ✕ スターリン。テヘラン。カイロ会談（米英中：対日処理方針等）→テヘラン会談（米英ソ：第2戦線等）→ヤルタ会談（米英ソ：独の戦後処理とソ連の対日参戦等）→ポツダム会談（米英ソ：日の降伏条件等）。

22 ✕ COMECON。ワルシャワ条約機構。COMECONが経済相互援助会議，ワルシャワ条約機構が東側の集団安全保障機構。

23 ✕ 米軍。北朝鮮。アメリカは韓国を支援していた。米ソの直接衝突にはならなかった。

24 ○ このときの米大統領はケネディ。

25 ○ ニクソン米大統領がベトナム和平協定に調印した。

26 ✕ アフガニスタン。ブッシュ（父）。チェチェン共和国はロシア連邦内の国であり，独立要求の強いチェチェンとそれを認めないロシアとの間のチェチェン紛争はソ連解体以降の出来事である。

27 ✕ CIS（独立国家共同体）。

28 ✕ アフガニスタン。イラク。湾岸戦争（1991年）は，イラクのクウェート侵攻に対し，安保理決議を受けた合衆国中心の多国籍軍が派遣され，イラクを撤退させた戦争である。

29 ✕ シリア。

30 ○ プーチンは豊富なエネルギー資源を武器に「強いロシア」の再建をめざしていた。

31 ✕ ガザ。ハマス。ファタハは穏健派の組織である。

PART **4**

教養試験の「出る文」

切・り・取・り・線

地理

直前期のポイント 気候や地形分野は気候区分や平野・海岸の種類など頻出の基礎知識を再度確認しよう。資源・エネルギーや地域的経済統合等は現在の課題の周辺知識を見ておきたい。

出る文

解説

●地形・地図

1 大陸プレートと海洋プレートがぶつかる狭まる境界では，海洋プレートが大陸プレートの下に沈み込み，<u>高く険しい山脈</u>が形成される。

2 河川の堆積作用によって形成された平野を沖積平野という。<u>扇状地</u>は，河川によって運搬された土砂が河口付近に堆積してつくられた低平な沖積平野である。

3 海岸の沈降や海水面の上昇で形成された海岸を<u>離水海岸</u>といい，山地が浸水してできた鋸歯状のリアス海岸や，河口が沈水してラッパ状になった<u>三角州</u>，氷食谷が沈水してできたフィヨルドなどがある。

4 地震・水害など各種の災害の被害を予測し，危険箇所を表現した地図を<u>ハザードマップ</u>という。自治体や住民がそれを的確に利用することで，命を守り，また二次災害発生などを防ぐことができる。

●気候

5 熱帯雨林気候（Af）は赤道付近に分布する年中高温多雨の気候で，多種類の常緑広葉樹が密林を形成している。サバナ気候（Aw）は雨季と乾季が明瞭で，<u>丈の短い草原</u>が広がり，野生動物が多く棲息する。

6 <u>温暖湿潤気候（Cfa）</u>は，偏西風と暖流の影響で，高緯度のわりに冬でも比較的温和で気温の年較差が小さく，降水量もやや少なめだが，年中平均した降水のある気候である。

7 亜寒帯気候は，最暖月平均気温は10℃以上になるが，最寒月平均気温は−3℃未満と低くなる。気温の年較差が大きく，長く寒い冬と短い夏があり，<u>南半球には見られない</u>。気候区分は亜寒帯湿潤気候（Df）と亜寒帯冬季少雨気候（Dw）など分け方によっていろいろあるが，南部には混合林，北部には<u>タイガ</u>が分布する。

●環境問題

8 2015年の国連気候変動枠組条約第21回締約国会議（COP21）で採択された<u>京都議定書</u>は，途上国を含むすべての国に削減目標の策定と国内対策実施を義務づける史上初の協定である。

9 <u>再生可能エネルギー推進法</u>の改正によって，2050年までの脱炭素社

1 ✕ 海洋プレートが大陸プレートの下に沈み込む境界では<u>海溝</u>が形成される。東北地方太平洋沖地震は，海溝で起こった。

2 ✕ <u>三角州</u>。扇状地も沖積平野だが，三角州が河口付近につくられるのに対し，扇状地は，山麓の谷の出口につくられる扇形の地形である。

3 ✕ <u>沈水，三角江（エスチュアリ）</u>。離水海岸は海岸の隆起や海水面の低下によってできた海岸地形で，海岸平野・海岸段丘などがある。

4 ◎ 防災地図ともいう。避難所や災害時の避難経路などを示したものも多い。

5 ✕ <u>丈の高い草原と疎林</u>。丈の短い草原が見られるのはステップ気候（BS）である。

6 ✕ <u>西岸海洋性気候（Cfb）</u>。ともに温帯の気候区だが，温暖湿潤気候は日本を含む東アジアなど中緯度の大陸東岸に分布し，最暖月の平均気温が22℃以上となる。気温の年較差が大きく，年降水量はほぼ1,000mmを超える。西岸海洋性気候は，西ヨーロッパなどかなり高緯度の大陸西岸に分布する。

7 ◎ 亜寒帯気候はアラスカ，カナダ，ロシア等に分布する。タイガとは単一の針葉樹のみで構成された森林をいう。

8 ✕ <u>パリ協定</u>。京都議定書は1997年のCOP3で採択され，2008〜12年の排出削減義務を先進国にだけ課したもの。パリ協定は2020年以降の温室効果ガス排出削減のためのものであ

会の実現が基本理念に明記され，原子力発電の削減目標が明記された。

10 MDGsとは，2015年の国連サミットで採択された，2030年までの持続可能な世界の実現に関する国際社会の共通目標のことで，「持続可能な開発のための2030アジェンダ」に記載されている。貧困をなくす，飢餓をなくす等の17の国際目標が掲げられている。

●世界の農業・鉱業など

11 熱帯などで欧米人が資本や技術を提供し，現地人や移民を雇い，コーヒー，カカオ，茶，綿花などの商品作物を栽培する農業をプランテーションという。特定作物だけを栽培するモノカルチャーが多い。

12 米の主産地であるモンスーンアジアは大消費地でもあり，生産上位国は人口の多い国である。小麦は世界中で栽培されるため生産上位国は面積の広い国だが，2021年の輸出量では1位のロシアが約14％，5位のウクライナが約10％を占めており，ロシアのウクライナ侵攻以降，食糧問題が深刻となっている。トウモロコシの生産は，大豆と同じくアメリカが3割以上を占めている（2021年）。

13 世界の原油産出量は1位アメリカ，2位サウジアラビア，3位ロシア（2021年），原油輸出量は1位サウジアラビア，2位ロシア，3位イラク，輸入量は1位中国，2位アメリカ，3位インドである（2020年）。

14 世界の天然ガス生産量は1位アメリカ，2位中国，3位イラン，液化天然ガス輸入量は1位中国，2位日本，3位韓国である（2021年）。

15 主な鉱産資源の最大生産国は，金鉱は中国，銀鉱はメキシコ，鉄鉱石とボーキサイトはオーストラリア，銅鉱はチリ，亜鉛鉱，すず鉱はいずれも中国である（金鉱は2020年，銀鉱は2020年，ほかは2021年）。

●地域的経済統合

16 APECとは，日本・オーストラリア・東南アジア諸国・カナダ・チリ・アメリカ等環太平洋地域12か国が参加する経済連携協定のことで，2016年に署名された。しかし2017年の米国トランプ政権の離脱表明を受け，米国を除く11か国によるAPEC11が2018年に発効した。

17 EUの前身であるECは原加盟国6か国で1967年に発足した。その後加盟国を増やし，1992年調印のマーストリヒト条約によりEUとなり，2004年には旧東欧諸国など10か国が一挙に加盟した。2020年にイギリスが離脱し，2023年現在は加盟27か国となっている。また，同年6月にはウクライナを加盟候補国とすることを決定した。

る。

9 ✕ 地球温暖化対策。温室効果ガス。

10 ✕ SDGs。SDGsは2015年に達成期限を迎えたMDGs（ミレニアム開発目標）の後継として採択され，「地球上の誰一人として取り残さない」ことをめざしている。MDGsが途上国の開発問題が中心であったのに対し，SDGsは先進国も対象としている。

11 ◯ モノは単一の意味。

12 ◯ 米の生産量は1位中国，2位インド。小麦の輸出量は1位ロシア，2位オーストラリア，3位アメリカ，4位カナダ，5位ウクライナ（2021年）。

13 ◯ アメリカは世界一の原油産出国だが，使用量も多いために輸入量も多い。中国も原油産出高世界6位だが，使用量も多いため世界一の輸入国となっている。

14 ✕ ロシア。天然ガスの多くをロシアに頼るドイツは，ロシアのウクライナ侵攻以降，エネルギー政策の転換を急いだ。

15 ◯ 鉄鉱石産出高は，1位オーストラリア，2位ブラジル，3位中国（2021年）。

16 ✕ TPP，TPP11。TPPの日本語名称は環太平洋経済連携協定。APEC（アジア太平洋経済協力会議）は，1989年に発足した，中国等も含むアジア太平洋地域諸国の緩やかな経済協力組織である。

17 ◯ マーストリヒト条約により，通貨統合や経済統合の強化，共通外交などをめざしてECからEUへ生まれ変わった。ウクライナと同時にモルドバも加盟候補国として承認されている。

PART **4**

教養試験の「出る文」

切り取り線

▼ 出る文

●世界地誌

18 中国は，1970年代末の対外開放政策後，外国企業の進出と中国企業の成長により，工業製品で世界最大の生産国となった。沿岸部と内陸部との経済格差が課題となっている。

19 東南アジアはどの国も民族，宗教，言語などが複雑である。ベトナム，ラオス，カンボジア，タイ，ミャンマーは仏教，マレーシア，インドネシア，ブルネイはイスラム教，フィリピン，東ティモールはヒンズー教である。

20 インドの人口は2023年に14億2,860万人（国連人口基金国別推計値）となり，中国を抜いて世界一となった。また，グローバル・サウスと呼ばれる新興国や途上国を牽引する姿勢を鮮明に示し，全方位外交を展開して，国際社会での存在感を高めている。

21 西アジアには，アラビア語を使いイスラム教を信仰するアラブ人の国が多いが，ヘブライ語を使いユダヤ教を信仰するユダヤ人の多いイスラエルや，ペルシア語を使いイスラム教シーア派を信仰するペルシア人が多いイランなどの国もある。

22 ウクライナは石炭，鉄鉱石，ドニエプル川の水力に恵まれ工業が盛んである。またパンパが広がり穀倉地帯をなすが，現在は戦場となり，国土の荒廃が進んでいる。

23 アメリカ合衆国はエレクトロニクス産業の発達が著しい。特にシリコンヴァレー（サンディエゴ），シリコンプレーン（ダラス，フォートワース，ヒューストン）などが有名である。

24 中南アメリカの住民は人種構成が複雑である。白人とインディオの混血はヒスパニック，白人と黒人の混血はムラートと呼ばれる。

25 オーストラリアの住民は，先住民のマオリを除くと，ヨーロッパやアジアなどからの移民とその子孫で，多文化社会が定着している。

●日本地誌

26 日本付近は4つのプレートが接する変動帯となっており，太平洋プレートとフィリピン海プレートが，北アメリカプレートとユーラシアプレートの下にもぐり込む形となっている。

27 日本の主なエネルギー資源の輸入先は，原油はサウジアラビア，アラブ首長国連邦（2022年），液化天然ガスはオーストラリア，マレーシア，カタール（2021年），石炭はオーストラリア（2022年）である。

28 日本の輸出入品目（2021年）は，輸出は機械類，自動車，鉄鋼の順，輸入は石油（原油＋石油製品），機械類，液化ガスの順に多い。

解説

18 ◯

19 ✕ キリスト教。ヒンズー教はインドの民族宗教である。

20 ◯ グローバル・サウスとBRICS（近年経済発展が著しく人口大国・資源大国でもあるブラジル，ロシア，インド，中国，南アフリカの5か国の総称）を混同しないようにしよう。

21 ◯ シーア派は少数派でイランが中心。スンニ（スンナ）派が多数派である。

22 ✕ 黒土地帯。ウクライナには肥沃な黒色土のチェルノーゼムが分布する。パンパはアルゼンチン中部の草原で，同じく穀倉地帯となっている。

23 ✕ サンノゼ。サンディエゴはメキシコ国境の都市。宇宙，電子工業などが盛んである。ほかにシリコンデザート（フェニックス），エレクトロニクスベルト（オーランドが中心都市），エレクトロニクスハイウェー（ボストン）等がある。

24 ✕ メスチソ。ヒスパニックはスペイン語系アメリカ人のこと。

25 ✕ アボリジニ。ヨーロッパ人が移住した当時（1788年）は100万人いたという説があるが，以後激減した。現在，土地の権利が保障されているアボリジニーランドが設定されている。なお，マオリはニュージーランドの先住民である。

26 ◯ そのために弧状列島や海溝・トラフが形成されており，地震や火山が多い。

27 ◯

28 ✕ 機械類，石油（原油＋石油製品）。高度経済成長期以降，輸入品の1位は石油だったが，近年ではアジア地域からの機械類の輸入が増加し，石油を追い越して1位になっている。

物理

直前期のポイント

物理では力学分野，波動分野，電磁気分野からの出題が多く，しかも計算問題も出題されるので，基本公式の確認も忘れてはならない。

●力学

1 質量mの物体を水平とθの角をなす方向に初速度v_0で投げたときに達する最高の高さhは[　　]となる。ただし，重力加速度をgとする。

2 鉄球が初速度0.0m/sで自由落下を始めてから4.9m落下したときの速さは[ア]m/s，落下を始めてからこの位置にくるまでの時間は[イ]sである。ただし，重力加速度$g=9.8$m/s^{2}とする。

3 重さの無視できる長さ$3d$の棒ＡＢのＡ端を天井からひもでつるし，Ａ端からdのところに質量mの物体をつるしたとき，Ｂ端を持ち上げて，棒を水平に維持するためには[　　]mgの力が必要である。ただし，重力加速度はgとする。

4 物体が，流体中で受ける上向きの浮力の大きさは，その物体が押しのけた流体の重さに等しいということを<u>パスカル</u>の原理という。

5 円錐振り子において，糸の長さがlm，糸が鉛直方向となす角が一定θradであるとき，等速円運動の周期$T=$[　　]〔s〕となる。

6 物体にはたらく力がつり合うときには静止物体は静止を続け，物体が一定の力を受け続ける場合には物体は<u>等速度運動</u>を続ける。

7 質量10gの弾丸が厚さ5cmの板に垂直に当たって貫通した。板に当たった瞬間の弾丸の速度は400m/s，貫通し終えた瞬間の弾丸の速度は100m/sであった。板の抵抗力が弾丸にした仕事は[　　]Jである。

8 質量60kg，20kgの2物体が，それぞれ速さ10m/s，50m/sで一直線上を進んで正面衝突し，その後，速さ[　　]m/sで一体となって運動した。

●熱力学・波動

9 気体の内部エネルギーの変化をΔU，気体が外部からされた仕事をW，気体に外部から加えられた熱量をQとするとき，

　　熱力学第1法則：$\Delta U = W + Q$

　　熱力学第2法則：熱の出入りを伴う変化は<u>不可逆変化</u>である。

10 標準状態（0℃，1atm）での空気の密度は1.29kg/m^{3}である。このとき，27℃，10.0atmでの空気の密度は[　　]kg/m^{3}である。

11 音源が，静止している観測者に向かって音速の3分の1の速さで近

解説

1 $\dfrac{(v_0\sin\theta)^2}{2g}$。最高点での速度は$v_0\cos\theta$であるから，力学的エネルギー保存則より，
$$\frac{1}{2}m(v_0\cos\theta)^2 + mgh = \frac{1}{2}mv_0^2$$

2 ア：9.8，イ：1.0。
$v^2 - 0.0^2 = 2gy$より，$v = 9.8$〔m/s〕
また，$v = 0.0 + gt$より，$t = 1.0$〔s〕

3 $\dfrac{1}{3}$。力をFとすると，モーメント（力×支点Ａからの距離）のつり合いから，$mg\times d = F\times 3d$

4 ✗ アルキメデス。パスカルの原理は，密閉容器中の流体への圧力は，同じ大きさで均等に各部に伝わるというもの。

5 $2\pi\sqrt{\dfrac{l\cos\theta}{g}}$。ただし，$g$は重力加速度。

6 ✗ 等加速度運動。

7 -750。運動エネルギーの変化がなされた仕事と等しくなる。
$$\frac{1}{2}\times0.01\times100^2 - \frac{1}{2}\times0.01\times400^2 = -750〔J〕$$

8 5。運動量保存則$m_1v_1 + m_2v_2 = m_1v_1' + m_2v_2'$より，衝突後の速度を$v$とすると，
$60\times10 + 20\times(-50) = (60+20)v$
より，$v = -5$〔m/s〕

9 ◯

10 11.7。標準状態での温度をT_0，圧力をp_0，密度をρ_0，題意の条件でのそれらをT，p，ρとすると，$\dfrac{p}{\rho T} = \dfrac{p_0}{\rho_0 T_0}$が成り立つ。
$$\rho = 1.29\times\frac{10.0\times273}{1\times(273+27)} \fallingdotseq 11.7〔\text{kg/m}^3〕$$

PART 4

教養試験の「出る文」

づいている。このとき，観測者が聞く音の振動数は音源の出す音の振動数の　　　倍になる。

□ **12** 日常生活でよく使われる温度目盛りはセ氏温度と呼ばれるもので，単位記号は℃を用いる。一方，科学の世界では<u>カ氏温度</u>を使うことが多く，単位記号はKを用いる。

□ **13** 波が障害物の背後に回り込む現象を回折という。波長に比べて，透き間の間隔あるいは障害物の大きさが<u>大きい</u>ほど，回折は大きくなる。

●電磁気学

□ **14** 3個の抵抗4Ω，12Ω，2Ωと，6Vの電池を図のように接続した。AB間の2個の抵抗の合成抵抗は　ア　Ωであり，3個の抵抗の合成抵抗は　イ　Ωである。また，2Ωの抵抗を流れる電流は　ウ　A，4Ωの抵抗を流れる電流は　エ　Aである。

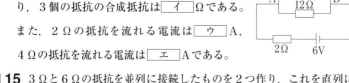

□ **15** 3Ωと6Ωの抵抗を並列に接続したものを2つ作り，これを直列に接続し，その両端を起電力12Vの電池につないだときに，すべての抵抗によって消費される電力の和は，3Ωと6Ωの抵抗を並列に接続したものが1つだけのときの　　　倍である。

□ **16** 100Vの電圧で5Aの電流が流れるヒーターの消費電力は，　　　Wである。このヒーターを10分使用すると　　　Jの電力量になる。

□ **17** 棒磁石のN極を下にして，コイルの断面に垂直に上側から近づけるとコイルの上側はN極になり，棒磁石のS極を下にして，コイルの上側から上方へ遠ざけると，コイルの上側はS極になる。

□ **18** コイルに磁石を近づけたり遠ざけたりするとき，誘導起電力を大きくするためには，磁石の動きを<u>遅く</u>する，コイルの断面積を<u>狭く</u>する，磁場の方向とコイルの断面を<u>平行</u>にする，のがよい。

●原子物理

□ **19** α線は2個の陽子および2個の中性子からなる^{4}Heの原子核であり，質量が大きく，正電荷を帯びているため透過性が<u>大きい</u>。β線は高速の電子であり，透過性はα線に比べて<u>小さい</u>。

□ **20** <u>赤外線</u>はX線に比べて物質を<u>透過しにくく</u>，大気中の二酸化炭素に吸収される。紫外線は<u>γ線よりも波長が長く</u>，殺菌作用があるので殺菌灯に利用されている。

□ **21** 放射能の強さは，単位時間に崩壊する原子核の個数で表し，1秒間に1個の原子核が崩壊する放射能の強さを1<u>シーベルト（記号Sv）</u>という。

11 1.5。

ドップラー効果の公式，

$$f = \frac{V-u}{V-v}f_0 \quad (V：音速，u：観測$$

者の速度，v：音源の速度，f_0：音源の振動数）より，

$$f = \frac{V-0}{V-\frac{V}{3}}f_0 = \frac{3}{2}f_0$$

12 ✕ 絶対温度。これは熱力学の法則から理論的に定められ，物質を構成する原子・分子の熱振動がすべて静止する温度が0Kである。

13 ✕ 小さい。波長に比べて，透き間の間隔が小さいほど，回折は大きくなる。

14 ア：3，イ：5，ウ：1.2，エ：0.9。

$$\frac{1}{R} = \frac{1}{4} + \frac{1}{12}より，$$

$R=3〔Ω〕…ア$

$3+2=5〔Ω〕…イ$

$$I = \frac{V}{R} = \frac{6}{5} = 1.2〔A〕…ウ$$

4Ωの抵抗にかかる電圧は，

$V=6-2×1.2=3.6〔V〕$

$$I = \frac{3.6}{4} = 0.9〔A〕…エ$$

15 0.5。

$$\frac{1}{3} + \frac{1}{6} = \frac{1}{R}より，R=2〔Ω〕で$$

あり，直列につなぐと4Ωで2倍になる。消費電力は$P=\dfrac{V^2}{R}$より，抵抗に反比例する。

16 $5.0×10^2$，$3.0×10^5$。消費電力 $P=IV$，電力量 $W=Pt$。時間 t の単位は秒である。

17 ✕ N極。外から受ける磁界の変化を打ち消す向きにコイル内に磁界が生じる。

18 ✕ 速く，広く，垂直。

19 ✕ 小さい，大きい。

20 ○

21 ✕ ベクレル，Bq。Svは放射線の人体への影響を表す。

化学

直前期のポイント

出題範囲は広いが，基礎概念と基礎理論の理解を確実にしたうえで，無機・有機化合物の代表的な化合物について整理しておくとよい。

●理論化学

- [ ] **1** 同じ元素からできており，化学的性質が異なる単体を<u>同位体</u>といい，硫黄S，炭素C，酸素O，リンPなどに見られる。

- [ ] **2** $N_2 + 3H_2 \rightleftarrows 2NH_3 + 92.2kJ$ の平衡において，全圧を一定として平衡混合物の温度を上げると，<u>左向き</u>に平衡が移動する。

- [ ] **3** 原子間で価電子が共有されることを共有結合といい，NaClのように，電気陰性度の差が<u>小さい</u>場合にはイオン結合と呼ばれる。

- [ ] **4** <u>ドルトンの法則</u>より，0℃，1atmのとき，1molの気体の体積は，気体の種類に関係なく22.4Lである。

- [ ] **5** エチレン（C_2H_4）2.8gを完全燃焼させたときに発生する二酸化炭素の質量は□□□gである。ただし，原子量はH=1，C=12，O=16とする。

- [ ] **6** 水溶液の酸性，アルカリ性の強弱を表す指標として用いられるpHは，水素イオンのモル濃度［H^+］の数値を用いて，pH=□□□と定義されている。たとえば，［H^+］=0.01mol/Lの水溶液のpHの値は2となる。

- [ ] **7** 2価の酸0.3gを含む水溶液を完全に中和するのに，0.1mol/Lの水酸化ナトリウム40mLを要した。この酸の分子量は□□□である。

- [ ] **8** 金属が水溶液中で電子を放出して陽イオンになろうとする性質をイオン化傾向といい，<u>イオン化傾向が小さい金属</u>は，希塩酸や希硫酸と反応する。

- [ ] **9** 「酸は水素イオンH^+を相手に与える物質であり，塩基は水素イオンH^+を受け取る物質である」とは<u>ブレンステッド・ローリー</u>の定義である。酸・塩基の強弱はその価数とは<u>一致しない</u>。

- [ ] **10** 周期表の17族に属する元素はハロゲンと呼ばれる非金属元素で，単体はいずれも二原子分子で陰イオンになりやすいという性質を持ち，原子番号の<u>大きい</u>ものほど陰イオンになりやすい。

- [ ] **11** 過酸化水素は一般に<u>還元作用</u>を示すが，特に高濃度の過酸化水素水は強い<u>還元作用</u>を示すため，皮膚の殺菌や消毒に用いられる。

- [ ] **12** 周期表の2族の元素のうちCa，Sr，Ba，Raは<u>アルカリ金属</u>と呼ばれ，二価の陽イオンになりやすく，酸化物は<u>酸性</u>である。

- [ ] **13** 分子中の電気陰性度の大きい原子（陰性原子F，O，N）と結合す

解説

1 ✕ 同素体。酸素O_2とオゾンO_3など。SCOP（スコップ）。同位体は原子番号が同じで，中性子数が異なる。

2 ◎ 平衡状態で，温度，圧力，濃度などを変化させると変化を打ち消す向きに反応が進む（ルシャトリエの原理）。左向きが吸熱反応であることに注意。

3 ✕ 大きい。一般に電気陰性度（電子を引きつける力）の差が小さければ共有結合，大きければイオン結合。

4 ✕ アボガドロの法則。標準状態（0℃，1atm=1013hPa）で，1molの体積は22.4L，分子数は6.02×10^{23}〔個〕。

5 8.8。
$C_2H_4 + 3O_2 \rightarrow 2CO_2 + 2H_2O$
C_2H_4は2.8÷28=0.1〔mol〕であるので，CO_2は0.2mol発生。よって，0.2×44=8.8〔g〕

6 $\log \dfrac{1}{[H^+]}$。［H^+］=0.01mol/Lの場合，数値0.01を用いて，pH=$\log \dfrac{1}{0.01}$=$\log 10^2$=2と計算される。

7 150。（酸の物質量）×（酸の価数）＝（塩基の物質量）×（塩基の価数）。$\dfrac{0.3}{M} \times 2 = 0.1 \times \dfrac{40}{1000} \times 1$から，$M$=150。

8 ✕ イオン化傾向が水素（H_2）より大きい金属は，希塩酸や希硫酸と反応する。

9 ◎ 1価の硝酸HNO_3は強酸，2価のシュウ酸$H_2C_2O_4$は弱酸。強弱は電離度による。

10 ✕ 小さい。原子番号が小さ

PART **4**

教養試験の「出る文」

る水素原子が，他の分子中の陰性原子と強く引き合う結合を<u>水素結合</u>といい，この結合があると沸点・融点が非常に高くなる。

14 一定温度では，一定量の気体の体積は圧力に反比例するという関係を<u>シャルルの法則</u>といい，一定圧力では，一定量の気体の体積は絶対温度に比例するという関係を<u>ボイルの法則</u>という。

15 ゼラチンのコロイド溶液に少量の電解質溶液を加えても，ゼラチンは<u>沈殿</u>しない。このコロイド溶液を限外顕微鏡で観察すると，コロイド粒子の不規則な運動である<u>ブラウン運動</u>が見られる。

16 燃料電池とは，水素と酸素の化学反応から電気エネルギーを得る装置であり，燃料としては<u>水</u>を用いる。そのため，燃料の安定供給が可能であり，環境負荷が少ないエネルギー資源である。

●無機・有機

17 水銀は室温では<u>液状</u>であり，その蒸気は有毒である。また，種々の金属を溶かして<u>アマルガム</u>と呼ばれる合金を作る。

18 アルデヒドが持つ官能基は－CHOであり，アルデヒドには還元性がある。アルデヒドの検出法には，<u>銀鏡反応</u>や，フェーリング液を加えて加熱すると赤色の沈殿が生じるフェーリング反応がある。

19 高分子化合物に関して，水などの分子が取れて，単量体が次々に連なる重合を<u>付加重合</u>という。

20 メタノールは無色で毒性の<u>強い</u>液体である。メタノールはヒドロキシ基を持ち，カルボン酸と縮合してエステルを生じる。

●時事・環境

21 金属元素のうち，産出量が少なかったり純粋な金属を得ることが難しかったりするものを<u>レアメタル</u>と呼び，リチウム，チタン，モリブデン，インジウムなどを例として挙げることができる。

22 <u>リチウム電池</u>は，負極に黒鉛，正極にコバルト酸リチウムを用い，電解液に有機溶媒を用いた二次電池である。比較的軽量で充電が可能なため，スマートフォン，パソコンなどに広く利用されており，実用化に貢献した日本人研究者の吉野彰はノーベル化学賞を受賞している。

23 酸性雨の原因物質は，人類の活動により排出された二酸化炭素であり，空気中の水分と結びつき炭酸が生成される。

24 トリチウム^{3}Hは水素の<u>安定同位体</u>であり，トリチウムの原子核は1つの陽子と3つの中性子からなる。

解説

いほど電気陰性度が大きい。

11 ✕ 酸化作用。

12 ✕ アルカリ土類金属，塩基性。アルカリ土類金属は水と反応し，酸化物は塩基性を示す。

13 ○ HF, H$_2$O, NH$_3$などは，沸点が高い。

14 ✕ ボイルの法則，シャルルの法則。

15 ○ ゼラチンは親水コロイドとなり，少量の電解質では凝析しない。多量であれば沈殿する（塩析）。

16 ✕ 水素と酸素。燃料電池は水の電気分解と逆反応。

17 ○ 水銀の蒸気は有毒なので密閉容器中に保存しなければならない。一般に有機水銀化合物には毒性があり，特にメチル水銀は毒性が強く，水俣病の原因となった。

18 ○

19 ✕ 縮合重合。二重結合が開いてする重合が付加重合。

20 ○ メタノールに比べて酒類に用いられるエタノールの毒性は弱い。エステル結合（―COO―）は脱水縮合による。

21 ○

22 ✕ リチウムイオン電池。リチウム電池は，小型で高電圧，大電流が得られ，寿命が長いが，一次電池であり，充電して使うことはできない。二次電池は充電して再使用可能な電池で，リチウムイオン電池以外に鉛蓄電池，ニッケル・カドミウム蓄電池，ニッケル・水素電池がよく使われている。

23 ✕ 硫黄酸化物（SOx）や窒素酸化物（NOx），硫酸や硝酸。炭酸は酸性が弱く森林等への影響は少ない。

24 ✕ 放射性同位体，2つ。トリチウム（三重水素）は，核実験や原子力発電などによっても放出される。

切り取り線

生物

直前期のポイント

動物や植物の恒常性は頻出分野であるから，必ずチェックしよう。特に免疫は，パンデミックとの関係で時事的テーマとしても重要なので，深掘りしておきたい。その他では，生態系の分野が要注意である。

解説

●細胞・組織

☐ **1** 細胞は，細胞膜に包まれて周囲から独立したまとまりをつくっている。細胞膜は，物質を細胞内に取り込んだり排出したりして，細胞内部の環境を保っている。

☐ **2** 高等植物の葉緑体は，葉緑体包膜と呼ばれる二重膜で包まれ，内部には層状のチラコイドと，ストロマと呼ばれる基質の部分がある。光エネルギーの吸収，ATPの合成，水の分解はチラコイドで行われ，カルビン・ベンソン回路はストロマで行われる。

●動物・植物の恒常性・遺伝・生殖

☐ **3** 体内にウィルスや細菌などの抗原が侵入すると，血小板の一種であるT細胞とB細胞の働きによりこれを排除するタンパク質である抗体が生成され，抗体と結合した抗原は赤血球の食作用により処理される。

☐ **4** 白血病は，異常な白血球の数が増加する血液のがんであり，免疫力が低下して感染症を起こしやすくなる。

☐ **5** 光合成では，1molのブドウ糖を合成するのに6molの二酸化炭素と ア molの水を必要とする。一方，好気呼吸では，1molのブドウ糖を分解するのに イ molの酸素が必要である。

☐ **6** スイートピーの花の色には対立遺伝子Cとc，Pとpが関係しており，独立の法則に従って遺伝する。CとP両方の遺伝子を持つ個体が有色の花をつけ，それ以外は白色の花をつける。遺伝子型がCCppの白色の花とccPPの白色の花を交配すると雑種第一代F_1の遺伝子型はCcPpとなり，F_1の自家受精によって得られるF_2の表現型の分離比は [CP]：[cP]：[Cp]：[cp]＝ ア ：3：3： イ である。

☐ **7** ツベルクリン反応は，結核菌の成分を体内に注射するとそれを抗原とする免疫反応が生じ，皮膚が炎症を起こして赤くはれるという現象を利用しており，一種のアレルギー反応の応用である。

☐ **8** 好気呼吸の反応は，解糖系，クエン酸回路，電子伝達系の3つの過程に分けられる。このうち，解糖系は，細胞質基質で行われ，クエン酸回路と電子伝達系は，ゴルジ体で行われる。

1 ◎ 細胞膜は選択的透過性を示し，細胞内外の出入りを選択的に調節する。一方，細胞壁は，全透性を示す。

2 ◎ カルビン・ベンソン回路はストロマで行われ，光を必要としない。

3 ✖ 白血球，マクロファージなどの白血球。T細胞とB細胞は，白血球の一種のリンパ球である。

4 ◎ 白血病では，正常な白血球が減り，感染症を起こしやすくなる。

5 ア：12，イ：6。 光合成の反応式は全体では，$6CO_2＋12H_2O \longrightarrow C_6H_{12}O_6＋6H_2O＋6O_2$と表される。したがって，1molのブドウ糖の合成には12molの水が必要。好気呼吸の反応式は光合成の逆であるから，1molのブドウ糖の分解に6molの酸素が必要。

6 ア：9，イ：1。 [CP]：[cP]：[Cp]：[cp]＝9：3：3：1となる。独立の法則とは，異なる染色体上にある各対立遺伝子が，配偶子形成時に互いに独立して行動することをいう。

7 ◎ これは細胞性免疫の一種で，ツベルクリン（結核菌の培養液から抽出した成分）を抗原として反応している。

8 ✖ ミトコンドリア。好気呼吸に関係しているのはミトコンドリアであり，1分子のグルコースから最大38ATPが生じる。ゴルジ体は，分泌物質の合成と貯蔵に関係している。

PART **4**

教養試験の「出る文」

9 酵素の働きやすい温度は通常30～40℃であり，それ以上になると反応速度は遅くなるが，温度が下がり再び適温になると反応速度はもとに戻る。

10 iPS細胞（人工多能性幹細胞）は胚盤胞期の細胞から作られ，さまざまな組織や臓器の細胞に分化し，ほぼ無限に増殖する能力を持つため，再生医療での実用化が期待されている。

11 ニューロン（神経単位）は，細胞体，樹状突起，軸索からなり，刺激の大きさに比例して興奮の大きさが変わる。ニューロン内ではアセチルコリンという神経伝達物質によって興奮が伝わる。

12 大脳は，髄質と皮質とに分けられ，髄質には思考や判断などの精神活動の中枢があり，皮質にはだ液の分泌の中枢がある。

13 ヒトの反射には，熱いものに触れると瞬間的に手を引っ込める膝蓋腱反射や，ひざの下を軽くたたかれると思わず足がピクッと上がる屈筋反射などがある。

14 血液の凝固は，トロンビンと呼ばれる酵素の働きで，血しょう中の水溶性のフィブリンが不溶性のフィブリノーゲンに変化することによって起こる。

15 動物の受精卵は外胚葉，中胚葉，内胚葉の３つの胚葉を形成するが，脊つい動物の受精卵では，外胚葉から骨格系，中胚葉から脳神経系と消化器系，内胚葉から循環器系がそれぞれ分化する。

16 血糖とは血液中に含まれるグルコースのことである。血糖量の増減は，間脳の視床下部やすい臓にフィードバックされて，自律神経やホルモンの働きによって一定の範囲に維持されている。

17 腎臓では，腎小体で血液がろ過されて原尿が作られる。原尿が腎細管を通る際に有用なグルコース・水分・無機塩類が血液中に再吸収され，尿素が濃縮される。

18 交感神経の興奮により副腎皮質からアドレナリンが分泌されると，この働きで肝臓のグリコーゲンがグルコースに変えられ血糖量が増加する。

●生態系

19 外来生物法では，特定外来生物を野外に放つことは禁止されているが，飼育することに規制はない。

20 陰樹林は，種組成が変化しにくい安定した群落であり，このような植生の遷移の最後に到達する群落を極相という。

解説

9 ✖ 酵素本体のタンパク質は高温で熱変性を起こし，酵素として働けなくなる。これは温度を下げても戻らない。

10 ✖ iPS細胞は，人間の皮膚などの体細胞に４つの遺伝子を導入して作製される。

11 ✖ ニューロンの興奮はある刺激の大きさ（閾値）以下では起きず，閾値以上の刺激では興奮の大きさは一定である。ニューロン内では興奮は活動電位によって伝わり，ニューロン間（シナプス）では神経伝達物質によって伝わる。

12 ✖ 髄質は各部を連絡する有髄神経線維が集合している部分であり，皮質には思考，判断，随意運動，感覚などの中枢がある。だ液の分泌の中枢は延髄である。

13 ✖ 屈筋反射，膝蓋腱反射。反射は大脳とは無関係に起こるため，素早く反応できる。

14 ✖ フィブリノーゲン（繊維素原），フィブリン（繊維素）。

15 ✖ 脳神経系，骨格系と循環器系，消化器系。

16 ◯ 血糖値は，自律神経と内分泌系によって，一定濃度に調節されている。

17 ◯ 糸球体とボーマンのうからなる腎小体（マルピーギ小体）とそれに続く腎細管とからなる腎単位（ネフロン）が，ろ過装置の最小単位である。

18 ✖ 副腎髄質。

19 ✖ 野外へ放つことはもちろん，飼育・栽培することも原則禁止されている。

20 ◯ 乾性遷移では，裸地→地衣類・コケ類→一年生草本→多年生草本→低木林→陽樹林→陰樹林となる。陰樹林の暗い林床では，陰樹の苗しか育たない。

切・り・取・り・線

地学

直前期のポイント

地学は時事と関連した問題が出題されやすい。自然災害に加えて，天体現象などもチェックしておくとよい。地球の運動と太陽系は特に頻出なので，押さえておこう。

解説

●地球の内部構造と地震

1 地震の際，最初に到達する波をP波といい，初期微動という小さな揺れを引き起こす。P波は縦波で，波の進行方向と物質の振動方向は平行である。次に到達する波をS波といい，主要動という大きな揺れを起こす。S波は横波で，波の進行方向と物質の振動方向は垂直である。

2 ある特定の地点での地震の揺れの大きさは，10段階の震度階級で表され，最高震度は ア である。一方，地震の規模を表す尺度としてはマグニチュードが用いられ，マグニチュードが2大きくなるとエネルギーは約 イ 倍になる。

3 プレートテクトニクスの理論によれば，プレートが生まれるところではヒマラヤのような大山脈が，プレートが地下に沈み込むところでは海嶺や海溝ができる。

4 マグマは，マントルの一部が溶融して作られており，二酸化ケイ素SiO_2の成分が多くなるほど粘性は小さくなる。

5 噴火警戒レベルとは，火山活動の状況を噴火時等の危険範囲や必要な防災対応に応じてレベル1～7の7段階に区分したものである。

6 地球内部の深さ2,900～5,100kmの外核は固体であり，5,100kmより内部の内核は液体であると考えられている。

7 花こう岩は，マグマが地表に流れて固まった火山岩であり，石英，長石，黒雲母などの鉱物の結晶が集まってできている。その石材は御影石とも呼ばれる。

8 中生代にはリンボクなどのシダ植物の大森林が形成された石炭紀が含まれ，この時代の植物が現代の化石燃料を支えている。

●大気と海洋

9 水蒸気を含む空気塊が山脈を越えるとき，風下側山麓の空気塊は，風上側山麓の空気塊と比べて温度が低く，湿ったものになる。このような現象をフェーン現象という。

10 ラニーニャ現象とは，太平洋赤道域の日付変更線付近から南米のペルー沿岸にかけての広い海域で，海面水温が平年に比べて低い状態が

1 ◎ P波が到達してからS波が到達するまでを初期微動継続時間といい，震源からの距離に比例する。

2 ア：7，イ：1,000。震度階級は0～7（5と6には強弱がある）の10段階。マグニチュードが1増えるごとにエネルギーは約32倍になる。

3 ✕ 大山脈は大陸プレートどうしの衝突するところにできる。海嶺は新しいプレートが生まれるところ，海溝は海洋プレートが大陸プレートの下に沈み込むところにできる。

4 ✕ 大きくなる。二酸化ケイ素の含量が多くなると，粘性は大きく，流れにくくなる。

5 ✕ 噴火警戒レベルは，5段階に区分されている。

6 ✕ 外核は液体，内核は固体であり，核は主に鉄によって構成され，ニッケルも含まれていると考えられている。

7 ✕ 地下でゆっくり冷えて固まった深成岩。地表付近で冷却凝固した火山岩としては，流紋岩や安山岩などが挙げられる。

8 ✕ 古生代。中生代には広い範囲で温暖な気候が続き，裸子植物が栄えた。

9 ✕ 温度が高く，乾燥したもの。フェーン現象は，風上側と風下側での気温の断熱減率の違いにより生じる。

10 ◎ ラニーニャ現象が発生すると，日本では暑い夏，寒い冬になりやすい。同じ海域で，海面水温が平年に比べて高い状態が続く現象をエルニーニョ現象

PART **4**

教養試験の「出る文」

切り取り線

解説

続く現象である。

☐ **11** 潮汐とは，月と太陽の引力の影響で，海面の水位が高くなったり低くなったりする現象であり，潮汐を起こす力を起潮力という。<u>太陽による起潮力は月の約2倍である。</u>

☐ **12** 高潮とは，台風等が通過するとき，<u>気圧の上昇による海面の押し込み効果</u>や，強風による海岸への海水の吹き寄せ効果によって，海面が異常に上昇する現象である。ときには，海水が陸地に侵入して被害を与えることもある。

☐ **13** 亜熱帯還流は亜熱帯高圧帯を取り巻くように流れる海流であり，<u>北半球では反時計回りに</u>，<u>南半球では時計回りに流れている。</u>

☐ **14** 津波の波高は，外洋では<u>数cmから数m程度</u>であるが，海岸に近づくと非常に<u>高くなる</u>ことがある。

☐ **15** 次々と発生する発達した積乱雲が列をなし，数時間にわたってほぼ同じ場所を通過または停滞することで作り出される，線状に伸びる強い降水を伴う雨域を<u>線状降水帯</u>という。

●地球の運動と太陽系

☐ **16** フーコーの振り子において，その振動面が時間の経過とともに回転していくのは，地球の<u>自転</u>によるものである。

☐ **17** 太陽の数倍程度以下の質量の恒星では，中心部からのエネルギー放出がやむと，重力のほうが勝り，収縮して<u>準星</u>になる。太陽質量の10倍以上の恒星は，進化が進むと中心部の重力崩壊により超新星爆発を起こし，中性子星やブラックホールが残される。

☐ **18** 太陽のエネルギー源である核融合反応は，太陽内部で繰り返されており，太陽の<u>表面付近に近づくほど活発</u>である。

☐ **19** 太陽系の惑星は，大きく2つに分けられる。<u>水星，金星，火星，木星を木星型惑星，地球，土星，天王星，海王星を地球型惑星という。地球型惑星は木星型惑星に比べて半径・質量が大きく，密度が小さい。</u>

☐ **20** 小惑星は，その大部分が火星と木星の間にあり，太陽の周りを公転している。そのほとんどは直径1km以下の微小天体である。

☐ **21** 大気圏は，下層から上層に向かって<u>対流圏・成層圏・中間圏・熱圏</u>に区分されているが，このうち<u>対流圏と成層圏では高度とともに気温が低くなっている。</u>

☐ **22** 太陽放射は主に地球の昼の面に入射し，地球放射は主に<u>昼の大陸部分から放射される。</u>

という。

11 ✕ 太陽による起潮力は月の半分弱である。新月や満月のときには，月と太陽の起潮力が強め合うので，潮の干満の差が大きい大潮となる。

12 ✕ 気圧の低下による吸い上げ効果。外洋では気圧が1hPa低いと海面は約1cm上昇すると考えられている。

13 ✕ 亜熱帯還流は転向力の影響を受け，北半球では時計回りに，南半球では反時計回りに流れている。

14 ◯ 津波の波高は，陸地に近づくにつれ水深が浅くなると非常に高くなりやすい。

15 ◯ 「線状降水帯」は最近になって使われるようになった言葉で，気象学的に厳密な定義はいまだ存在していない。

16 ◯

17 ✕ 白色わい星。準星（クエーサー）は，準恒星状電波源，準恒星状天体などとも呼ばれる特異な天体。中性子星（パルサー）は，超新星爆発後の中心部に残る高密度の天体。

18 ✕ 太陽の中心部では，4個の水素原子核が1個のヘリウム原子核になる核融合反応が繰り返されており，放出されたエネルギーは，放射や対流により表面付近まで運ばれている。

19 ✕ 水星，金星，地球，火星を地球型惑星，木星，土星，天王星，海王星を木星型惑星という。地球型惑星は木星型惑星に比べて半径・質量が小さく，密度が大きい。

20 ◯ 小惑星の多くは「小惑星帯」に位置する。

21 ✕ 対流圏と中間圏。

22 ✕ 地球放射は，主に赤外線の形で，地球全体から昼夜を問わず放射されている。

切り取り線

高齢化対策

- 超高齢社会である我が国の高齢化率は29.1%
- 労働に関する支援，健康増進に関する支援の2つの軸が重要
- 生きがいの創出，健康寿命の延伸がカギ

2023年9月の高齢化率は29.1%で，過去最高となっている。これは，総人口に占める労働力人口の割合の低下にもつながる。この現状に対し，まずは労働，健康という2つの面での取組みを盛り込みたい。

労働に関して，65歳以上でも働く意思がある人は少なくない。そこで，相談機会の拡充として，シニア世代が現在よりも気軽に相談できる就業相談窓口の設置や，出張相談事業などが考えられる。それぞれに合った労働環境を見つけることができれば，生きがいの創出にもつながる。

健康に関しては，健康寿命の延伸に取り組む必要がある。たとえば，運動習慣の定着，健康的な食生活の啓発は重要だ。生涯学習やスポーツイベントなどを通じて健康増進に取り組むことも，生きがい創出につながるだろう。また，フレイル予防も論点になりうる。フレイルサイクルに陥らないようにするため，もしくはフレイルサイクルを断ち切るため，同じように食生活や運動といった面からアプローチするとよいだろう。

少子化対策

- 2022年の合計特殊出生率は1.26
- 待機児童数は減少傾向で，調査開始以来5年連続で最少
- 安心して子どもを産み，育てられる社会の実現が課題

少子化の現状として，「女性が一生の間に産む子どもの数」を示す合計特殊出生率が，2022年時点で2021年の1.30から低下して1.26となり，過去最低となっていることに触れたい。なお，「人口が増減なく維持される水準」である人口置換水準は2.07程度だが，年々差が開いてしまっている。

待機児童については，2023年は2,680人で，前年から264人の減少となった。待機児童ゼロの市区町村は多いが，保育需要の地域ごとの偏りや，それに関連して特定園留保などの課題もあるため，今後も保育の受け皿の整備を進めていく必要がある。

安心して子どもを産み，育てられる社会を実現するためには，男性の育児休業取得率向上，晩産化や未婚化への対策，出産や子育ての相談窓口の充実などが挙げられる。合計特殊出生率や待機児童数をはじめ，自治体ごとの数値の差が大きいことから，他の自治体の好事例を取り入れることも効果的だ。

防災

- 我が国では2023年も（主に6～9月に）豪雨による被害があった
- ハード面・ソフト面に分けた対策がわかりやすい
- 予算や時間が比較的かかりにくいソフト面をメインに言及

2023年も各地で豪雨があり，大規模な被害となった。7月に九州地方を中心に起きた記録的な豪雨では，死者，行方不明者といった人的被害のほか，各地で土砂災害や河川の氾濫が生じた。また，地震対策にも目を向ける必要がある。地震調査委員会によると，2020年1月の時点で，今後30年間でマグニチュード7クラスの首都直下地震が発生する確率は約70%と予測されている。

対策については，ハード面・ソフト面に分けて言及することが有効だ。ハード面については，木造住宅が密集している地域がある場合，対策は急務といえる。なお，ハード面の対策は基本的に予算や時間がかかることから，実現可能性という面でメインの話題にはなりにくい。そのため，ハード面にも触れつつ，ソフト面について詳しく言及するとよいだろう。ソフト面については，防災訓練の参加率を高める取組みや，共助のための地域コミュニティ強化など，さまざまな視点が考えられる。

観光振興

- 新型コロナウイルス感染症で激減したインバウンドは急激に回復
- ここ数年で，観光施設などにおけるICTの利活用が大きく進んだ
- 今後は観光資源に関する取組みのほか，人材の確保や危機管理対策も

2020年以降，新型コロナウイルス感染症の影響で，旅行需要が消失しつつあったが，2023年時点では回復しているといってよいだろう。加えて，新型コロナウイルス感染症によって，各観光施設などでは，混雑状況の可視化やキャッシュレス決済の導入などが急速に進み，ICTの利活用という面では大きな進歩となった。

一方，こうしたICTを最大限に活用できる人材の確保が追いついていないケースがあるため，効果的な研修の実施などを推し進める必要がある。また，災害によるリスクも懸念される昨今，観光施設においては耐震性はもちろん，場合によっては非常時の受入態勢も求められる。さらに，魅力ある観光地域をつくっていくため，観光資源に関する取組みにはできる限り触れたい。具体的には，エコツーリズムによって，地域の魅力を高めていくことなどが考えられる。なお，2024年の状況にもよるが，2023年11月の段階では観光における「コロナ対策」を詳しく述べる必要はないだろう。

行政の効率化

● 行政ニーズの多様化・複雑化により，行政の効率化が不可欠

● トレンドである行政のデジタル化には必ず触れたい

● 他自治体との連携や官民連携もカギ

　近年はアフターコロナの対応，超高齢社会やDX推進など，行政が担うべき役割が増大している。このことから，従来どおりの行政運営ではニーズに応えることが難しくなっている。そこで現在，行政のデジタル化のために各自治体で行政手続のオンライン化が進んでいる。ただ，世界的に見ると日本の行政手続のオンライン利用率は依然として低いため，利用率向上に向けた取組みも必要となる。まずは，オンライン手続に慣れていない層を対象にアンケートを実施し，課題を可視化することが重要だ。一方，オンライン手続においては，セキュリティ面への対処も忘れてはならない。

　また，昨今の社会課題に対しては，一つの自治体だけで対応するのが難しくなっている。したがって，民間との連携を積極的に行うことで，自治体にとってはコスト削減や人的資源の確保に，事業者にとっては収益や事業機会の増加に，住民にとっては利便性向上などにつながる。行政課題によっては，他自治体との連携も，コスト削減や住民サービス向上といった意味で効果的となるだろう。

働き方改革

● 過重な労働によって，過労死やうつ病が発生している

● 仕事と生活の両立を支援する必要がある

● テレワークや女性活躍，子育て支援などと関連づけて述べてもOK

　働き方改革の現状として，「働き方改革関連法」が成立し，順次施行されている。また新型コロナウイルス感染症の影響で，テレワークや時差出勤の導入が進んだ。共働き家庭が増えたことも考えると，仕事と生活の両立のためには，多様な働き方の導入，男性の育児休業の取得促進などが重要となる。

　特にアフターコロナの今，普及したテレワークを「定着させる」という観点も持っておきたい。感染拡大以降普及していたテレワークの実施率が下がっているのが現状であり，サテライトオフィスの設置や，テレワーク可能な施設を探しやすいウェブサイトの構築などが待たれる。また，過重な労働の対策として，相談体制のさらなる整備も図る必要があるだろう。たとえば，働き方や休み方について，無料で専門家がコンサルティングを行う体制を構築することが挙げられる。

　そのほかの論点としては，昨今増加しているフリーランスへの支援や独立開業支援などが考えられる。

防犯対策

● 2023年10月時点では，刑法犯全体の認知件数は前年よりも増加

● 犯罪が起きにくく犯罪抵抗力のある「防犯まちづくり」が課題

● 「地域ぐるみ」での取組みが必要不可欠

　2023年1～10月のデータでは，2022年の同期間よりも，刑法犯全体の認知件数が増加している。2021年までは長期間にわたって減少傾向にあった刑法犯が増えている要因としては，新型コロナウイルス感染症に伴う行動制限の緩和，特殊詐欺の増加などが考えられる。

　まず行政としては「防犯まちづくり」の一環として，自治会による地域コミュニティ活動の活性化や防犯パトロール体制の確立などにより，多くの「人の目」を確保していく必要があるだろう。「人の目」の確保をはじめとした防犯の取組みに当たり，地域ぐるみでの取組みが非常に重要となる。そのために，ボランティアの育成や防犯教育などによる，自主防犯組織の強化を行っていくことも考えられる。

　また，昨今は特殊詐欺への取組みも見逃せない。自治体によっては電話着信時に警告のアナウンスが流れ，その後の通話が自動で録音される「自動通話録音機」の無償貸与が行われている。このような対策をはじめ，特殊詐欺の現状と手口を定期的に発信し続けることが肝要だ。

地域コミュニティ

● 住民どうしの関係の希薄化などにより，地域コミュニティは衰退傾向

● 多くの社会課題と関連しているため，対策は急務

● 住民参加の機会を増加させることがカギ

　現在，地域コミュニティは衰退傾向にあり，衰退だけでなく「崩壊」といわれることもある。これに伴って生じる問題としては，共助が困難になることによる災害に対する脆弱性の高まり，育児の相談相手がいないことによる子育ての不安増大，高齢者の孤立など，深刻なものが多い。

　そこで，行政としては住民参加の機会を増やすための取組みを講じる必要がある。自治体にもよるが，地域活動に参加しない理由として多いのが，地域活動に参加する時間がないことや，何をしたらよいのかわからないこと，地域活動が負担に感じることなどである。

　これに対しては，地域コミュニティ組織の効率化や負担軽減，若者を対象にした地域コミュニティに関するワークショップの開催などが考えられる。時間が少ない中でも参加してもらえるよう，地域コミュニティに対する理解の促進，連帯意識の醸成も併せて行うべきである。

デジタル化

- ●「デジタル後進国」を抜け出すため，デジタル庁の創設などが行われている
- ●新型コロナウイルス感染症により，デジタル化は進んだが，課題も浮き彫りに
- ●特にマイナンバー制度のさらなる活用やセキュリティ対策は重要課題

2022年のIMDのデジタル競争力ランキングにおいて，日本は過去最低の29位となっており，世界的に見るとデジタル化が進んでいるとはいえない。新型コロナウイルス感染症により，行政手続のオンライン化，キャッシュレス決済，オンライン教育などが普及したものの，依然としてデジタル化が十分とはいえず，またセキュリティ面をはじめとした課題も浮き彫りになった。個人情報の漏洩や，アプリの脆弱性を利用した攻撃を受けるといった事例が起こったのは，急速にデジタル化が進んだことにより，基盤の整備が追いついていないことが原因だろう。

これに対して行政としては，今後セキュリティに関するプロフェッショナル人材の育成もしくは起用，セキュリティリスクの教育などに力を入れていく必要がある。また，マイナンバー制度の利活用の推進も欠かせないため，さらなる取得に向けた取組みを行っていくべきである。

地球温暖化

- ●2050年カーボンニュートラルの実現が目標
- ●2023年は世界的に気候変動が大きく進んだ年
- ●国・自治体・住民が連携してそれぞれの役割を果たす

パリ協定では「産業革命前からの平均気温上昇を1.5度に抑えるよう努力する目標」が定められたが，今世紀末までに気温が約2.5度上昇するおそれがあるとされており，目標達成は難しい現状だ。また2023年7月，国連事務総長は「地球温暖化の時代は終わり，地球沸騰の時代が来た」と述べており，日本にも気候変動対策の加速化が求められている。

日本では2050年カーボンニュートラルの実現をめざし，さまざまな取組みが行われている。今後の対策として，自治体がそれぞれの地域特性を活かした取組みを行い，住民が主体的に行動できる仕組みづくりを行う必要がある。

たとえば，脱炭素普及に向けた啓発事業を行うことで，住民の意識を高めることが大切だろう。こういった自治体や住民の取組みを受け，国レベルの施策としては，意欲的に地球温暖化対策に取組む自治体への支援をしつつ，各地の創意工夫を横展開していく必要がある。

食品ロス

- ●2021年度の推計では，523万トンの食品ロスが発生
- ●住民に身近な取組みにより，食品ロスへの意識向上が必要
- ●フードバンクへの支援を継続，強化

農林水産省および環境省の推計によると，我が国では，2021年度に523万トンの食品ロスが発生している。その内訳は家庭系の食品ロスが47.6%，事業系の食品ロスが53.3%で，どちらも対策が急務といえる。2019年10月からは「食品ロス削減推進法」が施行され，各自治体，国が力を入れて取り組んでいる。今後は食品ロスへの意識をさらに向上させていくことが必要となるだろう。

たとえば，調理方法の工夫を行うよう啓発することで，家庭系の食品ロス削減につなげることができる。具体的には，食品ロスにつながるレシピを募集して紹介したり，コンテスト形式で披露してもらうことが考えられる。また，フードバンク活動への支援も各自治体で行われているが，スタートアップ団体への支援や運営基盤の強化などの取組みを継続的に行っていくことも重要だろう。これにより，事業系食品ロス，家庭系食品ロスの双方へアプローチすることができる。

多様性を認め合う社会

- ●すべての人が「自己実現」を果たせる社会をめざす
- ●それぞれの違いを認め合い，尊重する姿勢を醸成
- ●ダイバーシティ，ユニバーサルデザインの推進

社会的マイノリティといわれる障がい者，LGBTQ，外国人などをはじめとするすべての人々が「自己実現」を果たせる社会に向けて，行政は取り組まなければならない。互いを認め合い，尊重するため，多様性に関する啓発活動や教育に力を入れていくことが不可欠だろう。併せて，学校などにおける相談体制の整備も進めていく必要がある。労働面においても，多様な人材が活躍できる環境の実現が急務である。多様な人材を積極的に活用する「ダイバーシティ」の推進は重要な論点だ。

そのための施策としては，管理職の意識改革や行動を促すための研修を行うことなどが考えられる。また，ダイバーシティに関する企業の取組みを行政が可視化し，好事例として紹介することも有効である。なお，大阪市が「性のあり方」や「性についての考え」に関する詳細なアンケートを実施しているので，データとして参照しておくとよいだろう。

切・り・取・り・線

子どもの貧困

- 子どもの貧困率は低下傾向で，2021年は11.5%
- 支援が十分とはいえないので，行政の取組み強化は不可欠
- 子どもに対する取組み，保護者に対する取組みの2つの面で考える

　厚生労働省の国民生活基礎調査によると，2021年の子どもの貧困率は11.5%で，前回の2018年の調査時点よりも2.5%の低下となっている。相対的貧困率も2021年には15.4%と前回から低下しており，近年子どもの貧困は改善傾向にあることがわかる。これは行政の支援によって改善した部分もあるが，子どもの貧困率が下がった要因としては共働き世帯の増加が大きいだろう。また，相対的貧困率はいまだ他の先進国と比べると高い。そのため，今後も行政の取組みを強化していく必要がある。

　対策を考える際は，子どもに対する取組みと，保護者に対する取組みという2つの面で考えるとわかりやすい。子ども向けの取組みとしては，子ども食堂や子ども配食事業の推進，スクールカウンセラー派遣事業の推進などが考えられる。次に保護者に対する取組みとしては，主に就労支援について掘り下げていくことが有効だ。たとえば，ひとり親家庭に焦点を当て，就労専門の相談員による相談窓口を設けることに加え，資格取得の支援や職業訓練による自立支援を推進することが挙げられる。

児童虐待

- 2022年度の児童虐待の相談対応件数は21万9,170件
- 児童虐待は複雑な要因が絡み合って発生するので，主な要因を書こう
- 対策は相談体制の整備や，早期発見のための取組みなど

　2022年度中に全国の児童相談所が児童虐待相談として対応した件数は21万9,170件（速報値）となった。この対応件数は年々増加傾向にあるうえ過去最多を更新しており，対策が急務といえる。なかでも，心理的虐待に係る相談対応件数が増加している。割合としては，心理的虐待が最も多く，次いで身体的虐待が多いのが現状だ。児童虐待は「さまざまな要因が複雑に絡み合って発生している」ということを踏まえつつ，いくつかの要因を挙げるとよい。

　たとえば，地域コミュニティの希薄化，家族間でのストレスや共働き家庭が増えたことによる家族で過ごす時間の減少，保護者が虐待を受けた経験があることなどが挙げられる。児童虐待に対する全国的な取組みとしては，オレンジリボン運動が代表的なのでチェックしておこう。今後行政が行うべき取組みとしては，相談体制の整備，虐待の早期発見のための取組みなどが考えられる。ただし，どちらもすでに広く行われている取組みなので，具体的に踏み込んで述べたい。たとえば，相談体制の整備について，親と子ども双方が相談しやすい窓口（LINEを利用した相談窓口など）を整備することが挙げられる。

多文化共生

- 2022年末の在留外国人数は初めて300万人を超えた
- 「言葉の壁」「制度の壁」「心の壁」の3つの壁の解消がカギ
- 日本人住民向けの施策，外国人住民向けの施策の2種類を考える

　2022年末の在留外国人数は307万5,213人で，前年末と比べて11%以上増加した。新型コロナウイルス感染症の影響で在留外国人が減少した時期もあったが，2022年は過去最高で，初めて300万人を超えた。国籍などの異なる人々が，互いの差異を認め合い，対等な関係を築きつつ，地域に参加できる社会を構築する必要があるが，在留外国人の増加により，受入れ環境の整備が追いついていないケースもあるのが現状だ。

　在留外国人が生活する際には，「言葉の壁」「制度の壁」「心の壁」の3つの壁があるといわれており，この解消に力を入れていく必要がある。なかでも地域で暮らしていく際に重要になるのが「心の壁」の解消だ。この対策としては，まず，主に日本人住民の多文化共生の意識啓発に取組む必要がある。たとえば国際交流サロンなどを自治体が運営することで，多文化共生の意識醸成につながるだろう。さらに，コミュニケーション支援などにより，外国人住民が社会参画できるよう行政が支援していくことも忘れてはならない。

女性活躍

- 女性就業者は10年で370万人以上増加し，女性役員も増加傾向だが，依然として少ない
- 賃金格差も国際的に見ると大きく，格差の解消に向けた取組みが急がれる
- 女性職員の配置の偏りや，育児と仕事の両立などの課題に対策を

　女性就業者数は，新型コロナウイルス感染症の影響で，2020年には前年より減少したが，それ以降は増加傾向にあり，2022年には約3,024万人となった。10年間で370万人以上増加しており，上場企業における女性役員数も増加傾向にある。ただ，依然として日本の女性役員の割合は諸外国と比べて低く，男女間の賃金格差も国際的に見て大きいのが現状だ。女性の活躍を推進するに当たっての課題は複数あり，主に「女性職員の配置に偏りがあること」や「育児と仕事の両立が困難であること」などが挙げられる。

　これに対し，まずは行政が女性職員の少ない部署や職種に積極的に女性を配置するようにすることが考えられる。また，育児休暇を取得中の職員と，取得後復帰した職員との交流会・相談会を実施することで，不安解消につなげることも有効だろう。このような取組みを行うに当たり，定期的に女性職員の活躍の現状を把握し，それに応じて継続，変更などを行っていくこともちろん重要だ。

PART

5

専門試験の
「出る文」チェック

専門試験の頻出テーマについて，
選択肢形式で「出る文」としてピックアップした。
過去問演習などで蓄えた知識がしっかり定着しているか，
確認と総復習にフル活用しよう。

下線部：ひっかけポイント
！：特に要注意のテーマ

政治学

直前期の
ポイント

社会契約・自由主義・民主主義などの政治思想とマスコミ・世論が頻出テーマ。ほかにも永遠の頻出テーマである各国の政治制度（政府の諸形態・議会）や選挙・投票行動，政党については要注意である。

出る文

解説

●政治権力

☐ **1** N. マキャヴェリは，被支配者に認識されることなく行使される権力もあるとして黙示的権力論を唱え，著書『監獄の誕生―監視と処罰』の中で，近代の権力は必ずしも物理的な強制力にはよらず，自らを規律するように仕向ける形で行使されるとした。

☐ **2** R. ダールは，権力を人間関係の側面でとらえ，Aの働きかけがなければBが行わないであろうことを，AがBに行わせる限りにおいて，AはBに対して権力を有するとした。

☐ **3** V. パレートは，政府機関の有力者，大企業幹部，そして軍部の首脳らは相互に利害が一致した緊密な関係にあり，国家の政策形成を支配する権力を独占するグループを形成すると述べ，これらを「パワー・エリート」と呼んだ。

☐ **4** M. ウェーバーの支配の3類型でいう伝統的支配は，法によって定められた地位や権限に基づく支配であり，近代官僚制がその代表例として挙げられる。

☐ **5** C. メリアムのいう権力の道具のうち，理論や統治に対する尊敬，イデオロギーなどによって人の知的合理的側面に作用させるのが，ミランダである。

☐ **6** S. ルークスは，潜在的争点の顕在化を阻むために決定を回避する「非決定」において行使される権力に着目し，これを三次元的権力観として提示した。

☐ **7** 創造的リーダーシップとは，既存の価値体系を否定し，新たなビジョンを設定・提示することにより指導するものである。危機的状況に際して，価値体系の変革を図ろうとする点で投機的リーダーシップとは異なる。

●政治思想

☐ **8** J. J. ルソーは，文明社会の進展により失われつつある自由と平等を回復するためには，人民主権の考え方に基づき，新たな契約によって国家を樹立し，全体意志（思）を創設する必要があると唱えた。

1 ✖ M. フーコー。近代的な権力は人々に内面化され，これを自発的に従わせるように密やかに働きかけているとした。

2 ◯ ダールのこのような権力概念を「権力の関係説」と呼ぶ。

3 ✖ C. W. ミルズ。ミルズは自由と平等を基調とするアメリカのような民主主義社会においてもパワー・エリートによる少数指導体制（寡頭体制）によって，政治・経済・軍事が動かされていることを批判的に指摘した。

4 ✖ 合法的支配。合法的支配の特徴として，一度法律で秩序を形成してしまえば，それを解体することが困難であるため，永続性が高くなることが挙げられる。

5 ✖ クレデンダ。ミランダは，国歌や国旗，儀式等，感情や感性のような人間の非合理的側面に作用させるものをいう。

6 ✖ 本人に意識させないまま，人々の認識や思考までをも形成するように働く権力に着目し，これを三次元的権力観として提示した。出る文の下線部は非決定権力の説明であり，これは二次元的権力観に当たる。

7 ◯

8 ✖ 個々人の我欲，すなわち特殊意志（思）の総和にすぎない全体意志（思）ではなく，公共の利益を実現する一般意志（思）である。

切り取り線

9 J. S. ミルは，自由放任主義を奨励する古典的自由主義を批判して，自由主義の完成のためには個人の自己実現と人格的成長を妨げるさまざまな障害を国家が積極的に除去していくべきであると主張した。

10 I. バーリンは，消極的自由と積極的自由を区別したうえで，<u>消極的自由は閉鎖的な独裁体制や全体主義を作り出すことがある</u>と主張し，<u>積極的自由を重視した。</u>

11 A. ド・トクヴィルは，『アメリカにおけるデモクラシー』を著して，自由主義と民主主義の両立可能性を指摘したが，平等化の進展において，決定方式としての多数決制の採用は当然であり，これによる「<u>多数派の専制</u>」の危険はないとした。

12 M. サンデルは，現実の人間はコミュニティの善や道徳の束縛から自由ではないとし，アリストテレスの目的論的正義論の復権を主張し，I. カントや J. ロールズなどのリベラリストの正義論を批判した。

13 A. レイプハルトは，多数決型政治に対して<u>合意型の政治が存在すること</u>を指摘し，<u>これを多極共存型デモクラシーとして定式化した。</u>これは，下位文化が多様な国においても，多党間の協調政治としてデモクラシーが展開されている点に注目したものである。

14 シュンペーターは，民主主義を，人民の投票を獲得するための競争的闘争により決定権力を得る装置ととらえた。そのうえで，<u>諸問題については人民自らが決定を行い「公益」を実現することが大切である</u>とした。

15 幸徳秋水は，堺利彦らと平民社を興し「<u>国民新聞</u>」を創刊し，社会主義の立場から<u>開戦論</u>を展開した。しかし，1910年に明治天皇暗殺を計画したという理由で逮捕され，その翌年に処刑された。

●**政治制度**

16 参議院選挙では，昭和22（1947）年の第1回選挙から，<u>都道府県単位の選挙区</u>ごとに選出されていたが，昭和57（1982）年の公職選挙法改正により，「<u>全国区</u>」が導入された。その後，<u>平成6（1994）年</u>に同法改正により，「<u>全国区</u>」に比例代表制が導入されるに至った。

17 少数代表制とは，各選挙区の小数派にも代表を送り出す可能性を与えるよう工夫された選挙制であり，<u>小選挙区制</u>がその典型である。また，純粋な小選挙区制は，アメリカやイギリスなど少数の国々でしか採用されていない。

18 小選挙区制による選挙では，死票が多くなる，ゲリマンダーの危険性がある，新党の進出が困難であるなどのことから<u>政権が安定しない</u>

解説

9 ✕ T. H. グリーン。ミルは，質的功利主義を提唱し，社会の他の成員に危害が及ぶのを防ぐ場合においてのみ政府の干渉が正当化されるとした。

10 ✕ 積極的自由は閉鎖的な独裁体制や全体主義を作り出すことがあると主張し，消極的自由を重視した。

11 ✕ 平等化が進展して多数決制が絶対視されるようになると，少数派の自由が数のうえで多数派によって侵害されるようになり，「多数派の専制」の危険性が高まるとした。

12 〇

13 〇 スイスやベルギー，オランダなどでは，国家が分裂しないよう，協調を主眼とした政治が行われている。

14 ✕ 諸問題について人民自らが決定を行い「公益」を実現するという考え方を批判し，人民の役割を選挙で政治家を選ぶことまでとした。大衆の理性に対して懐疑的な態度をとっていたためである。

15 ✕ 「平民新聞」。「国民新聞」は，徳富蘇峰が創刊したものである。また，幸徳秋水は，社会主義の立場から日露戦争につき非戦論を掲げた。

16 ✕ 全国を1選挙区とする「全国区」と都道府県単位で選挙を行う「地方区」の混合制が採用されていたが，昭和57（1982）年の公職選挙法改正により，全国区に代えて比例代表制が導入された。

17 ✕ 少数代表制には，大選挙区単記投票制や大選挙区制限連記投票制がある。小選挙区制は多数代表制である。

18 ✕ 小選挙区制では，政権が安定しやすいといわれる。また，二大政党制を促進し，争点が明確化するなどのメリットも

PART 5

専門試験の「出る文」

□ **29** G. W. ウォーラスは，大規模集団を形成し，維持していくためには，フリーライダーの発生を防止するための強制加入の仕組みや選択的誘因の提供が必要であることを説いた。

□ **30** ネオ・コーポラティズムとは，巨大な利益集団が国家の政策決定に参加し，自己の利益を部分的に反映させ集団相互の協力により，妥協や調整を図っていく仕組みをいい，アメリカにおいて典型的に見られる政策決定様式である。

□ **31** T. ローウィは，利益団体が特権的利益を享受しそれが固定化するにまで至った現象をとらえて，公共の利益ではなく私的利益を過度に優先する利益集団自由主義だとして批判した。

□ **32** D. イーストンは，政治システム論を応用して各国の政治文化を研究した。未分化型，臣民型，参加型の3つに分類したが，このうち参加型とは，人々は政治システムへの入力には関心を持たないが，政府が下した決定や内容などの出力には関心を持つ類型である。

□ **33** A. F. ベントレーは，『統治の過程』（1908年）の中で，従来の政治学が政治の現実面だけをとらえ，政治制度等の形式的な研究を顧みなかった点を批判し，これを「死せる政治学」と呼んだ。

□ **34** ミシガン・モデルにおいて投票行動に影響を与える3つの主要な心理学的変数は，①政党帰属意識，②争点態度，③経済状況に関する認識であり，特に争点態度の重要性が指摘された。

□ **35** M. フィオリナは，有権者は候補者の政策上の立場の違いではなく，政策担当者の過去の業績を評価し，それに基づいて投票する「業績投票モデル」の概念を提唱した。

□ **36** J. T. クラッパーは，人々は自分の意見が多数派のものならそれを他人に表明するようになるが，その反面，少数派の意見は，沈黙へと追いやられていくことになるとした。

●**政治意識**

□ **37** H. D. ラスウェルの政治的無関心のうち，脱政治的態度とは，政治というものに対して嫌悪感を抱き，積極的に拒絶するタイプの無関心であり，無政府主義者などがこれに該当するといわれる。

□ **38** S. ハンティントンは，民主的な政治制度が効果的に作用するためには，社会を構成する個々人の積極的な関与が必要であるため，個人や集団の無関心の存在は許されないとした。

解説

29 ✕ M. オルソン。メンバー数が多い大規模集団ではフリーライダーが発生するため，強制加入の仕組みや選択的誘因を提供しないと，組織を形成・維持することが困難となる。

30 ✕ ネオ・コーポラティズムは，オーストリアやスウェーデンなどで定着した政策決定様式である。アメリカでは多元主義的な政策決定が行われている。

31 ◯

32 ✕ G. アーモンドとS. ヴァーバ。参加型とは，入力にも出力にも関心を持つ類型である。

33 ✕ 従来の政治学が政治制度等の形式的な研究に終始し，現実面を顧みなかった点を批判し，これを「死せる政治学」と呼んだ。

34 ✕ ③は候補者のイメージであり，特に政党帰属意識の重要性が指摘された。

35 ◯ フィオリナは1980年代になって新たな投票行動の理論として「業績投票モデル」の概念を提唱した。

36 ✕ E. ノエル＝ノイマン。ノイマンは，出る文の説明のような「沈黙の螺旋」仮説を唱えた。クラッパーは，マス・メディアの限定効果論を唱えた人物であり，マス・メディアの効果として，既存の意見や態度を一層強化させる補強効果を重視した（一般化）。

37 ✕ 反政治的態度。脱政治的態度とは，一度，政治に関心を持ったが，不信感から幻滅し，政治から離脱するタイプの無関心である。

38 ✕ 個人や集団の一定の無関心が存在することは必要であるとした。

行政学

出題範囲を絞りやすい科目である。官僚制や行政改革，行政統制は要注意。ほかにも政策過程や地方自治，組織理論なども比較的出題されやすい。学者の名前と提唱した理論の組合せをしっかりと暗記しよう。

出る文

解説

●行政学理論

☐ **1** W. ウィルソンは，行政国家における行政の領域の増大への期待に応えるために，政治行政融合論を唱えた。

☐ **2** L. D. ホワイトは，『政策と行政』を著し，自らもニューディール政策にかかわった経験から，政治と行政の連続性を指摘し，行政とは政策形成であって多くの政治過程の一つであるとした。

☐ **3** 1937年に設置されたブラウンロー委員会に参画したF. W. テイラーは，「POSDCoRB」という，企画，組織，人事，指揮監督，調整，報告，予算という7つの機能を一語で表現する言葉を作った。

☐ **4** F. J. グッドナウは，狭義の行政機能を，準司法的機能，執行的機能，政府組織の設立・維持・発展にかかわる機能の3つに分類したが，この中で政治の統制に服するべきなのは準司法的機能だけであるとした。

☐ **5** E. メイヨーとF. レスリスバーガーは，ホーソン工場の実験で，作業能率に影響を与えているのは作業環境や能率給などの経済的要因であることを実証した。

☐ **6** D. ワルドーは，能率の尺度につき，比較的単純な作業の能率を測る場合には，規範的能率を用い，政策決定等の複雑な行政の能率を測る場合には，客観的能率を用いるべきであるとした。

●行政組織

☐ **7** M. ウェーバーは，近代官僚制を伝統的支配の典型的な形態であるとした。また，公的活動と私生活を明確に分離している限り，兼業や副業で働いている職員も官僚制下での職員になるとした。

☐ **8** R. K. マートンは，官僚制の逆機能の存在を指摘し，規則による規律は組織における行動の信頼性を高めるが，規則を守ることだけが目的になってしまう危険性があるとした。

☐ **9** M. リプスキーは，外勤警察官や福祉事務所のケースワーカーなど，対象者と直に接する行政職員を「ストリート・レベルの行政職員」と呼び，法適用の裁量をその行政職員に特有なものとして挙げた。

---

1 ✖ 政治行政二分論。ウィルソンは『行政の研究』を著し，行政の領域はビジネスの領域であると主張した。

2 ✖ P. アップルビー。ホワイトは，アメリカで最初の行政学の教科書『行政学研究序説（行政学入門）』を書いた人物。

3 ✖ L. H. ギューリック。POSDCoRBという言葉の略号を用いた提言に基づき，予算局等の諸機関を包括する大統領府が創設された。

4 ✖ 執行的機能。すなわち，執行的機能については民主政治の観点から政党の統制が必要となるが，それ以外については政党の介入は弊害を招くとして行政の自由な領域とされなければならないとした。

5 ✖ 職場におけるインフォーマル（非定型的）な人間関係が作業能率に影響を与えていることを実証した。

6 ✖ 比較的単純な作業の能率を測る場合には客観的能率を用い，政策決定等の複雑な行政の能率を測る場合には規範的能率を用いるべきであるとした。

7 ✖ 近代官僚制は，「合法的支配」の典型的な形態である。また，「専業性の原則」がある以上，兼業や副業で働いている職員は官僚制下における職員にはならないとした。

8 〇 マートンは，「目的の転移」を指摘し，官僚制の逆機能は職務におけるパターン化された訓練を通じて形成されるとした（訓練された無能力）。

切・り・取・り・線

10 行政委員会は，通常の独任制の行政機関と異なり，内閣あるいは地方公共団体の首長からある程度独立しながら，行政的機能を果たす。ただし，<u>準立法的機能や準司法的機能を果たすことはない</u>。

11 近時の「独立行政法人通則法」の改正により，独立行政法人の種類は，行政執行法人，国立研究開発法人，中期目標管理法人の３つに分類されるに至った。このうち役職員が国家公務員の身分を有するのは<u>中期目標管理法人</u>である。

12 大森彌は，日本の行政組織の特徴として，<u>それぞれの組織の職務分掌が明確</u>であり，それゆえに個人の役割も明確になっていることや，<u>外形的に個々人が独立</u>して，区切られた空間で執務する形態などを指摘し，これを「大部屋主義」と呼んだ。

●行政管理

13 日本の公務員制度は，採用時の公開競争試験で能力を判定し，その後内部研修を行う，終身雇用を前提とした<u>開放型任用制</u>を採用してきた。また，国家公務員については，職階制が<u>今日まで実施されている</u>。

14 人事院は，毎年国家公務員と民間給与の実態を調査し，国会と内閣に報告するとともに，給与の是正を勧告する権能を持つ。<u>内閣はその勧告の実施を義務づけられている</u>。

15 「行政機関の保有する情報の公開に関する法律」（情報公開法）における「行政文書」には，<u>官報や白書が含まれ</u>，開示請求をすることができる者も<u>日本国籍を有する自然人に限られている</u>。

16 日本の政策評価は，<u>まず，国で2002年から「行政機関が行う政策の評価に関する法律」に基づいて実施され，それが地方に波及し</u>，三重県の「事務事業評価システム」の実施などにつながった。

17 PFIとは，公共施設等の建設，維持管理，運営等を民間の資金，経営能力及び技術的能力を活用して行う方式であり，PFI法によって推進されている。今後，同法を改正し，<u>地方公共団体の事業にPFIを導入することがめざされている</u>。

18 C. E. ギルバートは，行政統制の主体が外的的か内在的か，制度化されているか否かによって，４つの類型に分類した。その中で，<u>内在的かつ制度的統制には，大臣や上司からの職務上の統制や職員組合による批判がある</u>。

19 H. ファイナーは，行政官の責任につき，民衆の感情に対応する責任を政治的責任と呼び，客観的に確立された科学的な規準に対応する

解説

9 ✕ エネルギー振り分けの裁量。ストリート・レベルの行政職員の定義は正しい。

10 ✕ 行政委員会の中には，人事院による人事院規則の制定のような準立法的機能や，中央労働委員会の行う命令のような準司法的機能を果たすものも存在する。

11 ✕ 行政執行法人。従来の特定独立行政法人が行政執行法人へと名称変更されたものであり，2023年11月１日現在，7法人が存在している。

12 ✕ 「大部屋主義」は，組織の職務分掌が曖昧であり，個人の役割も明確になっていないことや，外形的に個々人が独立せず，区切られていない空間で執務する形態などが特徴である。

13 ✕ 閉鎖型任用制。また，職階制は事実上凍結され，2009年に廃止された。

14 ✕ 内閣は，財政状況を考慮して勧告への対応を閣議決定する。すなわち，実施が義務づけられるわけではない。実施の程度も，完全実施，一部実施，見送りまで多岐にわたる。

15 ✕ 官報や白書は除かれている。また，開示請求は「何人」もすることができるので，外国人や法人も開示請求権者に含まれる。

16 ✕ まず，三重県の「事務事業評価システム」をはじめとして地方公共団体で実施され，その後，国で実施されるに至った。

17 ○ 1999年に成立したPFI法では，地方公共団体の事業についてもPFIを実施する旨が定められている（同法３条１項）。

18 ✕ 職員組合による批判は内在的かつ非制度的統制の例である。内在的かつ制度的統制の例としては，ほかにも総務省の行政評価や人事院の人事管理など

PART 5

専門試験の「出る文」

切り取り線

責任を機能的責任と呼んだ。

●政策過程

20 C. E. リンドブロムは，政策立案の行動様式として，数少ない選択肢を検討し，影響の少ないものから漸次的に手を着けていく方式であるインクリメンタリズムを提示したが，多元的な価値基準に基づき主体が相互に調節されることはないとして，多元的相互調節の理論については異を唱えた。

21 H. A. サイモンは，人間は限定された合理性の中で意思決定を行うことを前提に組織資源を効率的に活用するため，影響力の甚大な政策の立案は合理的意思決定に，その他の政策の立案はインクリメンタリズムに委ねるとする混合走査法モデルを提唱した。

22 G. アリソンの主張した意思決定モデルのうち「組織過程モデル」とは，意思決定を組織の長が各自の組織の利益を拡大することをめざして互いに駆け引きする結果であると理解するモデルである。

●予算

23 新会計年度までに予算が成立しないときは，内閣は暫定予算を編成することができ，この暫定予算は，予算の空白を生まないようにする緊急的な措置であるため，国会の議決を必要としない。

24 会計検査院は，適正に検査を行うため，合法性（合規性）や正確性を伝統的に会計検査の基準として用いてきたが，最近はこれのみならず，3E（効率性，経済性，有効性）も重視されるようになってきた。

●地方自治・行政

25 「三位一体改革」は，地方交付税交付金を減額するとともに，国庫補助負担金の額を増額し，国税から地方税へ税源移譲を同時に行うというものであった。一方，市町村合併を推進するため，現在も市町村合併特例法に基づき，合併特例債に代表される手厚い財政的支援が行われている。

26 かつての機関委任事務は廃止され，自治事務と法定受託事務に再編されたが，このうち法定受託事務は依然として国の事務として位置づけられているため，条例制定権が及ばない。

27 指定管理者制度の導入により，公の施設の管理について，地方公共団体の指定を受けた民間事業者等に行わせることが可能となった。しかし，市町村レベルでは導入例がないことが課題となっている。

28 アングロ・サクソン型の地方自治制度の特徴は，法律などで包括的に示される概括例示方式を採用していることにある。

解説

が挙げられる。

19 ✕　C. フリードリッヒ。ファイナーは，行政責任を議会に対する説明責任であるとしている。

20 ✕　多元的な価値基準に基づき各主体が相互に調節される結果，合理的な政策になるとして，多元的相互調節の理論を提唱した。

21 ✕　混合走査法モデルは，A. エツィオーニが提唱したものである。

22 ✕　意思決定を長による政治的駆け引きの結果と見るのは「政府内政治モデル（官僚政治モデル）」である。「組織過程モデル」は，組織の標準手続に従って意思決定がなされるというものである。

23 ✕　暫定予算も予算の一つである以上，国会の議決を必要とする。

24 ◯　効率性（Efficiency），経済性（Economy），有効性（Effectiveness）の頭文字がともに「E」であることから，このように呼ばれる。

25 ✕　国庫補助負担金の廃止・縮減の誤り。また，市町村合併特例法は2010年3月末で廃止され，合併特例債も廃止された。

26 ✕　自治事務も法定受託事務も地方公共団体の事務である。また，条例制定権は法定受託事務に及ぶ。

27 ✕　指定管理者制度は，都道府県レベルのみならず，市町村レベルでも導入されており，これまで体育館，公園，図書館，病院などの管理が民間事業者に委ねられてきた。

28 ✕　制限列挙方式。概括例示方式（概括授権方式）は，ヨーロッパ大陸型の地方自治制度の特徴である。

切り取り線

社会学

著名な学者の代表的学説とそのキーワードを再確認すること。社会調査は必修である。過去問をしっかりチェックしよう。かつて頻出だったが近年出題のない準拠集団論などにも要注意。

解説

●集団・家族

1 F. テンニースは，選択意志に基づくゲマインシャフトと，本質意志に基づくゲゼルシャフトとを区別し，社会は，近代化とともに，ゲマインシャフトからゲゼルシャフトに移行すると論じた。

2 W. コーンハウザーは，大衆を「特別な資質を備えない人々の総体」と規定し，そのような大衆人が社会的権力を握り，社会の動きを決定する社会を大衆社会とした。

3 G. P. マードックは家族を，核家族，複婚家族，拡大家族に分類した。彼によれば，このうち核家族は，近代化の過程で，家父長制が解体していくにつれ出現してきた新たな家族の形態であり，前近代には，存在しなかった。

4 T. パーソンズとR. ベイルズは，子どもとは純粋無垢な存在であり，それゆえに保護され，教育されるべき対象であるとする観念は，普遍的なものではなく，17世紀頃に形成された近代的な観念であると主張した。

●逸脱行動・社会変動・都市

5 K. マルクスは，いかなる社会も，伝統的社会→先行条件期→離陸期→成熟への前進期→高度大衆消費社会の順に発展していくとする，経済社会の発展段階論を主張した。

6 E. デュルケムは，近代産業社会に見られる異質な人々どうしの機能的かつ部分的結合の形態を機械的連帯と呼んだ。

7 E. バージェスは「同心円地帯理論」を提唱し，都市は，中央ビジネス地区を中心として，遷移地帯，労働者住宅地帯，中流階級住宅地帯，通勤者居住地帯の順に同心円的に広がっているとした。

8 V. パレートは，いかなる形態の社会でも，特定のエリート集団の支配は永続的ではなく，最終的には他の集団に取って代わられるとし，これを「寡頭制の鉄則」と呼んだ。

9 R. K. マートンによれば，文化的に制度化された目標と，その目標達成のために利用できる制度的な手段との矛盾がアノミーを生み出し，これへの適応行動として社会的逸脱が生じる。

1 ✕ 本質意志に基づくのがゲマインシャフト，選択意志に基づくのがゲゼルシャフトである。

2 ✕ オルテガ゠イ゠ガセット。コーンハウザーは，「エリートへの接近可能性」と「非エリートの操縦可能性」の2つの要因の高低の組合せから4つの社会類型を設定し，この両要因の高い社会を大衆社会とした。

3 ✕ マードックは核家族普遍説を唱え，あらゆる家族形態は，時代や地域を超えて，核家族を基本としているとした。

4 ✕ P. アリエス。パーソンズとベイルズは，近代社会における家族の機能として「子どもの第一次社会化」と「成人のパーソナリティ安定化」を指摘した。

5 ✕ W. W. ロストウ。マルクスは，原始共産制→古代奴隷制→中世封建制→近代資本主義→社会主義，の順に社会は発展していくと論じた。

6 ✕ 有機的連帯。未開社会のような分業の未発達な社会に見られる，人々が相互に全人格的に結びつく結合形態が「機械的連帯」である。

7 ○

8 ✕ エリートの周流。「寡頭制の鉄則」は，いかなる組織集団も，その拡大とともに官僚制化していく事実をさすR. ミヘルズの概念。

9 ○

切り取り線

出る文

10 A. コントは社会学を社会静学と社会動学に区分し，後者の立場から有名な「三段階の法則」を提起した。それによれば，社会は「軍事的→法律的→実証的」の順に進歩していく。

11 W. オグバーンは，物質文化のほうが非物質文化よりも速く変化することから生じるずれを文化遅滞と呼んだ。

●社会心理・文化・マスメディア

12 D. リースマンは，『孤独な群衆』において，アメリカ人の社会的性格が，「伝統指向型」から「他人指向型」を経て，「内部指向型」に推移してきたと指摘した。

13 マス・コミュニケーションは，人々の批判的思考を減退させ，無気力な同調傾向を助長しやすく，その結果，積極的な社会実践の意欲を麻痺させてしまうように働くことがある。P. F. ラザーズフェルトとR. K. マートンは，このような機能を「麻酔的逆機能」と呼んだ。

14 S. フロイトは，パーソナリティをエスと自我および超自我の3つの機能からとらえた。このうち，エスは本能的な内的衝動であり，自我は内面化された社会規範である。そして，超自我はエスと自我の間の調整機能を果たす役割を担うものとされる。

●社会学理論

15 相互作用状況において，自分が相手の予期したとおりに行動し，かつ相手もまた自分の予期したとおりに行動しているとき，そこにはダブル・コンティンジェンシーが成立しているといえる。

16 N. ルーマンは現代社会を「システムによる生活世界の植民地化」ととらえ，生活世界の復権の重要性を主張した。

17 U. ベックは，産業経済の成長や科学技術の進歩などが人々の生命を脅かすようになった現代の社会をリスク社会と呼んだ。

18 E. ゴフマンは，E. フッサールの現象学の考え方を社会学に導入することで，人々によって自明視されている生活世界の構造を解明した。

●社会調査

19 W. F. ホワイトは，生活史法を用いて，ボストンにおける非行少年集団に関する調査を行い，これを『ストリート・コーナー・ソサエティ』にまとめた。

20 ランダム・サンプリング（無作為抽出法）は非確率抽出法であるのに対し，スノーボール・サンプリングは確率抽出法である。したがって後者では，標本抽出誤差を算定することが可能である。

解説

10 ✖ コントは社会が「軍事的→法律的→産業的」に進化していくとした。

11 ○

12 ✖ 「伝統指向型」→「内部指向型」→「他人指向型」と推移してきた。

13 ○

14 ✖ 自我と超自我の説明が逆。超自我が内面化された社会規範であり，自我がエスと超自我の間の調整機能を果たす。

15 ✖ 期待の相補性。ダブル・コンティンジェンシーとは，相互作用状況において，互いに相手の出方に依存して自己の行為を決定しようとする事態のことである。

16 ✖ J. ハーバーマス。ルーマンは，オートポイエーシス概念を社会システムに導入することにより，自己言及的な社会システム理論を構築した。

17 ○

18 ✖ A. シュッツ。現象学的社会学に関する記述。ゴフマンはドラマトゥルギーを主張した。

19 ✖ 参与観察法。ほかに，リンド夫妻の『ミドルタウン』が参与観察法の代表例。生活史法を用いた著名な研究はW. トーマスとF. ズナニエツキの『ヨーロッパとアメリカにおけるポーランド農民』，C. R. ショウの『ジャック・ローラー』など。

20 ✖ ランダム・サンプリング（無作為抽出法）は一定の確率法則に従って標本を抽出する確率抽出法であり，標本抽出誤差の算定が可能である。スノーボール・サンプリングは，非確率的標本抽出法であり，標本抽出誤差の算定ができない。

国際関係 直前期のポイント

国際理論は主な学派と提唱者名を再確認すること。グローバル問題は環境と人権，SDGsが重要。軍縮は核兵器禁止条約と核不拡散条約，クラスター爆弾禁止条約，地域紛争はウクライナやコーカサス，中東が狙われる。国際政治（中国の膨張，米中対立）は新聞で最新の動きを押さえておくこと。国際経済ではCPTPPやFTA/EPAの知識を整理しておこう。

解説

●国際関係理論

☐ **1** G.J. アイケンベリーは攻撃的現実主義の立場から，アナーキーな国際政治システムの中で，大国は常に自己の覇権の最大化をめざし攻撃力を行使すると指摘し，中国の強大化や米中対立の危険性を強調する。

☐ **2** K. ドイッチュは，コミュニケーションやトランザクション（物流）による国際交流が増大すると，安全保障（不戦）共同体の形成につながると説く機能主義を提唱した。

☐ **3** ネオリアリズムやネオリベラリズムが国家の目的合理を仮定していることを批判し，1990年代にはアクターの相互作用性に着目したリンケージ論が新たな国際理論として認められるようになった。

☐ **4** 『国際社会論』を著したM.ワイトは，国際社会はアナーキーではあるが無秩序ではなく，国際法や規範が形成され，一定の社会秩序が生まれていると論じた。

☐ **5** E.H.カーは，1920年代に力を得た国際連盟や軍縮による平和を説く安易な理想主義を批判しつつも，健全な国際政治学は現実主義と理想主義の巧みな結合の上に築かれるべきだと主張した。

☐ **6** ネオリアリズムの代表論者であるR.コヘインは，戦争の原因を人間の本能や国内的要因ではなく，国際社会のアナーキー性に求めた。

☐ **7** E.ハースは，理想主義を批判し，国際政治の本質は国益の追求による権力闘争であると論じた。そのため彼は，アメリカの重要な国益には直接関係しないとして，ベトナム戦争への介入に反対した。

●東西冷戦とその後

☐ **8** 1955年，ユーゴスラビアのティトー大統領の呼びかけで第一回の非同盟諸国会議が開かれ，平和共存や反植民地主義，主権尊重などをうたった平和10原則が採択された。

☐ **9** 1956年，ハンガリーでは反ソ連を掲げてポズナニ暴動が起きたが，ソ連軍に鎮圧され，ナジ首相は後に処刑された。

1 ✖ J. ミアシャイマー。アイケンベリーはリベラリズムの立場から立憲型の国際秩序が最も安定的であると指摘する。

2 ✖ 交流主義。機能主義は，非政治的分野の国家間協力が進めば政治共同体に発展し国際平和が実現するという理論。

3 ✖ コンストラクティビズム（構成主義）。理念や規範，アイデンティティなどの主観的要因が，相互に関係を持ちながら国際関係を形作るというアプローチである。

4 ✖ H.ブル。国家間で形成される法的統制やルールを重視するグロティウス的伝統に立つ英国学派の代表。

5 ◯

6 ✖ K.ウォルツ。国際社会のシステムや力の分布を重視した。

7 ✖ H.モーゲンソー。古典的現実主義の代表的論者で，国益を超えた力の行使に反対した。E.ハースはリベラリズムの立場から新機能主義を説いた。

8 ✖ インドネシアのスカルノ大統領の呼びかけでアジア・アフリカ会議（バンドン会議）が開かれた。初のアジア・アフリカの首脳会議。前年のネルー・周恩来会談でまとめられた平和5原則の影響を受けて，平和10原則が採択された。

9 ✖ ハンガリー動乱（事件）。ポズナニ暴動は，1956年にポーランドで起きた反政府運動。政府に鎮圧され，ゴムウカが新指導者になった。

PART 5

専門試験の「出る文」

切り取り線

出る文

□ **10** 1962年のキューバ危機で核戦争勃発の危機を経験した米ソは，以後関係改善に動き，対話のためホットラインを設置したほか，1963年には核戦争防止協定を締結した。

□ **11** 1972年，アメリカのニクソン大統領はそれまで敵対していた中国を自ら訪問した。そして毛沢東や周恩来と会談を行い，共同声明を発して米中の国交を正常化させた。

□ **12** 中国では毛沢東の死去後，鄧小平の指導の下で大躍進運動が展開され，沿海都市に経済特区を新設したり，外資を誘致することで経済的躍進の基礎が築かれた。

□ **13** 2001年，アメリカで同時多発テロが起きた。ブッシュ政権は翌年，テロを行ったアルカイダを支援したという理由でアフガニスタンを攻撃し，タリバン政権を崩壊させた。

●さまざまな国際機構

□ **14** ウクライナに侵攻したロシアの脅威に備えるため，スウェーデンとノルウェーが新たに北大西洋条約機構（NATO）に加わることになった。これでNATOの加盟国は32か国となる。

□ **15** 「開かれた地域主義」を掲げ，貿易・投資の自由化をめざすアジア太平洋経済協力会議（APEC）に，1991年，中国と台湾がともに加盟入りを果たしている。

□ **16** 1997年のアジア通貨危機を契機に，東南アジア諸国連合（ASEAN）加盟10か国に日中韓3か国の首脳を加えた東アジア首脳会議（EAS）が開かれるようになった。

□ **17** 太平洋・島サミット（PALM）はオーストラリア，ニュージーランドなど大洋州に位置する16か国・2地域からなる地域機構で，2022年には中国の進出を警戒する米国バイデン政権との首脳会議が開かれた。

●民族紛争・地域情勢

□ **18** 2022年2月にロシア軍がウクライナに侵攻した。ウクライナ側の激しい抵抗で終始苦戦を強いられながらも，ロシアは22年9月，クリミア半島の併合に踏み切った。

□ **19** アゼルバイジャンの自治州ナゴルノカラバフでは，多数派のアルメニア系住民が実効支配し，アルメニアへの編入を要求し両国間で紛争が続いてきた。2023年，アルメニアがナゴルノカラバフでの軍事作戦に勝利し，同自治州のアルメニアへの帰属が決定した。

□ **20** シリアでは，独裁体制を敷くアサド政権と民主化をめざす反体制派

解説

10 ✕ 部分的核実験禁止条約。地下を除き，大気圏内，宇宙空間および水中での核実験を禁止した。米英ソ三か国が締結。

11 ✕ 米中の関係を改善させた。米中の国交正常化が実現したのは，カーター政権のときである（1979年）。

12 ✕ 改革・開放政策。大躍進運動は，急速な社会主義建設をめざして，1950年代末に毛沢東が推進した運動。性急な大規模集団化や専門技術の軽視により，失敗した。

13 ○

14 ✕ フィンランドとスウェーデン。両国ともこれまで中立政策を採ってきた。ノルウェーはNATOが創設された1949年からの加盟国である。

15 ○

16 ✕ ASEAN+3。東アジア首脳会議（EAS）は，ASEAN+3に米露豪印ニュージーランドを加えた18か国で構成され，2005年からASEAN首脳会議の時期に合わせて開催されている（米露は2011年から正式参加）。

17 ✕ 太平洋諸島フォーラム（PIF）。太平洋・島サミット（PALM）は，太平洋島嶼国との関係強化の目的で1997年に日本が立ち上げた枠組み。3年ごとに開催されている。PIFは1971年創設の地域機構で，域内関心事項を協議する。

18 ✕ ロシアは22年9月，ウクライナの東部・南部4州の併合に踏み切った。クリミア半島は2014年に併合している。

19 ✕ アゼルバイジャンが軍事作戦に勝利しナゴルノカラバフを制圧，同自治州に対するアゼルバイジャンの主権を確立させた。

20 ✕ 欧米諸国やトルコは反体制派を支援するが，ロシアやイ

の内戦が続いている。欧米諸国やイランは反体制派を支援するが，ロシアやトルコの支援を得たアサド政権が優勢を占めるようになった。

●国際連合の活動

21 国連の専門機関の一つである国連教育科学文化機関（UNESCO）は，教育・科学・文化と児童の福祉に関する活動を通して，世界平和の実現をめざしている。

22 安全保障理事会の非常任理事国は，任期2年で，安全保障理事会の構成国による投票で選出され，連続しての再選は認められない。

23 1991年の湾岸戦争では，安全保障理事会が採択した武力行使容認決議を根拠にして，米英などの多国籍軍がイラク軍を攻撃しクウェートを解放した。

24 国連の行う平和維持活動（PKO）は，国連憲章の第6章を根拠として実施されている。日本の平和維持活動は，国際平和協力法（PKO協力法）に基づいて，自衛隊がカンボジアに派遣されたのが最初である。

●軍縮・安全保障

25 あらゆる空間での核兵器の実験的爆発およびその他の核爆発を禁止するカットオフ条約は1996年に国連総会で採択されたが，批准していない国が多く，いまだに発効していない。

26 2017年に核兵器を非合法化し，廃絶することをめざす核兵器禁止条約が採択された。同条約は核兵器の開発や製造，保有，使用などを禁止しており，日本やNATO加盟国が批准せず，いまだ発効していない。

27 クラスター爆弾の生産・使用・移転・備蓄を禁止するクラスター爆弾禁止条約はすでに発効している。しかしアメリカやロシア，ウクライナは同条約に署名しておらず，ウクライナ戦争で使用されている。

●開発協力・環境・国際経済

28 2000年に国連ミレニアムサミットが開かれ，2015年までに達成すべき8つの目標が「持続可能な開発目標（SDGs）」として示された。

29 2016年に発効したパリ協定では，温室効果ガスの排出を今世紀末までに実質ゼロにすることを目標に掲げるとともに，各国に温室効果ガスの削減目標の達成を義務づけた。

30 1960年代，多額の累積債務を抱えたラテンアメリカ諸国に対し，世界銀行は緊縮財政や金融引締めなどの構造調整アプローチを採った。

解説

ランの後ろ盾を得たアサド政権が優勢を占めるようになった。アサド政権は国土の7割の支配を回復している。

21 ✕ 教育・科学・文化活動。児童の福祉に関する活動は，国連総会の補助機関の一つである国連児童基金（UNICEF）が担当している。

22 ✕ 非常任理事国は，国連総会において全加盟国による投票で選出される。

23 ○ これに対し，2003年のイラク戦争では，多国籍軍によるイラク軍攻撃の根拠となる安保理決議は出ていない。

24 ✕ 国連の平和維持活動（PKO）は，国連憲章に明文の規定がなく，憲章第6章と第7章の間の6章半の活動とされている。自衛隊は1992年にカンボジアに派遣された。

25 ✕ 包括的核実験禁止条約（CTBT）。アメリカや中国などの発効要件国が未批准であるため，いまだに発効していない。

26 ✕ アメリカなど核保有国や核の傘の下にある日本やNATO加盟国は批准していないが，条約発効に必要な50か国・地域が批准したことから，2021年1月に発効した。

27 ○ 2010年に発効している。

28 ✕ 「ミレニアム開発目標（MDGs）」。MDGsは2015年9月の国連サミットで採択された，2030年までの「持続可能な開発目標（SDGs）」に継承・発展された。

29 ✕ 各国に温室効果ガス削減の目標設定は義務づけたが，目標達成は義務づけていない。

30 ✕ 世界銀行や国際通貨基金（IMF）の構造調整アプローチの対象となったのは，1980年代に累積債務を抱えた途上国である。

PART
5
専門試験の「出る文」

憲法

直前期のポイント

直前期には，人権では表現の自由などの出題頻度の高い分野の判例を，統治では三権の条文および裁判所の判例のポイントを，しっかり押さえよう。

出る文

※争いのあるものは
判例の見解による

解説

●憲法総論

1 憲法の前文については，前文の中の憲法の基本原理を改変するのでなければ，憲法96条の改正手続によらずに，その内容を変更することができるとするのが通説である。

●基本的人権

2 強制加入団体である税理士会が，政党など政治資金規正法上の政治団体に金員を寄付するために会員から特別会費を徴収することを多数決原理によって団体の意思として決定し，構成員にその協力を義務づけたうえ，当該寄付を行うことは，当該寄付が税理士に係る法令の制定改廃に関する政治的要求を実現するためのものである場合には，税理士会の目的の範囲内の行為として認められる。

3 外国人は日本国に入国する自由は認められないが，日本国に在留する外国人には外国へ一時旅行する自由は憲法上保障されている。

4 法務大臣が，外国人の在留期間の更新の際に，在留期間中の憲法の基本的人権の保障を受ける行為を消極的な事情として考慮することは許されない。

5 法令による公務員に対する政治的行為の禁止は，国民としての政治活動の自由に対する必要やむをえない限度にその範囲が画されるべきものである。

6 裁判官に対して「一切の政治運動をすること」を禁止することは，憲法21条1項に違反しない。

7 行政機関が住基ネットにより住民の本人確認情報を管理・利用等する行為は，本人がこれに同意していない場合には，憲法13条の保障する個人に関する情報をみだりに第三者に開示または公表されない自由を侵害する。

8 トランスジェンダーが戸籍上の性別を変えるために，生殖能力を失わせる手術を必要とする性同一性障害特例法における生殖不能要件の規定は，憲法13条に違反する。

9 公立高等学校の校長が教諭に対し卒業式における国歌斉唱の際に国

1 ✕ 通説は，憲法の前文の変更も憲法の改正手続による必要があるとする。

2 ✕ 判例は，目的の範囲外の行為として無効とする（最判平8・3・19〈南九州税理士会事件〉）。

3 ✕ 判例は，入国の自由は憲法上保障されないとし（最大判昭32・6・19），外国へ一時旅行する自由も保障されていないとする（最判平4・11・16）。

4 ✕ 判例は，許されるとする（最大判昭53・10・4〈マクリーン事件〉）。

5 〇 最判平24・12・7〈堀越事件〉。

6 ✕ 判例が，憲法21条1項に違反しないとしているのは，裁判官に対して「積極的政治運動をすること」を禁止することであり，「一切の」とはしていない（最大決平10・12・1〈寺西裁判官事件〉）。

7 ✕ 判例は，本人の同意がなくても，憲法13条の保障する個人に関する情報をみだりに第三者に開示または公表されない自由を侵害しないとする（最判平20・3・6）。

8 〇 判例は，本件規定による身体への侵襲を受けない自由の制約は，必要かつ合理的なものということはできず，憲法13条に違反するとする（最大決令5・10・25）。

9 ✕ 判例は，出る文の職務命令は憲法19条に違反しないとする（最判平23・5・30）。

10 〇 最大判令3・2・24。

切り取り線

旗に向かって起立し国歌を斉唱することを命じた職務命令は，<u>当該教諭の思想・良心の自由を侵すものとして憲法19条に違反する。</u>

10 市による孔子廟の土地使用料全額免除は，市と宗教とのかかわり合いが，わが国の社会的文化的諸条件に照らし，相当とされる限度を超えるから，<u>憲法20条3項の禁止する宗教的活動に当たる。</u>

11 分譲マンションの各住戸のドアポストに政党の活動報告等を記載したビラを投函する目的でマンションの共用部分に管理組合の意思に反して立ち入った行為について住居侵入罪に問うことは，<u>憲法21条1項に違反する。</u>

12 報道機関が公務員に対し秘密を漏示するようそそのかした行為は，その手段・方法が法秩序全体の精神に照らし相当なものとして社会観念上是認することができない態様のものであっても，<u>刑罰法規に触れない限り，実質的に違法性を欠き正当な業務行為である。</u>

13 公立図書館の職員である公務員が，閲覧に供されている図書を著作者または著作物に対する独断的な評価や個人的な好みによって不公正な取扱いによって廃棄することは，<u>当該図書の著作者の人格的利益を侵害するとはいえない。</u>

14 普通教育の場においても，大学における教授の自由と同じ程度の<u>完全な教授の自由が認められる。</u>

15 租税の適正かつ確実な賦課徴収を図るという国家の財政目的のための職業の許可制による規制は，<u>その規制手段よりもより緩やかな制限によって，目的を十分に達成することができないと認められる場合に限り，憲法22条1項に違反しないことになる。</u>

16 財産権の保障とは，個人が財産権を享有することができる法制度すなわち私有財産制を保障したものであって，<u>個々の国民が現に有している個別的，具体的な財産権を保障したものではないとされている。</u>

17 刑事事件において被告人以外の第三者の所有物を没収する場合，その没収に関して所有者である第三者に対し，告知，弁解，防御の機会を与えなくても，<u>憲法31条，29条に違反しない。</u>

18 法定手続の保障を規定する憲法31条は，刑事手続についての規定であるから，<u>行政手続に憲法31条が適用されることはない。</u>

19 平成元年改正前の国民年金法が，20歳以上の学生につき，任意加入を認めて国民年金に加入するかどうかを本人の意思にゆだねることとした措置は，<u>著しく合理性を欠くものとして憲法25条に違反する。</u>

解説

政教分離原則の違憲判決
①愛媛玉ぐし料事件
②砂川空知太神社事件
③那覇孔子廟事件

11 ✕ 判例は，<u>違反しないとする</u>（最判平21・11・30）。

12 ✕ 判例は，取材の手段・方法が，法秩序全体の精神に照らし社会観念上是認できない態様である場合には，<u>正当な取材活動の範囲を逸脱し，違法性を帯びるとする</u>（最決昭53・5・31〈外務省秘密電文漏洩事件〉）。

13 ✕ 判例は，<u>著作者の人格的利益を侵害するとする</u>（最判平17・7・14）。

14 ✕ 判例は，普通教育においては，<u>教師に完全な教授の自由を認めることは許されないとする</u>（最大判昭51・5・21〈旭川学テ事件〉）。

15 ✕ 判例は，出る文の規制は，<u>その必要性と合理性についての立法府の判断が，政策的・技術的な裁量の範囲を逸脱し著しく不合理でない限り，憲法22条1項に違反しないとする</u>（最判平4・12・15）。

16 ✕ 判例は，私有財産制度を保障しているのみでなく，<u>国民の個々の財産権を基本的人権として保障しているとする</u>（最大判昭62・4・22〈森林法共有林事件〉）。

17 ✕ 判例は，<u>違反するとする</u>（最大判昭37・11・28）。

18 ✕ <u>行政手続にも法定手続の保障が及ぶ場合がある</u>（最大判平4・7・1）。

19 ✕ 判例は，<u>憲法25条に違反しないとする</u>（最判平19・9・28〈学生無年金障害者訴訟〉）。

20 ✕ 判例は，統制権の限界を超え，違法であるとする（最大判昭43・12・4〈三井美唄労組事件〉）。

PART **5**

専門試験の「出る文」

6年度　直前対策ブック

受験ジャーナル　95 ●

20 労働組合が立候補の取りやめの要求に従わない組合員を処分することは，労働者の団結権保障の効果として認められる労働組合の<u>統制権</u>の範囲内であり，違法ではない。

●**統治機構**

21 特別会の会期の延長は<u>1回まで</u>であり，延長について両議院の議決が一致しないときは，特別会を延長することができない。

22 会期中に議決に至らなかった案件は，各議院の議決で特に常任委員会および特別委員会に付託された案件と懲罰事犯の件を除いて，<u>後会に継続しない。</u>

23 緊急集会中の参議院議員は，院外における現行犯罪でない場合であっても，<u>参議院の許諾がなくても逮捕される</u>ことがある。

24 両議院の議員は，議院で行った演説，討論または表決について院外で責任を問われないが，これは，民事上の法的責任が免除されるにとどまり，刑事上の法的責任までもが<u>免除されるものではない</u>と解されている。

25 各議院は，その議員の資格に関する争訟を裁判することができるが，当該裁判において，資格を有しないと議決された議員は，裁判所に資格回復のための司法上の救済を求めることが<u>できる。</u>

26 参議院が，衆議院の可決した法律案を受け取った後，国会休会中の期間を除いて60日以内に，議決しないときは，<u>衆議院は，直ちに出席議員の3分の2以上の多数で再び可決するだけで，</u>法律を成立させることができる。

27 条約の締結に必要な国会の承認については，<u>先に衆議院で審議</u>されなければならない。

28 裁判所で審理中の事件の事実について，国政調査権により議院が裁判所と並行して調査をすることは，たとえ裁判所と異なる目的であっても，<u>司法権の独立を侵害し，国政調査権の範囲を逸脱するものとなる</u>と解されている。

29 衆議院は，内閣不信任決議を行うことができるが，個々の国務大臣に対しては不信任決議を行うことは<u>できない。</u>

30 各国務大臣は，行政事務を分担管理しなければならず，行政事務を分担管理しない大臣を<u>置くことは認められない。</u>

31 閣議にかけて決定した方針が存在しない事案については，内閣の明示の意思に反しない限り，内閣総理大臣は，<u>行政各部に対し指示を与</u>

●**解説**

21 ✕ 特別会の会期の延長は2回まで（国会法12条2項）であり，延長について両議院の議決が一致しないときは衆議院の議決したところによる（同13条）。

22 ◯ 国会法68条，47条2項。

23 ✕ 参議院の緊急集会中，参議院議員は，院外における現行犯罪の場合を除いては，参議院の許諾がなければ逮捕されない（国会法100条1項）。

24 ✕ 免責特権（憲法51条）は，民事上の法的責任だけでなく，刑事上の法的責任も免除するものであると解されている。

25 ✕ 資格争訟の裁判（憲法55条）の結果に対しては，さらに通常の裁判所に訴えて司法上の救済を求めることはできないと解されている。なお，弾劾裁判（同64条）の結果についても同様である。

26 ✕ 衆議院は，再可決をする前に，参議院がその法律案を否決したものとするみなし決議（憲法59条4項）をしなければならない。

27 ✕ 衆議院に先議権があるのは予算の議決についてのみであり（憲法60条1項），条約の承認に先議権はない。

28 ✕ 異なる目的での並行調査は許容されると解されている。

29 ✕ 衆議院は，法的効力を持つ内閣不信任決議を行うことができる（憲法69条）ほか，法的効力は持たないが個々の国務大臣に対する不信任決議を行うこともできる。

30 ✕ 無任所大臣も認められる（内閣法3条2項）。

31 ◯ 最大判平7・2・22（ロッキード事件丸紅ルート上告審）。

32 ✕ 参議院議員通常選挙後の国会で内閣が総辞職することは要求されていない（憲法70条

える権限を有する。

32 衆議院議員総選挙または参議院議員通常選挙の後に初めて国会の召集があったときは，内閣は，総辞職をしなければならない。

33 出席停止の懲罰は，議員の権利行使の一時的制限にすぎないものとして，その適否がもっぱら議会の自主的，自律的な解決にゆだねられるべきということはできないので，普通地方公共団体の議会の議員に対する出席停止の懲罰の適否は，司法審査の対象となる。

34 憲法上，裁判の公開が制度として保障されていることに伴い，各人は裁判所に対して裁判を傍聴することを権利として要求することが認められ，また，傍聴人には法廷においてメモを取ることが権利として保障されている。

35 最高裁判所裁判官の在外国民の審査権の行使を可能にするための立法措置がとられていないことについて，やむをえない事由があるということはできず，国民審査法が在外国民に審査権の行使を認めていないことは，憲法15条1項，79条2項・3項に違反する。

36 国会は，内閣の提出した予算について，減額修正はすることができるが，増額修正はすることができないとするのが通説である。

37 租税法律主義の下で法律による議決を要する事項は，納税義務者，課税物件，課税標準，税率などの課税要件に限られ，租税の賦課・徴収の手続についてまでは法律で定められる必要はない。

38 市町村が行う国民健康保険は，保険料を徴収する方式のものであっても，租税法律主義について定める憲法84条の趣旨が及ぶ。

39 国会議員の有する免責特権は，国会と同様に民主的基盤を有する地方議会の議員にも認められる。

40 条例によって刑罰を定める場合には，法律の授権が相当な程度に具体的であり，限定されていれば足りる。

41 憲法改正案は，国民投票において，憲法改正案に対する賛成の投票の数が，賛成の投票数と反対の投票数に加えて無効の投票数を含めた総投票数を合計した数の2分の1を超えた場合は，当該憲法改正について国民の承認があったものとされる。

42 国会議員には，憲法99条によって憲法尊重擁護義務が課せられているので，国会議員が憲法改正を主張するようなことは，およそ認められない。

解説

参照）。

33 ◯ 最高裁判所は，60年ぶりに判例を変更して，普通地方公共団体の議会の議員に対する出席停止の懲罰の適否が司法審査の対象となるとした（最大判令2・11・25）。

34 ✕ 判例は，裁判所に対して傍聴することを権利として要求できることまでを認めたものでなく，傍聴人に対して法廷においてメモを取ることを権利として保障していないとする（最大判平元・3・8）。

35 ◯ 判例は，最高裁判所の裁判官の国民審査権（憲法79条2項〜4項）について，国民主権の原理に基づいて憲法に明記された主権者の権能であり，選挙権と同様の性質があるとして，国会が法整備を怠った立法不作為を理由に国に賠償を命じ，原告が次回の審査に参加できないのは違法であるとした（最大判令4・5・25）。

36 ✕ 通説は，財政国会中心主義（憲法83条）の原則から，増額修正も可能と解している。

37 ✕ 判例は，課税要件だけでなく，租税の賦課・徴収の手続についても法律で定められる必要があるとする（最大判昭30・3・23）。

38 ◯ 最大判平18・3・1（旭川市国民健康保険条例違憲訴訟）。

39 ✕ 判例は，認められないとする（最大判昭42・5・24）。

40 ◯ 最大判昭37・5・30。

41 ✕ 賛成の投票数と反対の投票数を合計した数の2分の1を超えた場合であり（日本国憲法の改正手続に関する法律126条1項，98条2項），無効の投票数は含まれない。

42 ✕ 国会が改正を発議できる以上，改正の主張は可能である。

PART
5

専門試験の「出る文」

行政法

直前期のポイント 直前期には，用語の意味に加えて，最頻出の法律（行政手続法，行政事件訴訟法，行政不服審査法，国家賠償法等）の重要な条文と判例を押さえよう。

※争いのあるものは判例の見解による

解説

●行政と法

☐ **1** 専決とは，本来の行政庁が決済権限を補助機関に行使することを<u>内部的に認め，対外的には行政庁の名で権限が行使される</u>ことである。

☐ **2** 通達は，行政機関およびその職員を拘束し，また，国民の権利義務に重大なかかわりを持つ通達については<u>直接国民を拘束</u>する。

●行政作用法

☐ **3** 行政行為に付された附款が無効なときは，附款が行政行為の内容を構成するものである以上，<u>常にその行政行為全体が無効</u>となる。

☐ **4** 行政行為の撤回は，<u>処分庁ではなく，当該処分庁を指揮監督する上級行政庁が行う</u>と解されている。

☐ **5** 課税処分のように，金銭を納付させることを目的とする処分について，取消訴訟の手続を経ることなく国家賠償請求を認めることは，<u>取消訴訟の排他的管轄の趣旨を没却することになるから許されない</u>。

☐ **6** 行政行為の瑕疵の治癒とは，ある行政行為に瑕疵があって本来は違法であるが，これを別個の行政行為として見ると適法要件を満たしている場合に，別個の行政行為として有効なものと扱うことをいう。

☐ **7** 内閣総理大臣が原子炉施設設置の許可をする場合において，原子炉施設の安全性に関する審査における法定の基準の適合性の判断に当たっては，<u>内閣総理大臣に裁量を認める余地はなく，内閣総理大臣は各専門分野の学識経験者等を擁する原子力委員会の科学的，専門技術的知見に基づく判断に拘束される</u>。

☐ **8** 違反する執行罰が定められている義務の履行を怠っている場合，義務の履行があるまで反復して執行罰としての過料を課すことが<u>できる</u>。

☐ **9** 金銭債権について，法律が行政上の強制徴収の手段を設けている場合には，この手段によるべきであって，<u>一般の金銭債権と同様に，民事上の強制執行を行うことは許されない</u>。

☐ **10** 加算税の制度は，実質的に見れば，納税の実を挙げようとするための行政上の措置を超える制裁であるから，<u>同一の行為に対して加算税と刑事罰を併科することは許されない</u>。

解説

1 ⭕ 委任，代理との違いに注意。

2 ❌ 判例は，通達は直接国民を拘束しないとする（最判昭43・12・24）。なお，通達は裁判所も拘束しない。

3 ❌ 附款が行政行為と可分であれば，附款の瑕疵は行政行為に影響しないと解されている。

4 ❌ 行政行為の撤回は，当該行政行為を行う権限のある処分庁が行い，上級行政庁はできないと解されている。もっとも，上級行政庁は処分庁に撤回を命ずることはできる。

5 ❌ 判例は，違法な課税処分によって損害を被った納税者は，取消訴訟等の手続を経るまでもなく，国家賠償請求を行いうるとする（最判平22・6・3）。

6 ❌ 行政行為の瑕疵の治癒とは，行政行為のなされた後，欠いていた要件の追完がなされ，その結果，まさに瑕疵がなくなったという場合をいう。出る文は違法行為の転換である。

7 ❌ 判例は，法定の基準の適合性の判断に当たっては，原子力委員会の科学的，専門技術的知見に基づく意見を尊重して行う内閣総理大臣の合理的な判断にゆだねられる（最判平4・10・29〈伊方原発訴訟〉）として，内閣総理大臣の裁量を認める。

8 ⭕ 執行罰は刑罰ではないので，反復して過料を課しても二重処罰禁止の原則（憲法39条後段）には抵触しない。

9 ⭕ 最大判昭41・2・23。

10 ❌ 判例は，加算税と刑事罰

11 土地区画整理事業の事業計画の決定は，施行地区内の宅地所有者等の法的地位に変動をもたらすものであって，抗告訴訟の対象とするに足りる法的効果を有するものということができる。

●行政手続法

12 行政庁は，申請に対する処分であって，申請者以外の者の利害を考慮すべきことが当該法令において許認可等の要件とされているものを行う場合には，公聴会の開催その他の適当な方法により当該申請者以外の者の意見を聴く機会を設けることが法的に義務づけられている。

13 聴聞の主宰者が聴聞の期日に行った処分または不作為については，審査請求をすることができる。

14 行政庁が，行政指導として教育施設の充実に充てるために，マンションを建設しようとする事業主に対して寄付金の納付を求めることは，強制にわたるなど事業主の任意性を損なうことがない場合であっても，違法となる。

15 法令違反行為の是正を求める法律に基づく行政指導を受けた相手方は，当該行政指導が当該法律に規定する要件に適合しないと思料するときは，当該行政指導をした行政機関に対し，その旨を申し出て，当該行政指導の中止その他必要な措置をとることを求めることができる。

16 現在の法制度の下では，国民が法令違反事実を発見した場合に，その是正のためにされるべき処分または法律に基づく行政指導がされていないと思料するときであっても，権限を有する行政にその旨を申し出て，適正な処分や行政指導をすることを求めることはできない。

17 命令等制定機関は，委員会等の議を経て命令等を定めようとする場合において，当該委員会等が意見公募手続に準じた手続を実施したときは，自ら意見公募手続を実施することを要しない。

●情報公開法

18 情報公開法において開示の対象となる行政文書には，意思決定の終了していない検討段階の文書も含まれうる。

19 開示請求に対し，当該開示請求に係る行政文書が存在しているか否かを答えるだけで，不開示情報を開示することとなるときは，行政機関の長は，当該行政文書の存否についてのみ明らかにしたうえで，当該開示請求を拒否することができる。

●行政救済法

20 飛行場における自衛隊機の運航に係る防衛大臣の権限の行使は，行政事件訴訟法における行政庁がその処分をすることが，その裁量権の

解 説

は趣旨，性質を異にするので併科も許されるとする（最大判昭33・4・30）。

11 ◯ 青写真判決（最大判昭41・2・23）は，最大判平20・9・10によって変更された。

12 ✕ 公聴会の開催その他の機会を設けることは，努力義務とされている（行政手続法10条）。

13 ✕ 審査請求をすることができない（行政手続法27条）。

14 ✕ 判例は，行政指導として寄付金の納付を求めること自体は，強制にわたるなど事業主の任意性を損なうことがない限り，違法ということはできないとする（最判平5・2・18）。

15 ◯ 行政手続法36条の2第1項本文。当該行政機関は，この申し出があったときは，必要な調査を行い，当該行政指導が当該法律に規定する要件に適合しないと認めるときは，当該行政指導の中止その他必要な措置をとらなければならない（同条3項）。

16 ✕ 国民が思料するときは，適正な処分や行政指導をすることを求めることができる（行政手続法36条の3第1項）。調査結果に基づき必要があると認めるときは，処分や行政指導をしなければならない（同条3項）。

17 ◯ 行政手続法40条2項。

18 ◯ 情報公開法2条2項は，検討段階の文書を除外していない。

19 ✕ 行政機関の長は，当該行政文書の存否を明らかにしないで，当該開示請求を拒否することができる（情報公開法8条）。

20 ✕ 判例は，出る文の場合，行政庁の裁量権の範囲を超えまたは濫用となると認められるときに当たらないとする（最判平28・12・8〈厚木基地騒音被害訴訟〉）。

PART

5

専門試験の「出る文」

範囲を超えまたは濫用となると認められるときに当たる。

21 処分の取消しの訴えとその処分についての審査請求を棄却した裁決の取消しの訴えとを提起できる場合には，裁決の取消しの訴えにおいても原処分の違法を理由として裁決の取消しを求めることができる。

22 法令に基づく申請に対し拒否処分を受けた後に義務づけの訴えを提起する場合において，当該拒否処分の取消訴訟または無効等確認の訴えを併合提起するかどうかは，原告の判断にゆだねられている。

23 民衆訴訟は，選挙人たる資格その他自己の法律上の利益にかかわらない資格で提起するものであり，法律に定める場合において，法律に定める者に限り，提起することができる。

24 都市計画事業の事業地の周辺に居住する住民のうち，同事業が実施されることにより騒音，振動等による健康または生活環境に係る著しい被害を直接的に受けるおそれのある者であっても，都市計画法に基づいてされた同事業の認可の取消訴訟の原告適格を有しない。

25 場外車券発売施設の設置許可要件には，当該施設が学校等や病院等から相当の距離を有し，文教上または保健衛生上著しい支障を来すおそれがないこと（位置基準）が必要とされるため，場外施設の周辺において居住し，または医療施設等以外の事業を営む者や医療施設等の利用者は，位置基準を根拠として原告適格を有する。

26 裁判所は，処分の執行または手続の続行の停止によって目的を達することができる場合でも，処分の効力の停止をすることができる。

27 行政上の不服申立ての審理に当たっては，審査庁は，当事者が主張していない事実については，これを取り上げて判断の基礎とすることはできないとするのが通説である。

28 審査庁は，審理員として，審査請求人を指名することができないが，審査請求に係る処分もしくは当該処分に係る再調査の請求についての決定に関与した者を指名することはできる。

29 審査庁となるべき行政庁は，審査請求がその事務所に到達してから裁決をするまでに通常要すべき標準的な期間を定めなければならず，また，その定めを当該行政庁および関係処分庁の事務所における備え付けその他の適当な方法により公にするよう努めなければならない。

30 再調査の請求をしていない処分についての審査請求は，正当な理由がない限り，処分があったことを知った日の翌日から起算して6か月を経過したときはすることができない。

解説

21 ✕ 裁決の取消しの訴えにおいては，原処分の違法を主張することができず，裁決固有の瑕疵（理由の不備等）についてのみ争うことができる（行政事件訴訟法10条2項〈原処分主義〉）。

22 ✕ 拒否処分型の義務づけの訴えを提起する場合には，当該拒否処分の取消訴訟または無効等確認の訴えとの併合提起が義務づけられる（行政事件訴訟法37条の3第3項2号）。

23 ◯ 行政事件訴訟法5条，42条。

24 ✕ 判例は，原告適格を有するとする（最大判平17・12・7〈小田急線高架化訴訟〉）。

25 ✕ 判例は，出る文の居住者・事業者・利用者については，原告適格を有しないとする（最判平21・10・15）。

26 ✕ 出る文の場合には，処分の効力の停止をすることができない（行政事件訴訟法25条2項ただし書）。

27 ✕ 行政上の不服申立ての審理に当たっては，審査庁は，当事者が申し立てていない事実であっても，これを取り上げて判断の基礎とすること（職権探知）ができるとするのが通説である。

28 ✕ 審査請求人だけでなく，審査請求に係る処分などに関与した者も指名できない（行政不服審査法9条2項1号・2号）。

29 ✕ 標準審理期間の設定は努力義務であり，また，標準審理期間を定めたときは適当な方法により公にしておくことが義務づけられている（行政不服審査法16条1項）。

30 ✕ 審査請求期間は3か月である（行政不服審査法18条1項）。

31 刑事事件において無罪の判決が確定したというだけで直ちに起訴前の逮捕・勾留，公訴の提起・追行，起訴後の勾留が<u>違法となるということはない</u>。

32 国または公共団体の公務員による規制権限の不行使については，その不行使により被害を受けた者との関係において，国家賠償法1条1項の適用上<u>違法となることはない</u>。

33 民間の法人の被用者が第三者に損害を加えた場合，当該被用者の行為が国または公共団体の公権力の行使に当たるとして国または公共団体が国家賠償法1条1項に基づく損害賠償責任を負うときであっても，<u>使用者である当該法人は民法715条に基づく損害賠償責任を負う</u>。

34 営造物の設置または管理の瑕疵とは，その営造物が供用目的に沿って利用されることにより利用者以外の者に危害を生じさせる危険性がある場合までを<u>含むものではない</u>。

35 市町村が設置する中学校の教諭による生徒への不法行為の場合，当該教諭の給料その他の給与を負担する都道府県が国家賠償法1条1項，3条1項に従い上記生徒に対して損害を賠償したときでも，当該都道府県は，3条2項に基づき，<u>賠償した損害の全額については当該中学校を設置する市町村に対して求償することができない</u>。

36 国家賠償法4条は，国家賠償責任について民法が補充的に適用されると規定しているが，失火責任法は，失火者の責任条件についての民法709条の特則を規定したものであるとしても，公権力の行使に当たる公務員の失火による国家賠償責任について<u>適用されない</u>。

37 土地収用法所定の損失補償に関する訴訟において，裁判所は，証拠に基づき裁決時点における<u>正当な補償額を客観的に認定し，裁決に定められた補償額が当該認定額と異なるときは，裁決に定められた補償額を違法とし，正当な補償額を確定すべきである</u>。

●地方自治法

38 普通地方公共団体は，法令に違反しない限りにおいて自治事務に関してのみならず，法定受託事務に関しても，条例を制定することが<u>できる</u>。

39 普通地方公共団体の住民は，<u>住民監査請求をしなくても住民訴訟を提起することができる</u>。

●公物法

40 国有財産法上の普通財産については<u>売り払いが禁止</u>されているが，<u>行政財産については売り払いが可能</u>である。

解説

31 ◯ 最判昭53・10・20。

32 ✕ 判例は，規制権限を定めた法令の趣旨，目的や，その権限の性質等に照らし，具体的事情の下において，その不行使が許容される限度を逸脱して著しく合理性を欠くと認められるときは，違法となるとする（最判平26・10・9など）。

33 ✕ 判例は，使用者である当該法人は民法715条に基づく損害賠償責任を負わないとする（最判平19・1・25）。

34 ✕ 判例は，営造物の設置・管理の瑕疵とは，その営造物が供用目的に沿って利用されることにより利用者以外の者に危害を生じさせる危険性がある場合をも含むとする（最大判昭56・12・16〈大阪国際空港訴訟〉）。

35 ✕ 判例は，賠償した損害の全額を市町村に対して求償することができるとする（最判平21・10・23）。

36 ✕ 判例は，失火責任法も国家賠償法4条の「民法」に含まれるとして，失火責任法は，公務員の失火による国家賠償責任について適用されるとする（最判昭53・7・17）。

37 ◯ 最判平9・1・28。判例は，裁判所は，収用委員会の補償に関する認定判断に裁量権の逸脱濫用があるかどうかを審理判断するものではないとする。

38 ◯ 地方自治法14条1項，2条2項・8項・9項。

39 ✕ 住民訴訟は，住民監査請求（地方自治法242条1項）をした後でなければ提起することができない（同242条の2第1項参照）。

40 ✕ 普通財産については売り払いが可能とされている（国有財産法20条1項）が，行政財産については売り払いが禁止されている（同18条1項）。

PART
5

専門試験の「出る文」

民法

 直前期のポイント 過去問の頻出知識を正確に押さえることを最優先にし，さらに，近時の改正法を中心とする予想問題で得点の上乗せをめざそう。

※争いのあるものは
判例の見解による

 解 説

●総則

☐ **1** 法定代理人の同意を得ない未成年者の契約について，<u>未成年者は単独で取り消すことができ，取消しに法定代理人の同意は不要である。</u>

☐ **2** 無権代理人が本人を共同相続した場合，無権代理行為の追認権は<u>共同相続人それぞれに可分的に帰属するので，無権代理人の相続分に相当する部分については，無権代理行為は当然に有効となる。</u>

☐ **3** 本人が無権代理行為の追認を拒絶した後に無権代理人が本人を単独で相続したとしても，当該無権代理行為は<u>有効にはならない。</u>

☐ **4** 条件が成就することによって利益を受ける当事者が不正にその条件を成就させたときは，相手方は，<u>その条件が成就しなかったものとみなすことができる。</u>

☐ **5** 後順位抵当権者は，先順位抵当権者の被担保債権の消滅時効を援用することができる。

🖊 ☐ **6** 保証人が主たる債務を相続したことを知りながら保証債務の弁済をした場合，当該弁済は，特段の事情のない限り，<u>主たる債務者による承認として当該主たる債務の消滅時効を更新する効力を有する。</u>

🖊 ☐ **7** 時効の期間の満了前6か月以内の間に精神上の障害により事理を弁識する能力を欠く常況にある者に法定代理人がない場合，少なくとも，時効の期間の満了前の申立てに基づき後見開始の審判がされたときは，民法158条1項の類推適用により，法定代理人が就職した時から6か月を経過するまでの間は，その者に対して，時効は，<u>完成しない。</u>

☐ **8** 契約上の債務の履行不能による損害賠償請求権の消滅時効の起算点は，<u>履行不能による損害賠償請求権が発生した時である。</u>

🖊 ☐ **9** 不動産の取得時効の完成後，所有権移転登記がされないまま，第三者が原所有者から抵当権の設定を受けて抵当権設定登記を了した場合，当該不動産の時効取得者である占有者が，その後，引き続き時効取得に必要な期間占有を継続したとしても，特段の事情がない限り，この占有者は，当該不動産を時効取得できるが，<u>当該抵当権は消滅しない。</u>

1 ⭕ 民法5条1項本文・2項，120条1項参照。

2 ❌ 判例は，共同相続人全員が共同して追認権を行使しない限り，無権代理人の相続分に相当する部分についても，無権代理行為は当然に有効となることはないとする（最判平5・1・21）。

3 ⭕ 最判平10・7・17。

4 ⭕ 従来は明文規定がなかったが，平成29年改正で，新設された（民法130条2項）。

5 ❌ 判例は，順位上昇による配当増加への期待は反射的利益にすぎないとして，援用権者として認めない（最判平11・10・21）。

6 ⭕ 判例は，その理由として，主債務を相続した保証人は，従前の保証人の地位に併せて包括承継した主債務者の地位を兼ねるから，相続した主債務につき債務者として承認できる立場にあり，保証債務の附従性に照らすと，保証債務の弁済は，通常，主債務の存在を当然の前提とすることなどを挙げる（最判平25・9・13）。

7 ⭕ 最判平26・3・14。

8 ❌ 判例は，債務不履行による損害賠償請求権の消滅時効の起算点は，契約上の債務の履行を請求しうる時であるとする（最判平10・4・24）。

9 ❌ 判例は，特段の事情がない限り，この占有者は，当該不動産を時効取得することができ，その結果，当該抵当権は消滅するとする（最判平24・3・16）。

切・り・取・り・線

●物権・担保物権

10 Aの所有する甲土地を占有するBが時効取得した後で，背信的悪意者であるCがAとの売買契約によって甲土地を譲り受けた場合，BはCに対して<u>登記がなければ甲土地の所有権を対抗することができない</u>。

11 AB間において，A所有の土地にBの通行地役権が設定された後，いまだBが通行地役権の登記を備えないうちに，Aが通行地役権の存在につき善意のCに当該土地を譲渡し，Cへの所有権移転登記がなされた場合は，当該土地がBによって継続的に通路として使用されていることが物理的状況から客観的に明らかとなっており，Cがそのことを認識することが可能なときであっても，Bは，Cに対し，<u>登記なくして通行地役権を対抗することができない</u>。

12 裁判所は，所有者を知ることができず，またはその所在を知ることができない土地について，利害関係人の請求に係る土地を対象として，<u>所有者不明土地管理人による管理を命ずる処分ができる</u>。

13 抵当権設定後に抵当不動産の所有者から占有権原の設定を受けた占有者がいる場合，その占有権原の設定に抵当権実行としての競売手続を妨害する目的が認められ，その占有により抵当不動産の交換価値の実現が妨げられて抵当権者の優先弁済請求権の行使が困難となるような状態があるときでも，抵当権者は当該占有者に対して<u>抵当権に基づく妨害排除請求をすることができない</u>。

14 土地を目的とする先順位の甲抵当権と後順位の乙抵当権が設定された後，甲抵当権が設定契約の解除により消滅し，その後，乙抵当権の実行により土地と地上建物の所有者を異にするに至った場合において，当該土地と建物が，甲抵当権の設定時には同一の所有者に属していなかったとしても，<u>乙抵当権の設定時に同一の所有者に属していたときは，法定地上権が成立する</u>。

15 譲渡担保権設定者は，譲渡担保権者が清算金の支払または提供をせず，清算金がない旨の通知もしない間に，譲渡担保の目的物の受戻権を放棄すれば，<u>譲渡担保権者に清算金の支払を請求することができる</u>。

●債権総論

16 同一当事者間の債権債務関係が二個以上の契約からなり，それらの目的が相互に密接に関連づけられていて，社会通念上，いずれか一方の契約が履行されるだけでは契約を締結した目的が全体としては達成されないと認められる場合，契約においてその目的が表示されていたときに限らず，債権者は，<u>一方の契約上の債務の不履行を理由に，他</u>

解説

10 ✖ 判例は，時効完成後に登記を経由した第三者が背信的悪意者である場合には，登記がなくても対抗できるとする（最判平18・1・17）。

11 ✖ 判例は，継続的に通路として使用されていることが物理的状況から客観的に明らかであり，かつ，譲受人がそのことを認識していたかまたは認識することが可能であったときは，譲受人は，通行地役権が設定されていることを知らなかったとしても，特段の事情がない限り，地役権設定登記の欠缺を主張するについて正当な利益を有する第三者に当たらないとする（最判平10・2・13）。よって，Bは，Cに対し，登記なくして通行地役権を対抗することができる。

12 ◯ 土地が数人の共有に属する場合も，共有者を知ることができず，またはその所在を知ることができない土地の共有持分について，共有持分を対象として同様の処分ができる（民法264条の2第1項）。

13 ✖ 判例は，抵当権に基づく妨害排除請求をすることができるとする（最判平17・3・10）。なお，同判決は，直接自己への抵当不動産の明渡しを請求することも認められるとするが，賃料相当額の損害賠償請求をすることは認められないとする。

14 ◯ 最判平19・7・6。

15 ✖ 判例は，譲渡担保の目的物の受戻権を放棄しても，譲渡担保権者に清算金の支払を請求することができないとする（最判平8・11・22）。

16 ◯ 判例は，出る文の場合には，債権者は，一方の契約上の債務の不履行を理由に，他方の契約も併せて解除することができ，契約においてその目的が表示されていたかどうかにかかわ

PART
5
専門試験の「出る文」

切り取り線

出る文

方の契約も併せて解除することができる。

□ **17** 遺留分侵害額の請求権は，遺留分権利者が権利放棄の確定的意思を外部に表明するなどの特段の事情がある場合を除いて，債権者代位権の目的とすることができる。

□ **18** 債権譲渡行為自体が詐害行為を構成しない場合でも，債権譲渡の通知のみを詐害行為取消権の対象とすることは認められる。

□ **19** 離婚に伴う財産分与が，民法768条３項の趣旨に反して不相当に過大であり，財産分与に仮託してなされた財産処分であると認められる場合には，詐害行為として取消しの対象となるが，この場合の取消しの範囲は，不相当に過大な部分に限られる。

□ **20** 詐害行為取消請求を容認する確定判決は，債務者およびそのすべての債権者に対しても，その効力を有する。

□ **21** 同一の債権について差押えの通知と確定日付のある債権譲渡の通知とが第三債務者に同時に到達した場合には，差押債権者と債権譲受人との間では，互いに相手方に対して自己が優先的地位にある債権者であると主張することができない。

□ **22** すでに弁済期にある自働債権と弁済期の定めのある受働債権とが相殺適状にあるというためには，受働債権につき，期限の利益を放棄することができるというだけではなく，期限の利益の放棄または喪失等により，その弁済期が現実に到来していることを要する。

□ **23** 時効により消滅した債権を自働債権とする相殺に関する民法508条は，消滅時効が援用された自働債権はその消滅時効期間が経過した後に受働債権と相殺適状になったときにも適用される。

●債権各論

□ **24** 敷金が授受された建物賃貸借の賃料債権を，当該建物についての登記を有する抵当権者が物上代位権を行使して差し押さえた場合，賃貸借契約が終了して建物が明け渡されたときでも，賃借人による未払いの賃料債務と敷金返還請求権との相殺は民法511条によって妨げられるため，賃借人は未払い賃料の支払いを免れることはできない。

□ **25** 不当利得者が当初善意であった場合には，当該不当利得者は，後に利得に法律上の原因がないことを認識したとしても，現存する利益の範囲で返還すれば足りる。

□ **26** 良好な景観は適切な行政施策によって保護されるべきであるから，良好な景観に近接する地域内に居住し，その恵沢を日常的に享受して

らないとする（最判平８・11・12）。

17 ✕ 判例は，遺留分侵害額の請求権は，遺留分権利者が権利行使の確定的意思を有することを外部に表明したと認められる特段の事情がある場合を除いて，債権者代位権の目的とすることはできないとする（最判平13・11・22）。

18 ✕ 判例は，譲渡通知のみを切り離して詐害行為取消権の対象とすることは認められないとする（最判平10・6・12）。

19 ○ 最判昭58・12・19，最判平12・3・9。

20 ○ 平成29年の改正によって，判決の効果が，すべての債権者に対してのみでなく，債務者にも及ぶことが規定された（民法425条）。

21 ○ 最判平５・3・30。

22 ◐ 最判平25・2・28。

23 ✕ 判例は，消滅時効が援用された自働債権はその消滅時効期間が経過する以前に受働債権と相殺適状にあったことを要するとする（最判平25・2・28）。

24 ✕ 判例は，敷金が授受された建物賃貸借の賃料債権を，当該建物の抵当権者が物上代位権を行使して差し押さえた後でも，賃貸借契約が終了して建物が明け渡された場合には，目的物の返還時に残存する賃料債権はその限度で敷金の充当により当然に消滅するとする（最判平14・3・28）から，賃借人は未払い賃料の支払いを免れることができる。

25 ✕ 判例は，出る文のような認識をしたときは，現存する利益の範囲の返還では足りないとする（最判平３・11・19）。

26 ✕ 判例は，良好な景観に近接する地域内に居住し，その恵

切り取り線

いる者が有する良好な景観の恵沢を享受する利益（景観利益）は，法律上保護に値する利益とはいえないため，景観利益が侵害されたとしても不法行為を構成しえない。

27 精神障害者と同居する配偶者であるからといって，その者が民法714条1項にいう「責任無能力者を監督する法定の義務を負う者」に当たるとすることはできない。

28 不法行為の被害者が平均的な体格ないし通常の体質と異なる身体的特徴を有していた場合，それが疾患に当たらないとしても，特段の事情のない限り，損害賠償の額を定めるに当たり，被害者の身体的特徴を斟酌することができる。

●家族法

29 内縁関係にある男女の一方が死亡した場合には，他方の内縁の配偶者は死亡した者の地位を相続することはできないが，離婚に伴う財産分与の規定を類推適用して死亡した者の財産を譲り受けることはできる。

30 嫡出の推定に関して，女性が子を懐胎した時から子の出生の時までの間に2つ以上の婚姻をしていたときは，その子は，その出生の直近の婚姻における夫の子と推定する。

31 家庭裁判所に対する養親となる者による特別養子縁組の請求の時に12歳に達している者は，養子となることができない。また，特別養子縁組が成立するまでに15歳に達した者についても同様である。

32 親権を行う者は，監護および教育をするに当たっては，子の人格を尊重するとともに，その年齢および発達の程度に配慮しなければならず，かつ，体罰その他の子の心身の健全な発達に有害な影響を及ぼす言動をしてはならない。

33 共同相続された普通預金債権，通常貯金債権および定期貯金債権は，いずれも，相続開始と同時に当然に相続分に応じて分割されることはなく，遺産分割の対象となる。

34 自筆証書にこれと一体のものとして相続財産の全部または一部の目録を添付する場合には，その目録については，自書することを要しないが，遺言者は，その目録の毎葉に署名し，印を押さなければならない。

35 配偶者居住権は譲渡できず，居住建物所有者の承諾を得なければ，第三者に居住建物を使用・収益させることができない。

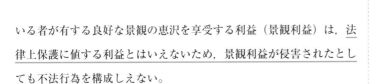

沢を日常的に享受している者が有する景観利益は，法律上保護に値するものと解するのが相当であるとする（最判平18・3・30）から，景観利益の侵害は不法行為（709条）を構成しうる。

27 ⭕ 最判平28・3・1（JR東海事件）。

28 ❌ 判例は，身体的特徴が疾患に当たらないときは，斟酌することができないとする（最判平8・10・29）。

29 ❌ 民法は内縁の配偶者の相続権を認めていない（同886条～890条参照）から，前半は正しい。しかし，判例は，一方の死亡による内縁解消の場合には，民法768条の財産分与の規定を類推適用することはできないとする（最決平12・3・10）から，後半は誤り。

30 ⭕ 再婚の場合，離婚日から300日以内に生まれた子でも，今の夫の子と推定。

31 ❌ 家庭裁判所に対する養親となる者による特別養子縁組の請求の時に15歳に達している者は養子となることができない。特別養子縁組が成立するまでに18歳に達した者についても同様（民法817条の5第1項）。2項も注意。

32 ⭕ 民法821条。親権者が子を懲戒できるとする懲戒権規定は削除された。

33 ⭕ 最大決平28・12・19。かつての判例は，相続財産中の可分債権は，相続開始と同時に当然に相続分に応じて分割されて各共同相続人の分割単独債権となり，共有関係に立つものではないとしていた（最判昭29・4・8，最判平16・4・20）が，変更された。

34 ⭕ 民法968条2項。平成30年7月の民法改正により，新設された。

35 ⭕ 民法1032条2項・3項。

PART **5**

専門試験の「出る文」

切・り・取・り・線

直前期のポイント ▶ 刑法は出題箇所が，財産犯などの特定部分に集中する傾向が顕著なので，この時期は，頻出箇所を中心に，知識を「広げる」よりも「固める」ことに徹しよう。

▼ **出る文** ※争いのあるものは判例の見解による

 解説

●刑法総論

1 作為義務を負う行為者が義務違反行為を行い，犯罪結果が発生した場合でも，仮に期待された行為を行っても当該結果が発生したかもしれないという疑いが残るときには，<u>刑法上の因果関係を肯定しえない</u>。

2 過失による自動車衝突事故であるかのように装い保険金を騙取する目的で被害者の承諾を得て故意に自己の運転する自動車を衝突させて傷害を負わせた場合は，<u>被害者の承諾は傷害罪の違法性を阻却しない</u>。

3 侵害が当然またはほとんど確実に予期されている場合には，もはや<u>侵害の急迫性は認められず</u>，<u>正当防衛は成立しない</u>。

4 緊急避難を違法性阻却事由と解すれば，緊急避難行為によって法益を侵害される者は，その緊急避難行為に対する反撃行為に<u>正当防衛が成立しうる</u>。

5 Aは，Bを殺害しようと考え，Bの静脈内に空気を注射したが，注射した空気の量は致死量に達していなかったが，Bの身体的条件等の事情いかんではBが死亡する危険が絶対にないとはいえなかったのであれば，<u>Aには殺人未遂罪が成立しうる</u>。

6 放火犯が消火しようとしたが，独力では消火できなかったため，大声で隣人を呼び，その協力を得て消火した場合には，<u>中止犯となる</u>。

7 共同正犯が成立する場合，積極的な加害の意思がなかった共同正犯者の1人について過剰防衛が成立した場合には，被害者の攻撃を予期し，積極的な加害の意思で侵害に臨んだほかの共同正犯者についても，侵害の急迫性を肯定することができるから，<u>過剰防衛が成立する</u>。

8 AがBに対して殺人を教唆したところ，Bはすでに殺人を決意しており，Aの教唆によってその決意を強められて殺人を犯した場合，Aには，<u>殺人罪の教唆犯が成立する</u>。

9 予備罪の処罰範囲は限界が明瞭ではなく，広範囲となるから，予備罪の共同正犯の成立は<u>否定される</u>。

10 車両等の運転者等が，一個の交通事故から生じた道路交通法上の救護義務と報告義務の各義務を負う場合，各義務について，いずれも履

1 ✖ 判例は，期待された行為を行っていれば「十中八九」結果の不発生が可能であったときには，刑法上の因果関係は肯定できるとする（最決平元・12・15）。

2 ◯ 最決昭55・11・13。

3 ✖ 判例は，侵害が当然またはほとんど確実に予期されたとしても，そのことから直ちに侵害の急迫性が失われるわけではないとする（最決昭52・7・21）から，正当防衛は成立しうる。

4 ✖ 緊急避難を違法性阻却事由と解すると，緊急避難行為は適法行為となるから，緊急避難行為によって法益を侵害される者は，緊急避難行為に対する反撃行為に正当防衛は成立しえない。

5 ◯ 最判昭37・3・23。

6 ◯ 大判大15・12・14。

7 ✖ 判例は，過剰防衛の成否は，共同正犯者の各人につきそれぞれの要件を検討して決するべきであるとして，出る文におけるほかの共同正犯者は，侵害の急迫性が否定され，過剰防衛は成立しないとする（最決平4・6・5）。

8 ✖ 判例は，幇助犯が成立するとする（大判大6・5・25）。

9 ✖ 判例は，予備罪の共同正犯が成立することを肯定する（最決昭37・11・8）。

10 ◯ 判例は，各義務違反の不作為は社会的見解上一個の動態と評価すべきものであるとする（最大判昭51・9・22）。

切り取り線

行する意思がなく事故現場から立ち去ったとき，各義務違反の罪は特段の事情がない限り，観念的競合の関係にある。

●刑法各論

11 侮辱罪の刑罰は，1年以下の懲役もしくは禁錮もしくは30万円以下の罰金または拘留もしくは科料に改正された。

12 人を殺害した後で財物を領得する意思を生じ，被害者から財物を奪取した場合は，殺人罪と遺失物横領罪が成立する。

13 2項強盗罪が成立するためには，被害者の意思に基づく処分行為が必要である。

14 銀行と預金取引を行っている者が，自己の口座に誤った振込みがあることを知ったが，その情を秘して預金の払戻しを請求し，銀行窓口係員から預金の払戻しを受けた場合でも，詐欺罪は成立しない。

15 成年後見人が業務上占有する成年被後見人所有の財物を横領した場合，成年後見人と成年被後見人との間に親族間の犯罪に関する特例に関する刑法244条1項所定の親族関係があれば，同条項を準用して刑法上の処罰を免除することができる。

16 不同意性交等罪の成立要件は，暴行・脅迫に加え，恐怖・驚愕，地位利用等の8項目を示し，性的な行為に同意しない意思の形成，表明，全うが困難な状態にさせることなどが要件とされる。

17 現住建造物である家屋を焼損する目的で，これに隣接する非現住建造物である空き家に火を放ったが，空き家を全焼させたにとどまり，当該家屋に延焼しなかった場合には，現住建造物等放火罪の未遂罪が成立する。

18 公文書の起案を担当する公務員が内容虚偽の公文書を起案し，事情を知らない作成権限者である上司を誤信させて署名捺印させ，内容虚偽の公文書を作成させた場合，身分犯である虚偽公文書作成罪の間接正犯は成立しない。

19 公務執行妨害罪における暴行・脅迫は，直接に当該公務員の身体に対して加えられる場合に限られ，当該公務員の指揮に従いその手足となりその職務の執行に密接不可分の関係において関与する補助者に対してなされた場合はこれに該当しない。

20 公務員が一般的職務権限を異にする他の職務に転じた後に，当該公務員に対し前の職務に関して賄賂を供与した場合には，贈賄罪は成立しない。

11 ○ 令和4年改正により，従来の拘留または科料から重罰化された。

12 ✕ 判例は，被害者を殺害した犯人との関係では，奪取行為は，窃盗罪を構成するとする（最判昭41・4・8）。

13 ✕ 判例は，必ずしも被害者の意思に基づく処分行為を必要としないとする（最判昭32・9・13）。

14 ✕ 判例は，出る文の場合は，詐欺罪が成立するとする（最決平15・3・12）。

15 ✕ 判例は，成年後見人と成年被後見人との間に刑法244条1項所定の親族関係があっても，同条項を準用して刑法上の処罰を免除することができないとする（最決平24・10・9）。

16 ○ 刑法177条1項。また，性行為に同意するかを自分で判断できるとみなす性交同意年齢は，刑法が制定された明治時代からの13歳を16歳に引き上げ（同条3項），16歳未満との性行為は，同意の有無にかかわらず処罰する。さらに，わいせつ目的を隠し，16歳未満を懐柔して会うように仕向ける，性的グルーミングを処罰する規定も新設された（同182条）。

17 ○ 大判大15・9・28。

18 ✕ 判例は，出る文の場合には，身分犯である虚偽公文書作成罪の間接正犯が成立するとする（最判昭32・10・4）。

19 ✕ 判例は，出る文のような職務の執行に密接不可分の関係において関与する補助者に対してなされた場合もこれに該当するとする（最判昭41・3・24）。

20 ✕ 判例は，供与当時の供与を受けた者が公務員である以上，贈賄罪が成立するとする（最決昭58・3・25）。

労働法

直前期のポイント

個別的関係では，労働基準法の頻出テーマの条文と判例の知識，労働契約法の新判例に注意しよう。集団的関係では，労働組合法の頻出判例を中心に押さえよう。

▼ 出る文

※争いのあるものは判例の見解による

●個別的労働関係法

1 労働基準法上の「使用者」には，賃金を支払う主体である事業主以外の者は含まれない。

2 使用者が労働者を新規に採用するに当たり，その適性を評価・判断するために雇用契約に期間を設けた場合，特段の事情が認められる場合を除き，その期間は試用期間ではなく，契約の存続期間であると解するべきである。

3 労働基準法で定める基準に達しない労働条件を定める労働契約は，契約全体が無効となる。

4 労働基準法24条1項本文は賃金全額払いの原則を規定しているが，労働者の生活を脅かさない範囲での調整的相殺であれば，労働者の個別の同意がなくても許される。

5 突発業務が発生しない限り睡眠をとってもよいとされる仮眠時間は，突発業務が発生した際にこれに対応する時間を除いて実作業に従事していない以上，労働基準法上の労働時間には当たらない。

6 平成30年の労働基準法改正により，労働時間を延長して労働させることができる時間は，原則として，1か月について60時間および1年について480時間とされた。

7 いわゆる三六協定を締結することなく使用者が労働者に違法な時間外労働をさせた場合，この使用者には，当該時間外労働に対して割増賃金の支払い義務はない。

8 管理監督者は労働基準法の労働時間規制の適用が除外される者であるから，深夜労働について割増賃金の支払いは必要でない。

9 年次有給休暇取得者に対して，賞与の計算上の年次有給休暇取得日を欠勤日として扱うことは無効であるが，精勤・皆勤手当を減額ないし不支給とする扱いをすることは無効とはならない。

10 就業規則が法的規範としての性質を有するものとして拘束力を生ずるためには，その内容を，適用を受ける事業場の労働者に周知させる手続がとられていることまでは必要でない。

解説

1 ✕ 事業主のほか「事業主のために行為をするすべての者」も含まれる（労働基準法10条）。

2 ✕ 判例は，出る文のような新規採用者の適性を評価・判断するために雇用契約に設けられた期間は，契約の存続期間ではなく，試用期間であると解するべきであるとする（最判平2・6・5〈神戸弘陵学園事件〉）。

3 ✕ 基準に達しない労働条件の部分が無効となる（労働基準法13条前段）。

4 〇 最判昭44・12・18。

5 ✕ 判例は，仮眠時間であっても，労働からの解放が保障されていない場合には，労働基準法上の労働時間に当たるとする（最判平14・2・28〈大星ビル管理事件〉）。

6 ✕ 平成30年の労働基準法改正により，1か月について45時間および1年について360時間とされた（労働基準法36条4項）。

7 ✕ 判例は，違法な時間外労働に対しても割増賃金の支払い義務があるとする（最判昭35・7・14〈小島撚糸事件〉）。

8 ✕ 判例は，管理監督者の適用除外（労働基準法41条2号）には，深夜割増賃金の規定は含まれないとする（最判平21・12・18〈ことぶき事件〉）。

9 〇 前半の賞与の計算につき，最判平4・2・18（エス・ウント・エー事件）。後半の精勤・皆勤手当の扱いにつき，最判平5・6・25（沼津交通事件）。

11 令和2年の最高裁判所判決は，賞与（ボーナス）や退職金を非正規社員に支給しないことが，法律上，<u>不合理と認められる場合もありうる</u>と判示した。

●集団的労働関係法

12 ユニオン・ショップ協定の締結組合以外の他の労働組合に加入している者や，締結組合から脱退しまたは除名されたが他の労働組合に加入し，または新たな労働組合を結成した者について，使用者の解雇義務を定めるユ・シ協定の部分は，<u>民法90条により無効とはならない。</u>

13 労働組合との間で締結された協定に基づいてチェック・オフが開始された場合には，組合員が使用者に対しチェック・オフの中止を申し入れたときでも，<u>使用者は当該組合員に対するチェック・オフを中止する必要はない。</u>

14 労働組合と使用者との間の労働条件その他に関する合意は，書面に作成され，かつ，両当事者がこれに署名しまたは記名押印しない限り，<u>労働協約としての規範的効力を生じない。</u>

15 使用者は，労働者が平和義務に違反する争議行為をし，またはこれに参加したことのみを理由として，<u>当該労働者を懲戒処分に付すことができる。</u>

16 労使双方が当該議題について自己の主張・提案・説明を尽くし，これ以上交渉を重ねてもいずれかの譲歩により交渉が進展する見込みがない場合には，<u>使用者側からの団体交渉拒否に正当な理由がないとはいえない。</u>

17 使用者が正当な理由なく労働組合との団体交渉を拒否している場合，当該労働組合は，労働委員会に不当労働行為として救済を求めることができる以上，当該労働組合が団体交渉を求めうる地位にあることの確認を求める訴えは，<u>確認の利益を欠き不適法である。</u>

18 同一企業内に複数の労働組合が併存する場合に，使用者が，各組合の組織力・交渉力に応じた合理的・合目的的な対応をすることは<u>許されない。</u>

19 使用者だからといって憲法21条に掲げる言論の自由が否定されないため，使用者の言論が組合の結成，運営にわたる場合でも<u>不当労働行為として禁止の対象とはならない。</u>

20 使用者が不当労働行為を行ったことを理由とする救済申立てについては，当該労働組合のほか，<u>その組合員個人は申立て適格を有する。</u>

10 ✕ 判例は，労働者に周知させる手続がとられていることを要するとする（最判平15・10・10〈フジ興産事件〉）。

11 ◯ 最判令2・10・13（待遇格差訴訟）。

12 ✕ 判例は，同協定を締結していない他の労働組合の団結権も等しく尊重されるべきことを理由に無効となるとする（最判平元・12・14〈三井倉庫港運事件〉）。

13 ✕ 判例は，組合員がチェック・オフの中止を申し入れたときには，使用者はチェック・オフを中止すべきであるとする（最判平5・3・25〈エッソ石油事件〉）。

14 ◯ 最判平13・3・13（都南自動車教習所事件）。

15 ✕ 判例は，どちらも契約上の債務不履行であるから，それらのみを理由に懲戒処分に付すことは許されないとする（最判昭43・12・24〈弘南バス事件〉）。

16 ◯ 最判平4・2・14（池田電器事件）。

17 ✕ 判例は，労働組合が団体交渉を求めうる地位にあることの確認を求める訴えは，確認の利益があり，適法であるとする（最判平3・4・23〈国鉄事件〉）。

18 ✕ 判例は，使用者が，各組合の性格・傾向等により差別的な扱いをすることは許されないが，出る文のような対応をすることは許されるとする（最判昭60・4・23〈日産自動車事件〉）。

19 ✕ 判例は，使用者の言論の自由は否定されないが，使用者の言論が組合の結成，運営にわたる場合は不当労働行為として禁止の対象となるとする（最判昭57・9・10〈プリマハム事件〉）。

20 ◯ 最判平16・7・12（京都市交通局事件）。

経済原論

直前期のポイント

基本事項と時事的な話題を中軸に各テーマの要点，解法パターン，解法テクニックを再確認しておこう。財政学の理論問題のような出題もあるので要注意である。

出る文

解説

●ミクロ経済学

1 ある消費者にとってX財とY財が補完財であり，X財とZ財が補完財であるならば，この消費者にとってY財とZ財もまた<u>補完財である</u>。

2 閉鎖経済であるA国とB国ではそれぞれ50の労働供給がなされている。各国の労働投入量を L とするとき，A国の労働の限界生産性は $80-L$ ，B国の労働の限界生産性は $120-L$ である。両国間で労働の移動が自由になると，<u>B国からA国へ20の労働が移動する</u>。

3 X財1単位の生産に，A国は1単位，B国は0.5単位の生産要素を要する。また，1単位のY財の生産に，A国は $\frac{4}{3}$ 単位，B国は $\frac{1}{4}$ 単位の生産要素を要するとき，A国は<u>X財</u>の生産に比較優位を持つ。

4 パレート最適の考え方によれば，エッジワースのボックス・ダイアグラムにおいて，契約曲線上の組合せのうち，<u>主体間の分配量の差が最も小さくなる分配を選ぶのが望ましい</u>。

5 ある消費者は一日を労働時間と余暇時間に割り当てており，余暇時間はこの消費者にとって上級財であるものとする。賃金率が上昇すると，余暇時間は代替効果によって<u>長くなり</u>，所得効果によっても長くなるので，賃金率が上昇すると余暇時間は<u>必ず長くなる</u>。

6 需要の価格弾力性が1より小さい財の価格が上昇するとき，当該財に対する支払総額（当該財を生産する企業全体の収入）は<u>増加する</u>が，需要の価格弾力性が1より大きな財の場合には，価格が上昇すると当該財に対する支払総額（売上額）は<u>減少する</u>。

7 需要の価格弾力性が供給の価格弾力性より大きいとき，当該財に対して従量税が課税されると，消費者の租税負担額は生産者の租税負担額を<u>上回る</u>。

8 完全競争市場で消費する消費者の効用関数が $u = x^{\alpha}y^{\beta}$ ならば，この消費者は<u>所得の α ％</u>をX財の消費に割り当てるのが合理的である。ただし，x と y はそれぞれX財とY財の消費量，α と β は定数とする。

9 ある財を x 単位消費する消費者の効用関数が $\sqrt{x}$ であり，この財を

---

1 ✖ 補完財とは限らない。一般に，砂糖とコーヒー，砂糖と紅茶は補完財だが，コーヒーと紅茶は代替財である。

2 ✖ A国からB国へ。A国の労働投入量を L_A とすると，B国の労働投入量は $(50+50) - L_A$ 。両国間で労働の移動が自由になると，均衡では両国の労働の限界性が等しくなるので，$80-L_A = 120 - \{(50+50) - L_A\}$ が成立する。つまり，$L_A = 30$ が成立するように労働は移動するので，50の労働供給があったA国からB国へ $50-30 = 20$ が移動する。

3 ◯

4 ✖ パレート最適の考え方では，契約曲線上の組合せを選ぶべきということしかいえず，契約曲線上の組合せに優劣をつけられない。

5 ✖ 短く，必ず長くなるとは限らない。一般に，賃金率が低い水準にあるときの賃金率の上昇は余暇時間を短くする。

6 ◯

7 ✖ 下回る。従量税の負担割合は，$\dfrac{買手負担額}{売手負担額} = \dfrac{供給の価格弾力性}{需要の価格弾力性}$ となる。

8 ✖ X財の消費に対する合理的な割り当て額は，所得の $\dfrac{\alpha}{\alpha+\beta}\times100〔\%〕$ である。ちなみに，$\alpha+\beta=1$ を満たす場合，コブ＝ダグラス型効用関数という。

9 ◯

50％の確率で36単位，50％の確率で9単位消費できるとき，この消費者の期待効用は4.5である。

☐ **10** 余剰分析では一般に，税収は消費者余剰と生産者余剰の総和に加算し，補助金は消費者余剰と生産者余剰の総和から差し引く。

☐ **11** ある財が利潤最大化行動をとる独占企業によって供給されていても，この財の限界費用がゼロで一定ならば，厚生上の損失は生じない。

☐ **12** ある平均費用逓減産業に対して限界費用価格形成原理に基づいた価格設定を強いると，この産業は黒字に直面することになるが，平均費用価格形成原理に基づく価格設定を強いた場合に比べて，社会全体の余剰は小さくなる。

☐ **13** ある企業の生産量をxで表すとき，この企業の費用関数が$3x^2+4x+10$ならば，可変費用は$3x^2+4x$，限界費用は$6x$である。

☐ **14** 限界費用とは追加的な1単位の増産に伴う費用の増加分のことであるが，これは平均費用を上回ることもあれば，下回ることもある。

☐ **15** 完全競争市場の企業の短期費用関数において，平均可変費用曲線と平均費用曲線がともにU字型をしているとき，平均可変費用曲線の最低点を操業停止点，平均費用曲線の最低点を損益分岐点といい，限界費用曲線はこれらの点を通る。

☐ **16** 完全競争市場の企業の短期費用関数において，市場価格が平均可変費用曲線の最低点より低く，平均費用曲線の最低点より高いとき，企業は赤字だが操業を続ける。

☐ **17** 右下がりの需要曲線に直面し，限界費用が0に等しい財を生産する独占企業を想定するとき，この独占企業は，価格がゼロに等しいときの需要量を生産することで利潤を最大にできる。

☐ **18** 独占企業の直面する需要曲線が$P=a-\beta x$（P：価格，x：需要量，a，β：正の定数）であるとき，この独占企業の限界収入MRを示す曲線は$MR=a+0.5\beta x$である。

☐ **19** 直線かつ右下がりの需要曲線を持つ独占市場のクールノー均衡では，需要の価格弾力性は1より小さい。

☐ **20** ラーナーの独占度は独占企業の市場支配力を示す尺度であり，価格と限界費用の乖離分に対する価格の比率である。その値は供給の価格弾力性の逆数に等しい。

☐ **21** 限界費用が一定の同じ費用関数を持つ2社がクールノー競争を行うとき，均衡における市場供給量は完全競争時の市場供給量の半分にな

10 ◯

11 ✕ 生じる。独占市場における厚生上の損失は，需要曲線と限界収入曲線が乖離することに起因する。

12 ✕ 赤字，大きく。限界費用価格形成原理は「需要曲線と限界費用曲線の交点」で，平均費用価格形成原理は「需要曲線と平均費用曲線の交点」で，価格と生産量を決定する。

13 ✕ 限界費用は費用関数（可変費用）を生産量xについて微分したものなので，$6x+4$である。

14 ◯

15 ◯

16 ✕ 生産費用＝固定費用＋可変費用なので，平均可変費用曲線が平均費用曲線の上方に位置することはない。企業は，市場価格が平均費用曲線の最低点より低く，平均可変費用曲線の最低点より高い場合，赤字だが操業を続ける。

17 ✕ 限界収入。

18 ✕ $MR=a-2\beta x$。需要曲線が右下がりの直線ならば，限界収入曲線の縦軸（価格軸）切片は需要曲線と同じだが，傾きが2倍になる。

19 ✕ 1以上である。需要曲線が右下がりの直線ならば，クールノー均衡は需要曲線の中点から左に位置する。

20 ✕ 需要の価格弾力性の逆数。数式で表現すると，ラーナーの独占度＝（価格−限界費用）÷価格。

21 ✕ クールノー均衡における市場供給量は3分の2，各社の供給量は3分の1。出る文のような想定の下では，クールノー市場における各社の生産量は，完全競争時の市場供給量の

$$\frac{1}{\text{企業数}+1}$$

り，各社の供給量は完全競争時の市場供給量の4分の1となる。

22 支配戦略とは，ゲームの理論において，相手の選ぶ戦略を完全に操作できる状況に持ち込む戦略のことである。

23 2人のプレーヤーからなる利得表を用いたゲーム理論では，ナッシュ均衡は必ずパレート最適となっている。

24 逆選択とは，買い手と売り手がともに商品の品質についての情報を持たない結果として，市場では価格が示すはずの品質を備えた財が取り引きされず，粗悪品だけが取り引きされるようになる現象をいう。

25 市場の失敗とは市場メカニズムが損なわれて効率的な資源配分を実現できない状態であり，市場が存在しないことによる情報の非対称性は市場の失敗に含まれない。

26 共有地の悲劇とは，自然環境のような共通の資源が利己的な行動によって荒らされる現象のことをいう。

27 購買力平価説によれば，直物為替レートと先物為替レートとの間に成立する一物一価の法則に着目して為替レートが決まる。

28 利子平価説とは，一物一価の法則の考え方に基づき，為替レートは2国間の物価水準の比に等しくなるように決まるという仮説である。

29 ストルパー＝サミュエルソンの定理とは，各国は，自国に豊富に存在する資源をより集約的に投入する財の生産に比較優位を持つというものである。

●マクロ経済学

30 政府支出乗数とは，政府支出が1増加したときの均衡国民所得の増加分であり，その値は必ず（1－限界消費性向）の逆数になる。

31 投資の利子弾力性とは，利子率の1％変化に対する投資の変化率を表す指標であり，その値が大きくなるほど *IS* 曲線は垂直に近づく。

32 貨幣需要の利子弾力性とは，利子率の1％変化に対する貨幣需要の変化率を表す指標であり，その値が大きくなるほど *LM* 曲線は水平に近づく。

33 利子率が変化しても投資が変化しない状況（投資の利子弾力性がゼロ）では，財政政策は国民所得を変化させないが，金融政策は国民所得を変化させる。

34 利子率が変化しても貨幣需要が変化しない状況（貨幣需要の利子弾力性がゼロ）では，金融政策は国民所得を変化させないが，財政政策は国民所得を変化させる。

解説

22 ✖ 相手の戦略にかかわらず，自分にとって最適な戦略。

23 ✖ パレート最適であるとは限らない。たとえば，囚人のジレンマとなるゲームのナッシュ均衡はパレート最適でない。

24 ✖ 買い手と売り手の間で情報が偏在する。ちなみに，アカロフの「レモン市場」はこれを説明する代表的なものである。

25 ✖ 含まれる。

26 ⭕

27 ✖ 利子平価説。ちなみに，先物為替レートが契約時点で確定しているときには「カバー付」，確定していないときには「カバーなし」という。

28 ✖ 購買力平価説。ちなみに，経済の基本構造が同じである場合を相対的購買力平価説，さらに厳しく国内外の物価関数が同一である場合を絶対的購買力平価説という。

29 ✖ ヘクシャー＝オリーンの定理。「ストルパー＝サミュエルソンの定理」とは，ある財の価格が上昇したとき，その財の生産に，より集約的に投入される資源の相対価格が上昇するというものである。

30 ✖ （1－限界消費性向）の逆数になるとは限らない。たとえば，一定割合 t を所得税として課税している閉鎖経済の政府支出乗数は，

$$\frac{1}{1-限界消費性向(1-t)}$$

31 ✖ 水平。ちなみに，投資の利子弾力性が0に近づくほど *IS* 曲線は垂直に近づく。

32 ⭕

33 ✖ 変化させる，変化させない。投資の利子弾力性がゼロのとき，*IS* 曲線は垂直になる。

34 ✖ 変化させる，変化させない。貨幣需要の利子弾力性がゼロのとき *LM* 曲線は垂直に，無

切・り・取・り・線

35 モディリアーニらのライフサイクル仮説によれば，人々の毎期の消費は生涯所得に依存して決定され，平均消費性向は長期的には一定になる。

36 フィッシャーの異時点間の消費選択の理論は，個人の最適化行動を前提にした消費理論であり，消費者が貯蓄はできるが，借入れに関しては制約されている場合の消費決定に対応している。

37 トービンの平均のqとは，企業の総価値を企業の資本ストックの再取得費用で割った値であり，この値が1よりも小さければ純投資は正の値となる。

38 公開市場操作とは，中央銀行が公開市場を通じて国債等を売買することによって貨幣供給を操作する政策のことであり，日本銀行は量的・質的金融緩和の導入をもってこの政策を放棄した。

39 ある国の現金・預金比率が0.2，法定準備率が0.4であるとき，貨幣乗数は2.5であり，信用創造の乗数は2である。

40 マンデル＝フレミング・モデルによれば，変動相場制を採択する国において，資本移動をまったく認めていないならば財政政策と金融政策ともに有効であり，完全に自由な資本移動を認めているならば金融政策は有効だが，財政政策は無効である。

41 縦軸に物価水準，横軸に国民所得を測るとき，ケインズ学派と古典派はともに右上がりの総供給曲線を想定するが，ケインズ学派は右下がりの総需要曲線を，古典派は垂直の総需要曲線を想定する。

42 人件費を付加価値で割って求めた労働分配率は，景気拡大局面では上昇し，景気後退局面では低下する動きを示す傾向がある。

43 ハロッド＝ドーマー理論では，投資の成長率は貯蓄率と資本係数との比率によって表されると考え，この比率のことを保証成長率，あるいは適正成長率と呼ぶ。

44 コブ＝ダグラス型生産関数を想定するとき，ある国の実質経済成長率が5％，労働投入の増加に起因する成長が1％，資本ストックの増加に起因する成長が2％であるならば，全要素生産性の成長率は2％である。

45 潜在成長率とは，労働や資本の稼働率が100％である状態，いわば経済の基礎体力を示す指標であり，潜在GDPと完全雇用GDPの差をGDPギャップという。

解説

限大（流動性のわなにある）のとき LM 曲線は水平になる。

35 ◯

36 ✕　消費者が貯蓄も借入れもでき，借入れ制約のない。

37 ✕　大きければ。

38 ✕　以後も実施している。なお，社債も売買対象である。

39 ✕　貨幣乗数は2，信用創造の乗数は2.5。貨幣乗数とは，ハイパワード・マネーが1単位増加したときのマネーサプライの増加分のことで，

$$\frac{1+現金・預金比率}{現金・預金比率＋法定準備率}$$

である。また，信用創造の乗数とは，預金が1単位増加したときの信用創造の増加分のことで，法定準備率の逆数である。

40 ◯

41 ✕　ケインズ学派と古典派はともに右下がりの総需要曲線を想定するが，ケインズ学派は右上がりの総供給曲線を，古典派は垂直の総供給曲線を想定する。

42 ✕　低下，上昇。付加価値（分母）に含まれる営業利益が景気に感応的であるのに対して，人件費（分子）は景気変動に対して鈍感的であるため。

43 ◯

44 ◯　生産関数が $Y=AK^{\alpha}L^{\beta}$（Y：実質国民所得，A：全要素生産性，K：資本，L：労働）のとき，実質経済成長率＝全要素生産性成長率＋α資本ストック成長率＋β労働投入成長率。

45 ✕　労働や資本の稼働率が平均的である状態，現実のGDP。

PART
5

専門試験の「出る文」

切・り・取・り・線

財政学

財政や税の制度の基本事項を再確認して，基礎的な問題は確実に得点しよう。時事ネタでは4年度に行われた改正または決定された改正などに要注意である。

出る文

●財政・税制制度

1 単年度主義とは，ある会計年度の歳出は当該年度の歳入で賄わなければならないという原則であり，会計年度独立の原則とは，予算の対象とする会計年度を通常1年間とする原則で，この原則には継続費や国庫債務負担行為という例外が設けられている。

2 政府が国会に提出する予算の内容は予算総則，歳入歳出予算，継続費，繰越明許費および国庫債務負担行為であり，予算総則は，公債発行の限度額や財務省証券および一時借入金の最高額等を定めている。

3 本予算の執行過程において，天災地変や経済事情の変化等により，当初の予算どおりに執行することが困難または不適切な場合には，国会の議決を経て暫定予算が編成されることがある。

4 情勢の変化などにより，当初予算どおりの執行が不適切となる場合，同一項内の目と目の間の経費の融通である移用を行える。

5 移用および流用については主務大臣の承認を得たうえで国会の議決を経る必要があるのに対して，暫定予算および補正予算の編成については国会の議決を経ればよい。

6 財政法では，公営事業会計は，国が特定の事業を営む場合，あるいは特定の資金を保有してその運用を行う場合，その他特定の歳入をもって特定の歳出に充て一般の歳入歳出と区分して整理する必要がある場合に限り，法律をもって設けることができるとしている。

7 国の歳出予算において，国債費は一般会計歳出に計上されるとともに，基礎的財政収支対象経費にも計上される。

8 基礎的財政収支の均衡は通常の財政収支の均衡より達成しやすく，基礎的財政収支が均衡している状況で，GDP成長率が金利を上回ると債務残高対GDP比は上昇する。

9 直接税とは，担税者が直接にその税金を納めることを立法者が予定している租税であり，実際に，担税者がその税金を負担しないというケースは起こらない。

10 間接税とは，担税者が直接に税金を納めるものと異なることを立法

解説

1 ✕ 会計年度独立の原則，単年度主義。会計年度独立の原則にも，歳出予算の繰越し，過年度収入および過年度支出という例外がある。

2 ◯

3 ✕ 補正予算。補正予算の編成回数には制限がなく，1会計年度に2回以上編成されることがある。また，暫定予算とは，なんらかの理由で年度開始までに本予算が成立しない場合に，本予算が成立するまでの間の必要な経費の支出のために，暫定的に編成される予算である。

4 ✕ 流用。ちなみに，移用とは，経費の性質が類似または相互に関連している項と項の間の経費の融通のことである。

5 ✕ 財務大臣の承認を経れば認められる。

6 ✕ 特別会計。公営事業会計は，地方公共団体の企業活動の収支を表すもので，公営企業会計，収益事業会計などの事業会計をさす。

7 ✕ 国債費は一般会計歳出に計上されるが，基礎的財政収支対象経費には計上されない。

8 ✕ 下回る。ちなみに，基礎的財政収支が均衡しても，利払い分の財政赤字が生ずる。

9 ✕ 起こる。たとえば，会社が法人税分を含めて価格を設定し，販売する場合である。

10 ◯

者が予定している租税であり，売手が買手に転嫁しない場合の消費税も間接税に含まれる。

☐ **11** 税負担の公平には，経済力が同等ならば等しく負担すべきであるという水平的公平と，大きな経済力を持つ人はより多く負担すべきであるという垂直的公平の考え方があり，消費税は後者の確保において望ましい。

☐ **12** 最適課税論においては，効率性と公平性のいずれを重視するかや種々の仮定の置き方によって，最適と考えられる税体系は変化する。

☐ **13** 個別の財に対する税率はその財に対する需要の価格弾力性に比例するように課すことが好ましいというラムゼー・ルールにのっとれば，必需品に対してより低い税率が課され，低所得者の負担は縮小する。

☐ **14** 令和5年度一般会計当初予算の税収では所得税，消費税，法人税の順に大きい。日本では，法人税について，内国法人と外国法人に分けて納税義務を定め，その税率は原則として比例税率としている。

☐ **15** 令和元年10月より消費税の税率は10％に引き上げられたが，これに伴う増収分は医療・介護と年金のみに使われることになっている。

☐ **16** 国民所得に対する国税，地方税の総額の割合を国民負担率といい，これに国民所得に対する社会保障負担の割合を加えたものを潜在的な国民負担率という。

☐ **17** 財政投融資とは，国民の経済活動などに対する支援のうち，支援を受ける受益者に対し，貸付けにかかる元利金の返済などを通じ，一定の負担を求めつつ支援することが適当と政策的に判断される場合に用いられる金融政策の手段である。

☐ **18** 「負の所得税」とは，一定の条件を満たす人に本来の所得税課税とは別に一定額の人頭税を課す制度のことで，所得税と公的扶助を結び付けて統一的な社会保障制度を作ろうというものである。

●公債・財政政策・予算

☐ **19** 1990年代は公共事業関係費の増大，近年では社会保障関係費の増大等を背景に公債残高は累増しており，令和5年度末の「国及び地方の長期債務残高」は1,280兆円に達する見込みである。

☐ **20** 令和5年度一般会計当初歳出予算は前年度当初比減となり，社会保障関係費，地方交付税交付金等および国債費で約半分を占める。

☐ **21** 国債の償還のために，毎年度，前年度期末における国債残高総額の約60分の1に相当する額が債務償還費として計上される。

---

11 ✖ 所得税。消費税は水平的公平の確保において望ましい。なお，世代間公平という考え方もある。この考え方によれば，所得税の税負担は勤労世代に偏りかねないが，消費税の税負担は勤労世代だけでなく，広く社会の構成員がそれを分かち合える。

12 ◯

13 ✖ 反比例，高い，増大。ラムゼー・ルールは「逆弾力性の命題」ともいわれ，個別の財に対する間接税で一定額の税収を得ようとする政府が，資源配分上のゆがみを最小にするための税率設定に関する問題（ラムゼーの最適課税問題）の解である。

14 ✖ 消費税，所得税，法人税の順。

15 ✖ 子ども・子育て，医療・介護，年金等。

16 ✖ 租税負担率，国民負担率。潜在的な国民負担率とは，「国民負担率＋国民所得に対する財政赤字の割合」である。

17 ✖ 財政政策。財政融資，産業投資，政府保証を原資として，国の特別会計や地方公共団体などに貸付けなどが行われている。

18 ✖ 政府から金銭等の給付がある制度。横軸に負の所得税適用前の所得，縦軸に負の所得税適用後の所得を測って描いた，負の所得税適用後の可処分所得を示す曲線を貧困線といい，貧困線と45度線の交点が課税最低限の所得水準を示す。

19 ◯

20 ✖ 増，約7割。ちなみに，令和5年度一般会計当初予算114.4兆円の内訳は，社会保障関係費36.9兆円，国債費25.3兆円，地方交付税交付金等16.4兆円の順に大きい。

21 ✖ 前年度期首。いわゆる

22 令和5年度一般会計当初予算の防衛関係費は前年度当初予算に比べて減少し，一般歳出の中では4番目に大きな経費となった。

23 資本主義経済には景気変動がつきものであるが，この景気の波を小さくする経済安定化の手段として，クラウディング・アウトがある。累進税率を導入した我が国の所得税や失業者に失業保険を給付する社会保障制度はこのクラウディング・アウトとして機能する。

24 外形標準課税とは，事業所の従業員数や資本金等の外観から判断できる基準を課税ベースとして税額を算定する課税方式のことであり，日本においても導入が検討されている。

25 我が国では，国債の日本銀行引受けによる発行は原則として禁じられており，この原則は財務省証券にも適用される。

26 サミュエルソンのルールによれば，公共財の供給がパレート最適な状態にあるとき，社会を構成する個々の主体の私的財に対する公共財の限界代替率の積と，公共財に対する私的財の限界変形率は等しい。

27 公共財の利用に際して，各主体は自分がその公共財にどれだけの価値を認めているかを正直に申告せず，費用負担を避ける問題をモラル・ハザードという。

28 ピーコックとワイズマンは，世界大戦や大災害の時期には国家の経費の膨張が集中して起こるが，そうした事態が収束すると，経費の規模は次第に縮小してもとに戻るという転位効果を主張した。

●**地方財政**

29 地方交付税は，税源の偏在からくる地方公共団体間の財政力格差を調整する財源調整機能と，ナショナルミニマムとしての行政サービスを行うことができるよう必要な財源を保障する財源保障機能を持つ。

30 地方交付税には，国の一般会計から直接に交付される普通交付税と特別会計を経由して交付される特別交付税がある。

31 使途があらかじめ特定されている地方交付税に加えて，国は地方自治体に対してさまざまな支出金を交付しているが，これら支出金のうちあらかじめ使途が特定されていない支出金のことを国庫支出金という。

32 地方債は，平成18年度に，原則として，総務大臣または都道府県知事と協議を行うことにより，仮にその同意が得られない場合でも，あらかじめ議会に報告することで発行できるようになった。

「60年償還ルール」に関する記述である。ちなみに，令和5年度一般会計当初予算における債務償還費は約16.8兆円である。

22 ✕ 増加，2番目。令和5年度当初予算の一般歳出の内訳を見ると，防衛関係費は社会保障関係費に次いで大きい。

23 ✕ ビルトイン・スタビライザー（自動安定化装置）。クラウディング・アウトとは，財政支出の増加が利子率の上昇を通じて民間投資を締め出すことをいう。

24 ✕ 導入されている。平成15年度税制改正で，資本金1億円超の法人を対象とする法人事業税において創設され，平成16年から適用されている。

25 ✕ 適用されない。ちなみに，日銀乗換も適用されない。

26 ✕ 総和。このルールは，リンダール均衡の条件である。

27 ✕ フリーライダー。モラル・ハザードとは，契約の成立によって，一方が行動を変え，他方が契約前に想定していた状況がもはや適合しないことである。

28 ✕ 世界大戦や大災害の収束後も経費の規模は高い水準に移行し続ける。

29 〇

30 ✕ 普通交付税も特別会計を経由する。普通交付税は基準財政需要額と基準財政収入額の差額であり，そこで反映されなかった事情を考慮して特別交付税が交付される。

31 ✕ 地方交付税は，使途が特定されていない一般財源。また，国庫支出金は，国が地方に交付する支出金のうち，使途を特定したもののこと。

32 〇 平成18年度に地方債許可制度から協議制度へ移行した。

切り取り線

会計学

重要かつ頻出テーマである①企業会計原則の一般原則，②資産会計，③収益・費用認識に関する基準，を必ず見直しておきたい。

解説

●企業会計原則と制度会計

1 会計原則や会計基準を設定するうえでの基礎的前提を会計公準というが，その一つに企業実体の公準があり，これは企業の経済活動が永続的に行われるという前提である。

2 企業会計原則（一般原則）における真実性の原則は，損益計算において制度として複数の会計処理や見積計算が認められていることから，絶対的に真実な会計報告を要請している。

3 帳簿記録の対象はすべての取引であり，証拠資料に基づいて継続的かつ組織的に記録した正確な会計帳簿を作成しなければならないことを指示しているのは，明瞭性の原則である。

4 継続性の原則は報告企業が毎期同一の会計方針を選択することを要請しているが，会計に関連する法令の改廃や経営組織の再編などといった正当な理由がある場合には変更が認められる。

5 金額の見積りが不利な影響を及ぼす可能性が高い場合，慎重性の原則とも呼ばれる保守主義の原則によれば，特に制限なく利益が大きくなる会計処理の選択を認めている。

6 会社法でいう計算書類とは，貸借対照表，損益計算書，キャッシュ・フロー計算書および個別注記表をいう。

7 金融商品取引法によれば，会計情報の信頼性を担保するための財務諸表の監査はもちろんのこと，企業の組織や運営などについて経営者が評価する内部統制報告書も監査の対象である。

8 企業に納税義務があることから，公平な課税を目的とした法人税法による課税所得の算定が行われるが，その算定は確定した企業会計の収支計算を調整して行われる。

●資産，負債および純資産（資本）会計

9 決算に際し，外国通貨および外貨建金銭債権は，取得時の為替相場によって円換算するが，外貨建有価証券は保有目的により円換算する際に用いる為替相場が異なる。

10 有価証券は保有目的別に売買目的有価証券，満期保有目的債券，子

---

1 ✕ 継続企業。この公準から損益計算は期間に区切って行うことになる。

2 ✕ 相対的。制度内で認められた適正な会計処理を要請している。

3 ✕ 正規の簿記。明瞭性の原則は，財務諸表の区分表示，総額表示や注記による表示などがその指示する内容である。

4 ○

5 ✕ 合理的な範囲で利益が小さく。なお，合理的な範囲を超えた利益の過少計上は過度の保守主義といわれ，適切な処理ではない。

6 ✕ 株主資本等変動計算書。キャッシュ・フロー計算書は金融商品取引法では財務諸表の一つに含まれるが，会社法の計算書類には含まれない。

7 ○

8 ✕ 決算。株主総会で承認を得た計算書類に基づいた課税所得の計算を行う，いわゆる確定決算主義が採用されている。

9 ✕ 決算。なお，外貨建の売買目的有価証券とその他有価証券は時価を決算時の為替相場，満期保有目的の債券は決算時の為替相場，子会社および関連会社株式は取得時の為替相場で円換算する。

10 ✕ 下線部の子会社株式・関連会社株式に加え，満期保有目的債券がある。なお，金利の調整上，取得原価と債券金額とが異なる満期保有目的債券については償却原価法を適用する。

PART **5**

専門試験の「出る文」

会社株式・関連会社株式，その他有価証券に分類され，取得原価が貸借対照表価額となるのは，子会社株式・関連会社株式のみである。

11 有形固定資産の取得形態には，購入，自家建設や現物出資のほか交換や贈与があるが，取得に際して対価の支出がない贈与の場合には零が取得原価となる。

12 所有権移転ファイナンス・リース取引と判定された場合のリース資産にかかる減価償却費は，原則として，リース期間を耐用年数とし，残存価額をゼロとして算定する。

13 固定資産の収益性が低下し，投資額の回収が見込めなくなった状態を減損といい，減損損失を認識すべきであると判定された場合には，当該資産の帳簿価額を回収可能価額まで減額する。

14 ブランド，人材や販路といった無形の超過収益力の評価額がのれんであり，制度上，買入のれんと自己創設のれんが無形固定資産として計上される。

15 経常的でない資源の開発や市場の開拓のために支出した開発費は，原則として支出時に費用処理するが，繰延資産として処理することもできる。

16 金利の調整として社債を額面金額と異なる発行価額で発行した場合の額面金額との差額は，発行日から償還日まで償却原価法で配分し，有価証券利息に含めて処理する。

17 将来の特定の費用または損失であり，その発生が当期以前の事象に起因し，金額を合理的に見積ることができる偶発事象については，発生の可能性にかかわらず引当金を計上する。

18 株主資本は資本金と準備金で構成され，株式会社の設立や株式の発行時における株主からの払込額のうち資本金に組み入れなかった金額は資本準備金としなければならない。

19 取得した自己株式を売却した際に生じた自己株式処分差益は，特別利益として処理される。

●損益会計

20 発生主義会計では，費用と収益は経済価値の増減に基づいて認識するが，そのような発生に基づく損益認識の一例として，経過勘定項目がある。

21 固定資産の取得に際して，資本助成目的の国庫補助金を圧縮記帳（直接控除法）で処理した場合，補助金分の受贈益は純資産に計上する。

---

11 ✕ 時価などを基準とした公正な評価額。自家建設は適正な原価計算基準に従った製造原価，現物出資は交付株式の発行価額，自己所有の固定資産との交換は，当該資産の適正な簿価，自己所有の株式等との交換は当該有価証券の時価または適正な簿価が取得原価になる。

12 ✕ 所有権移転外ファイナンス・リース。所有権移転ファイナンス・リースは，自己所有の固定資産と同じ方法で算定する。

13 ◯ 回収可能価額とは，正味売却価額と使用価値のいずれか高いほうの金額である。

14 ✕ 買入のれんのみ。資産計上したのれんは，収益獲得に貢献すると期待される20年以内のその効果の及ぶ期間にわたって，合理的な方法で規則的に償却する。

15 ◯ なお，研究成果などを具体化するための支出である研究開発費は，発生時に費用処理しなければならない。

16 ✕ 社債利息。有価証券利息は発行者側の費用ではなく，保有者側の収益である。

17 ✕ 発生の可能性が高い場合には引当金を計上する。発生の可能性の低い偶発事象にかかる費用または損失に対しては，引当金を計上してはならない。

18 ✕ 資本金と剰余金。剰余金には資本剰余金と利益剰余金があり，資本準備金は資本剰余金の一つである。

19 ✕ その他の資本剰余金。自己株式処分差損益は収益ではない。

20 ◯ 経過勘定項目とは，前払費用，前受収益，未払費用，未収収益である。

21 ✕ 収益。圧縮記帳は補助金の額を収益とするとともに，直

22 期末商品棚卸高に本支店間の商品売買取引で生じた<u>内部利益</u>が含まれている場合には，その金額を控除しなければならない。

23 売買目的有価証券は期末に時価に評価替えし，帳簿価額と時価との差額は損益計算に含められるが，その期末の時価を翌期の帳簿価額として繰り越したままにする方法を<u>洗替法</u>という。

24 通常の販売目的で保有する商品の収益性が低下した場合に認識する評価損は，販売活動の必要性から保有している商品に関する費用であるため，<u>販売費および一般管理費</u>に計上する。

25 損益計算書には，一会計期間に属するすべての収益とそれに対応する費用が計上されるが，その対応関係には<u>個別的対応</u>と期間的対応とがある。

●財務諸表

26 貸借対照表における<u>流動性配列法</u>とは，資産と負債について先に流動項目を記載し，その次に固定項目の順に記載する方法である。

27 <u>当期純利益</u>は報告企業の持分所有者との直接的な取引を除く純資産の変動額であり，その内訳としてその他の包括利益を別表示する。

28 議決権の過半数を所有している場合だけでなく，会社の意思決定機関に対して<u>影響力</u>を持つ親会社が作成する連結財務諸表には，原則としてすべての子会社を連結の範囲に含めなければならない。

29 親会社の子会社に対する投資と子会社の資本を相殺消去する際に生じたのれんは規則的に償却するが，<u>負ののれん</u>は生じた事業年度の利益とする。

30 非連結子会社や関連会社に適用される<u>持分法</u>とは，被投資会社の資本および損益のうち投資会社に帰属する部分の変動を，投資会社の投資額に反映する方法である。

31 キャッシュ・フロー計算書は，キャッシュ・フローを営業活動・投資活動・財務活動に区分して報告するが，<u>各区分</u>の表示には直接法と間接法のいずれかから選択することができる。

32 キャッシュ・フロー計算書では，対象とする資金の範囲を現金および現金同等物とし，その範囲には市場での売却を通じて容易に換金可能な<u>株式は含まれる</u>。

33 会計基準において包括利益を表示する計算書は，「損益計算書」および「包括利益計算書」による形式と，「損益および包括利益計算書」による形式のうち<u>いずれか</u>が認められている。

接控除法では圧縮損を計上し，固定資産の帳簿価額を減額する。

22 ◯

23 ✕ **切放法**。洗替法は，翌期に前期末の時価を時価評価前の帳簿価額に戻す方法である。売買目的有価証券には切放法または洗替法の選択適用が認められているが，その他有価証券は洗替法が適用される。

24 ✕ **売上原価**。なお，臨時かつ多額である場合には特別損失に計上する。

25 ◯ 個別的対応は直接的対応，期間的対応は間接的対応ということもある。

26 ◯ 流動性配列法によれば，資産は換金性が高い順，負債は支払期限が早い順に記載する。一般的に貸借対照表は流動性配列法で記載するが，固定項目の割合が高い電力会社などは，固定性配列法を採用している。

27 ✕ **包括利益**。包括利益は当期純利益にその他の包括利益の内訳項目を加減して表示する。

28 ✕ **を支配している**。影響力により判定するのは，関連会社である。

29 ◯ 連結時に生じた負ののれんは，原則として特別利益に表示する。

30 ◯

31 ✕ 直接法と間接法の選択が認められるのは**営業活動におけるキャッシュ・フローの区分**である。

32 ✕ **含まれない**。現金同等物に含まれる短期投資は，容易に換金可能であり，かつ価値変動について僅少なリスクしか負わないものである。

33 ◯

切・り・取・り・線

経営学

直前期のポイント　最頻出テーマである①アメリカ経営学の代表的な学説，②経営戦略の主な学説・概念，をもう一度確認し，基本知識の取りこぼしがないか見直しておこう。

出る文

 **解説**

●経営学説

☐ **1**　F. W. テイラーは，労働者による自然的怠業の解消に向けて科学的管理法を提唱した。科学的管理法では，時間研究と動作研究から導きだされた「1日の公正な仕事量」である課業（task）が設定された。

☐ **2**　H. ファヨールは，6要素からなる経営職能（経営活動）の中で，人間を対象とする管理職能をとりわけ重視し，計画，実行，統制という3要素からなる過程と定義した。

☐ **3**　G. E. メイヨーとF. J. レスリスバーガーらが主導したホーソン実験の結果，非公式組織におけるリーダーシップや職位が公式組織の作業能率に影響を与えることが示された。

☐ **4**　F. ハーズバーグが提唱した動機づけ－衛生理論では，職務上の不満を規定する衛生要因として，会社の政策（方針）および管理，作業条件，対人関係，給与，監督技術が含まれる。

☐ **5**　R. リッカートは，組織状況（状況好意性）がリーダーに対して好意的あるいは非好意的である場合は，職務志向型リーダーシップが有効であることを示した。

☐ **6**　近代組織論の創始者と呼ばれるC. I. バーナードは，（公式）組織を成立させる条件として，共通目的，貢献意欲（協働意欲），コミュニケーションを挙げた。

☐ **7**　H. A. サイモンが提唱した満足化原理は，ある目的を最大限に満たす代替案を探求するという意思決定の原理である。

☐ **8**　T. バーンズとG. M. ストーカーは，環境条件と組織における「分化と統合」の関係について米国企業を調査し，高業績の企業は高度な「分化と統合」を実現していることを明らかにした。

☐ **9**　V. H. ブルームの期待理論では，「仕事→成果→報酬」という枠組みで，報酬への期待効用が大きいほど動機づけが高まるとした。

●経営組織

☐ **10**　職能別部門組織は，助言・勧告機能を持つスタッフ部門をライン組織に付加した組織形態である。

---

1 ✖ 組織的怠業。労働者がお互いに申し合わせて作業能率を抑制すること。

2 ✖ 管理職能を予測（計画），組織（組織化），命令，調整，統制という5要素からなる過程と定義した。

3 ✖ ホーソン実験の結果，非公式組織の規範や仲間意識が公式組織の作業能率に影響を与えることが示された。この知見が人間関係論の契機となった。

4 〇

5 ✖ F. E. フィードラー。

6 〇

7 ✖ 最適化原理の説明である。満足化原理とは，現実の人間は「制約された合理性」の下で，一定の水準を満たす代替案の中から選択するという意思決定の原理である。

8 ✖ P. R. ローレンスとJ. W. ローシュ。バーンズとストーカーはスコットランド企業の調査から，安定した環境では機械的組織が，不安定な環境では有機的組織が有効であることを示した。

9 〇

10 ✖ ライン・アンド・スタッフ組織。職能別部門組織は，トップ・マネジメントの下で購買，製造，販売，財務など職能ごとに部門化されている組織形態である。

11 ✖ 事業部制組織は，大規模化すると事業部間で資源配分が重複しやすく，非効率になりやすいという短所がある。

11 事業部制組織は，各事業部に効率的な資源配分ができ，複数事業に多角化した企業に適した企業形態である。

12 マトリックス組織は，事業部制組織をさらに分権化した形態であり，既存の事業部を疑似的な独立子会社に見立てる。

●経営戦略

13 A. D. チャンドラーは20世紀初頭のアメリカ大企業の多角化とそれに伴う組織変革の過程を調査し，「組織構造は市場環境に従う」という命題を導き出した。

14 H. I. アンゾフが示した成長ベクトルは，戦略の新旧と技術の新旧によって市場浸透，市場開発，製品開発，多角化に分類される。

15 ポジショニング戦略論の代表的な学説としては，G. ハメルとC. K. プラハラードが提唱したコア・コンピタンスが挙げられる。

16 M. E. ポーターによれば，競争戦略の基本類型は，コスト・リーダーシップ戦略，差別化戦略，集中戦略の３種類である。

17 J. B. バーニーが示したVRIOフレームワークでは，ある経営資源の競争優位は研究開発，希少性，模倣可能性，組織で決まる。

●マーケティング

18 E. J. マッカーシーはマーケティング・コンセプトの中核となる要素を，Product, Price, Place, Promotion の４つに要約し，これらの頭文字を取ってマーケティングの4Pと名づけた。

19 製品ライフサイクルの成熟期では，市場規模が急速に拡大し，競合する他社が新たに参入するために価格競争が激化する。

20 製品差別化は価格以外の製品の属性（機能，品質など）で異なる特徴を打ち出すが，市場細分化は顧客の年齢や嗜好などの特性で市場を細かく分け，個々の市場に適した戦略を実施する。

21 P. コトラーによれば，チャレンジャーはシェア首位のリーダーの座をねらう企業であり，ニッチャーは独自の技術などを基盤にして，隙間市場で自社の地位を確立するタイプの企業である。

22 取引コストとは，顧客が自社の製品・サービスから，他社の製品・サービスに乗り換える際に要する物理的・精神的費用である。

●日本の企業と経営

23 J. C. アベグレンは，1972年に「日本的経営の三種の神器」として，終身雇用，年功序列，企業別労働組合を挙げた。

---

12 ✕ カンパニー制。マトリックス組織は，二重の命令系統を持つため，効率的な資源配分や綿密な管理体制を実現できるが，意思決定の迅速さに欠けやすい。

13 ✕ チャンドラーは「組織構造は戦略に従う」という命題を導き出した。

14 ✕ 製品の新旧と市場の新旧。成長ベクトルは企業の成長方向を意味する。

15 ✕ 資源ベース戦略論（リソース・ベースト・ビュー）。ポジショニング戦略論（ポジショニング・ビュー）の代表的な学説は，ポーターの競争戦略論である。

16 ○

17 ✕ 経済価値。VRIOフレームワークでは，ある経営資源の競争優位は経済価値（Value），希少性（Rareness, Rarity），模倣可能性（Imitabiity,「模倣困難性」とも訳される），組織（Organization）で決まる。

18 ✕ マーケティングの4Pは，マーケティング・ミックスの中核となる要素である。

19 ✕ 成長期。成熟期は市場が飽和するため，新たな需要の開拓や買い替え需要の促進が必要となる。

20 ○

21 ○ コトラーは，競争上の地位から企業をリーダー，チャレンジャー，フォロワー，ニッチャーの４タイプに分類した。

22 ✕ スイッチング・コスト。このコストを高く設定することは，顧客の他社への乗り換えを防ぐ手段となる。

23 ✕ OECD。アベグレンは『日本の経営』（1958年）で，終身雇用などを日本企業の経営上の特徴と指摘したが，その当時の評価は否定的だった。

PART **5**
専門試験の「出る文」

24 職務給は，職務の遂行能力に対して支払われる賃金であり，人事異動に柔軟に対応できるため，日本企業に広く普及している。

25 トヨタ生産システムのカンバン方式は，生産ラインに異常が生じた際に直ちにラインを停止し，原因の究明と復旧を図る仕組みであり，不良品の大量発生を防止できる。

●企業形態と株式会社

26 合名会社は，出資者全員が無限責任社員と有限責任社員で構成され，中世イタリアで発達した委託契約関係の一種であるコメンダを起源とする。

27 合同会社は，出資者全員が有限責任社員で構成され，社員の全員一致によって定款の変更や会社の意思決定を実施できる。また，合同会社，合名会社，合資会社の3形態は持分会社に分類される。

28 指名委員会等設置会社では，指名委員会，報酬委員会，監査委員会という3つの委員会によって経営のチェックを行う。

29 カルテル（企業連合）は，市場支配を目的として参加企業が資本面で結合する形態であり，最終的には各企業の独立性が失われ，合併に至る。

●その他

30 製品アーキテクチャ（製品の設計構想）は，モジュラー型とインテグラル型に大別される。インテグラル型は，部品間の接合規格を製品ごとに細かく調整する「すり合わせ型」を意味する。

31 ROAは自己資本利益率のことであり，利益を生み出すために自己資本を，いかに効率的に活用したかを示す指標である。

32 R.バーノンが唱えたEPRGモデルは，米国大企業の海外進出の過程を対象として構築された多国籍企業の発展モデルである。

33 W. J. アバナシーによれば，産業発展の過程は流動期→移行期→固定期を経る。流動期にドミナント・デザイン（その後の技術的標準となる製品）が登場することで，移行期が始まる。

34 当初は既存企業から軽視されるが，顧客の支持を得て既存の主流技術を陳腐化させてしまう新規技術がもたらすイノベーションのことを，C.M.クリステンセンは生産性のジレンマと呼んだ。

35 ESG投資とは，環境（Environment），社会（Social），コーポレート・ガバナンス（Governance）に関する課題に積極的に取り組む企業への投資活動を意味する。

解説

24 ✕ 職能給。職務給は職務内容を基準として支払われる賃金であり，「同一労働，同一賃金」を原則として算定される。

25 ✕ 自働化。カンバン方式は，「カンバン」と呼ばれる指示伝票を後工程から前工程に順次送る手法である。

26 ✕ 合資会社。

27 ◯

28 ◯ 2015年施行の会社法改正で，従来の委員会設置会社は指名委員会等設置会社に名称が変更された。また，同改正では監査等委員会設置会社が新たに設けられた。これは監査役会を置かず，監査等委員会を設置する企業形態である。

29 ✕ トラスト（企業合同）。カルテルは，市場の支配を目的として同一業種の複数の企業が，価格や生産量などで協定を結ぶ行為である。カルテルとトラストは独占禁止法の規制対象である。

30 ◯

31 ✕ ROE。ROAは総資本利益率（総資産利益率）であり，総資本をいかに効率的に活用したかを示す指標である。

32 ✕ プロダクト・ライフサイクル・モデル。EPRGモデルは，経営志向の違いに応じて海外展開のパターンを4つに分類したモデルであり，H.V.パールミュッターが唱えた。

33 ◯

34 ✕ 分断的（破壊的）イノベーション。生産性のジレンマとは，イノベーションが進むと生産性が向上するが，生産工程や設備を固定化するため，結果的に新たなイノベーションへの柔軟な対応が阻害される現象である。

35 ◯

切り取り線

心理学

 直前期のポイント

頻出分野は，①感覚・知覚，②人格，③社会，④発達・学習である。記憶，人格検査・心理療法，対人心理，発達段階・条件づけなどを重点的に学習すること。

解説

●感覚・知覚

1 ウェーバーの法則とは，知覚において，丁度可知差異は標準となる刺激の物理量に比例することを示したものである。

2 輻輳とは，奥行きの知覚において用いられる手がかりの一つであり，手前に位置するもののテクスチャは密度が低く，奥に位置するもののテクスチャは密度が高く見えるというものである。

3 特定の食品を食べた後で体調不良を起こすと，その後，その食品を2度と食べなくなる。この現象は，発見者の名にちなんでガルシア効果と呼ばれる。

4 明るいところから暗いところに急に移ったとき，初めは何も見えないが，次第に見えるようになる現象を明順応という。

5 滝をしばらく見つめた後，付近の樹木に目を移すと，それらがゆっくり上昇しているように見える滝の錯視は，運動残効の一種である。

●発達・学習

6 A.マズローの欲求の5段階説によると，最下部が安全欲求で，最上部が自己実現の欲求である。

7 パブロフは，箱に入れたネズミの実験をもとに，オペラント条件づけに関する多くの知見を見いだした。

8 レヴィンソンは，人生を8つの発達段階に分割し，各段階における心理・社会的危機を提唱した。

9 オペラント条件づけの強化スケジュールにおいて，VRスケジュールとは，ある強化が行われた後，平均値をもってランダムに変動する間隔を経た，最初のオペラント行動に対して強化を行うものである。

10 ピアジェによれば，人間の子どもは感覚運動期（0～2歳）に，対象物を覆い隠しても，隠された対象物を探すといった形で自己中心性を獲得するとされる。

●認知

11 迷路を用いたワトソンの実験は，認知地図の実験として有名である。新行動主義者であった彼は，認知心理学の先駆者に位置づけられる。

---

1 ◯ フェヒナーの法則も併せて覚えておきたい。

2 ✕ 肌理の勾配。輻輳も奥行き知覚の手がかりとして用いられる要素の一つで，両眼が内側に回転する運動のことである。

3 ◯ 味覚嫌悪学習とも呼ばれる。1度きりの経験でも学習され，偏食のメカニズムと考えられている。

4 ✕ 暗順応。明順応は暗いところから明るいところに出たとき，まぶしくて何も見えないのが，徐々に見えてくる現象をいう。

5 ◯ 静止している物体でも，動きの知覚が生じることがある。

6 ✕ 生理的欲求。最下部から順に，生理的欲求→安全欲求→所属と愛情の欲求→尊厳欲求→自己実現の欲求である。

7 ✕ スキナー。パブロフは，犬を被験体とした実験から，レスポンデント条件づけの理論を唱えた。

8 ✕ エリクソン。レヴィンソンは，生涯発達論の研究者であり，人生の四季説が著名。

9 ✕ VIスケジュール。強化スケジュールの略号は，1文字目が固定（F）か変動（V）か，2文字目が比率（R）か間隔（I）かを示している。

10 ✕ 対象の永続性。自己中心性は前操作期（2～7歳）の課題である。

11 ✕ トールマン。ワトソンは行動主義者。新行動主義者にはほかに，ハル，スキナーが挙げられる。

12 ロフタスは，マジカルナンバー7±2という研究を発表し，短期記憶容量は，おおむね7項目であることを報告した。

13 バドレーの作動記憶モデルでは，記憶は「音韻ループ」「視空間スケッチパッド」および前二者の統制を行う「中央実行系」の3つのサブシステムから構成されると仮定された。

14 ヒューリスティクスとは，必ずしも正しい答えを導くとは限らないものの，認知資源を節約し，素早く回答を得ることができる問題解決方法のことであり，アルゴリズムと対立する概念である。

●社会

15 マスメディアが自殺を多く報道するほど，社会全体の自殺率が上がる現象をバンドワゴン効果という。

16 フット・イン・ザ・ドア技法とは，説得的コミュニケーションにおいて，最初に負荷の高い要求を行い，拒否された後に譲歩することで，要求を受け入れやすくするテクニックのことである。

17 ミルグラムは，線分の長さを判断させる実験において，サクラを用いて，被験者の判断が多数派に影響を受けるという，同調現象を見いだした。

18 ある面の際立った特性に引きずられて，全体の認知にゆがみが生じることを光背効果という。

19 認知要素間の不協和が，認知や態度を変容させるという認知不協和理論は，フェスティンガーが提唱した。

●人格・臨床

20 PTSDとは注意欠如・多動性障害の略称であり，初等教育期間中に発見される場合が多い発達障害である。

21 NEO-PI-Rはビッグファイブと呼ばれる，性格類型論に基づいた質問紙であり，「神経症傾向」「外向性」「開放性」「調和性」「誠実性」の人格5次元の把握を行うものである。

22 ベックが提唱した来談者中心療法では，クライアントへの肯定や理解，受容を重視し，カウンセリングにおいては，非指示的な技法が用いられる。

23 シュルツが考案したサイコドラマでは，患者に即興劇を演じさせ，心の深い部分を表現させ，自己への洞察を深めさせる。

24 ロールシャッハテストに代表される投影法は，曖昧な刺激に対し，被験者に自由に回答をしてもらう検査方法である。

---

12 ✖ ミラー。ロフタスは，目撃者証言などの記憶研究で著名。

13 ◯ 作動記憶は作業記憶，もしくはワーキング・メモリとも呼ばれる。

14 ◯ ヒューリスティクスには複数の種類があるが，代表性ヒューリスティック，利用可能性ヒューリスティック，係留（アンカリング）が著名。

15 ✖ ウェルテル効果。バンドワゴン効果は，選挙においてメディアが優勢と報じる候補者の支持率が高くなることである。

16 ✖ ドア・イン・ザ・フェイス技法。フット・イン・ザ・ドア技法は，最初に受諾可能なちいさい要求を行うことで，その後のより大きな要求を受け入れやすくさせる技法である。

17 ✖ アッシュ。ミルグラムは，権威への服従を示したアイヒマン実験でよく知られている。

18 ◯ 容姿が良ければ性格も良い，など。ハロー効果ともいう。

19 ◯

20 ✖ ADHD。"Attention Deficit Hyperactivity Disorder"の略である。PTSDは心的外傷後ストレス障害の略称である。

21 ✖ 特性論。類型論は人格をいくつかのタイプに分類し，どのタイプに当てはまるかを検討するものである。

22 ✖ ロジャーズ。ベックは認知（行動）療法の提唱者であり，BDIと呼ばれる抑うつ尺度の開発者としても知られる。

23 ✖ モレノ。サイコドラマは心理劇ともいう。シュルツは，自律訓練法を提唱した。

24 ◯ 投影法には，ほかにも主題統覚検査（TAT），文章完成テスト（SCT），P-Fスタディなどがある。

切・り・取・り・線

教育学

直前期のポイント

出題領域はほぼ決まっている。近代教育思想，教育社会学，学校制度，社会教育・生涯学習，教授・学習理論を重点的に復習すること。

解説

●教育史

☐ **1** 荻生徂徠が著した『和俗童子訓』は，我が国初の体系的な教育論として知られる。

☐ **2** 初代文部大臣の伊藤博文は，1886年に諸学校令（小学校令，中学校令，帝国大学令，師範学校令）を制定し，近代学校制度を構築した。

☐ **3** 澤柳政太郎は1917年に児童の村小学校を創設し，児童中心主義の教育を実践した。

☐ **4** 第二次世界大戦後の教育の民主改革により，我が国の学校体系は複線型から単線型へと改められた。

☐ **5** 1956年に地方教育行政法が制定されたことに伴い，教育委員の選出方法が公選制から任命制に変わった。

☐ **6** ルソーは，人間の善なる本性が，余計な教育によって悪へと変貌することを避ける「消極教育」を，初期教育の方法原理とした。

☐ **7** 直観教授を提唱したペスタロッチは，その著作『学校と社会』において，「生活が陶冶する」という言葉を残した。

☐ **8** フレーベルは，1837年に世界初の幼稚園である「一般ドイツ幼稚園」を創設した。

☐ **9** 進歩主義教育の指導者で，「為すことによって学ぶ」経験主義を重視したのはモンテッソーリである。

●教育社会学

☐ **10** コンドルセは，教育の本質は個人の社会化の過程にあると説き，実証的，客観的な教育科学としての教育社会学の基礎を築いた。

☐ **11** エリクソンは，微笑みなどの感情を表出して対価を得る労働を「感情労働」と呼んだ。

☐ **12** コリンズは『学歴社会－新しい文明病－』という著作において，学歴とは各身分集団への参入資格であると説いた。

☐ **13** トロウによると，進学該当年齢の60％以上が高等教育機関に在学している状態は，高等教育のユニバーサル化と呼ばれる。

☐ **14** バーンスティンの言語コード論によると，抽象的な精密コードの言

---

1 ✖ 貝原益軒。荻生徂徠は，私塾の蘐園塾を開設した人物。

2 ✖ 森有礼。伊藤博文は，初代内閣総理大臣である。

3 ✖ 成城小学校。児童の村小学校は，下中弥三郎らが創設。

4 ⭕

5 ⭕ 正式名称は，地方教育行政の組織及び運営に関する法律である。

6 ⭕ ルソーは著作『エミール』で消極教育論を展開した。

7 ✖ 『白鳥の歌』。『学校と社会』はデューイの著作である。

8 ⭕ フレーベルは幼稚園の創始者といわれる。

9 ✖ デューイ。モンテッソーリは，ローマに「子どもの家」を開設した人物。

10 ✖ デュルケム。コンドルセは，無償制，男女共学，中立制など，近代公教育の原理を提唱した人物である。

11 ✖ ホックシールド。エリクソンは，人生の8段階の発達課題を提唱したことで知られる。

12 ✖ 『資格社会─教育と階層の歴史社会学』。『学歴社会－新しい文明病－』は，ドーアによるもので，後進国の学歴病が指摘されている。

13 ✖ 50％。15％未満の状態はエリート段階，15％以上50％未満の状態はマス段階である。

14 ⭕ 家庭で限定コードが使われがちな労働者階級の子弟は不利となる。

15 ✖ ブルデュー。ヤングは，メリトクラシーの概念を提唱した人物。

PART **5**

専門試験の「出る文」

語に親しんだ中産階級の家庭の子弟が，学校で高い教育達成をおさめやすい。

15 ヤングは，経済資本とは異なる文化資本を介して，親から子へと社会的地位が再生産されることを「文化的再生産」と呼んだ。

16 2022年度の小・中学校の不登校児童生徒は29万9,048人で，2013年度以降，一貫して減少の傾向にある。

17 国際学力調査「PISA 2022」の結果によると，日本の生徒の読解力は前回より平均得点が有意に上昇した。

18 毎年実施される『全国学力・学習状況調査』の小学校の調査対象は，第5学年である。

●教育法規

19 経済的理由により，保護者が学齢の子を義務教育諸学校に就学させることが困難である場合，就学猶予・免除の措置がとられる。

20 教育基本法の規定により，国公立学校と同じく私立学校においても宗教教育は禁止されている。

21 教育委員会の会務を総理し，教育委員会を代表するのは教育委員長である。

22 行政機関等は，障害者の障害の状態に応じて，社会的障壁の除去について必要かつ合理的な配慮をしなければならない。

23 2021年の法改正により，小学校の学級編制の標準が40人から35人に引き下げられた。

24 地方公務員法の規定により，公立学校の教員は営利企業等の従事は禁止されている。

25 市町村立の小・中学校等の教職員の給与は都道府県が負担するが，そのうちの2分の1は国が負担する。

26 教員免許状のうちの普通免許状は，授与された都道府県内でのみ有効で，有効期間は3年間と定められている。

27 校長は，感染症の予防上必要があるときは，臨時に学校の全部または一部の休業を行うことができる。

●社会教育・生涯学習

28 社会教育委員は，社会教育を行う者に専門的技術的な指導と助言を与える。

29 ジェルピは，1965年，ユネスコ成人教育推進国際会議において，生涯教育の概念を提唱した。

16 ✕ 増加。近年では，不登校は問題行動とは見なされなくなっている。

17 ◯ 読解力，数学的リテラシー，科学的リテラシーとも世界でトップレベルである。

18 ✕ 第6学年。中学校は第3学年である。

19 ✕ 就学援助。近年，就学援助の対象者が増えている。就学猶予・免除の事由は，「病弱，発育不完全その他やむを得ない事由」である（学校教育法18条）。

20 ✕ 政治教育（教育基本法14条2項）。私立学校の場合，宗教教育や宗教的活動は許される（教育基本法15条2項）。

21 ✕ 教育長。2014年の地方教育行政法改正により，教育委員長の職は廃止された。

22 ◯

23 ◯ きめ細かな指導で，個別最適な学びを実現するためである。

24 ✕ 制限。任命権者の許可を得れば許される。

25 ✕ 3分の1。2005年の法改正で，2分の1から3分の1に引き下げられた。

26 ✕ 臨時免許状。2022年の教員免許更新制廃止により，普通免許状と特別免許状の有効期間はなくなっている。この2つは全国で有効である。

27 ✕ 学校の設置者。当該学校を設置する自治体の教育委員会である。非常天災の際に，臨時休業の判断を下すのは校長である。

28 ✕ 社会教育主事。社会教育委員は非常勤職で，社会教育に関し，教育委員会に意見を述べる。

29 ✕ ラングラン。ジェルピは，ラングランの後任として，ユネスコの生涯教育部門の責任者に就任した人物。

30 高等学校を卒業していなくても大学に入学することのできる者は，講習を修了することで司書補や学芸員補となる資格を得ることができる。

31 人々が生涯にわたって自主的・主体的に学ぶ社会という意味の「学習社会」という語を最初に使ったのは，ハッチンスである。

32 1987年の臨時教育審議会答申において，生涯学習体系への移行が明言された。

33 1990年に社会教育法が制定され，生涯学習の推進に向けた都道府県の事業について定められた。

34 クームスは，あらゆる年齢の人々と人生の異なった諸段階に役立つ「不定型教育」の概念を提唱した。

35 社会教育主事講習を修了した者は，「社会教育士（講習）」を称することができる。

36 2022年に策定された第3期・スポーツ振興基本計画では，成人の週1回以上のスポーツ実施率を50%にすることをめざしている。

●教育方法学

37 ヘルバルトは，予備―提示―比較―総括―応用という5つの段階からなる教授段階説を唱えた。

38 パーカーストが実践したドルトン・プランでは，生徒は教師と学習の契約を結び，自分のペースで学習する。

39 指導の個別化などを駆使し，すべての子どもに学習内容を習得させる完全習得学習は，ブルーナーが提唱した。

40 4人ずつのグループで6分間討議させた後，全体の討議を行う学習指導をバズ学習という。

41 1998年の学習指導要領改訂によって，小学校低学年の社会と理科が統合されて生活科となった。

42 2017年の学習指導要領改訂により，小学校中学年で外国語活動が実施されることになった。

43 スペアーズのカリキュラム類型のうち，中心課程と周辺課程からなるカリキュラムを広領域カリキュラムという。

44 ブルームによる教育評価の類型のうち，指導計画の修正や改善を図るために，学習指導の途中で実施するものを診断的評価という。

45 教師が期待をかけ，肯定的な態度で接した生徒の成績が良くなる現象をピグマリオン効果という。

---

30 ◯ 2008年の法改正で，大学入学資格を有する者は有資格者となった。

31 ◯ ハッチンスは著書『学習社会論』において，「学習社会」という語を初めて用いた。

32 ◯

33 ✕ 生涯学習の振興のための施策の推進体制等の整備に関する法律（生涯学習振興法）。社会教育法は，1949年に制定された法律である。

34 ◯ 制度化された定型教育の外にある，組織的な教育をさす。

35 ◯

36 ✕ 70%。「感動していただけるスポーツ界」を実現すべく，こうした数値目標が定められている。

37 ✕ ライン。ヘルバルトは，明瞭―連合―系統―方法の4つの段階からなる4段階教授法を唱えた。

38 ◯

39 ✕ ブルーム。ブルーナーは，発見学習の提唱者。

40 ✕ 6人。6人で6分間の討議を行うことから，「6－6討議」ともいわれる。フィリップスが提唱した。

41 ✕ 1989年。1998年の改訂は，総合的な学習の時間の導入，教育内容の3割を削減した「ゆとり教育」で知られる。

42 ◯ 高学年で教科の外国語が導入され，外国語活動は中学年から実施されることになった。

43 ✕ コア・カリキュラム。広領域カリキュラムは，教科・科目をいくつかの広い領域に分けて編成する。

44 ✕ 形成的評価。診断的評価は，指導計画立案のため，指導開始の前に実施する。

45 ◯

PART **5**

専門試験の「出る文」

受験ジャーナルのご案内

■定期号……

定期号（年間6冊）では，6年度試験までのスケジュールに合わせ，各種の試験情報・試験対策を特集として取り上げるほか，合格体験記，自己採点方式の基礎力チェック問題など，合格に役立つ情報を掲載します。
発行日と特集の内容については，本誌の巻頭の「年間発行予定」および弊社のホームページをご覧ください。

■特別企画・別冊……

『学習スタートブック 6年度試験対応』（発売中）
『公務員の仕事入門ブック 6年度試験対応』（発売中）
『6年度 国立大学法人等職員採用試験攻略ブック』（発売中）
『6年度 面接完全攻略ブック』（3月中旬発売予定）
『6年度 直前予想問題』（3月下旬発売予定）

試験情報＆合格体験記募集！

■試験情報 編集部では，本試験の情報を募集しています。大卒程度の公務員試験を受験された方は，ぜひ，出題内容などについて情報をお寄せください。情報内容の程度により，謝礼（粗品）を進呈いたします。
※問題が公開されている（持ち帰りができる）試験の情報は不要です。情報をお寄せいただいても謝礼はお送りできませんので，ご注意ください。
　詳細は，巻末の試験情報用紙をご参照ください。

■合格体験記 公務員をめざす後輩のために，自分の学習方法や合格までのプロセスなどを合格体験記で伝えておきたいという方は，編集部までお知らせください。採用させていただく方には，当社規定により謝礼を差し上げます。
〈連絡先〉TEL. 03-3355-1813　　Eメール juken-j@jitsumu.co.jp

【個人情報の取扱いについて】弊社にご提供いただきました個人情報につきましては，個人情報保護法など関連法規を遵守し，厳重に管理・使用します。弊社個人情報の取扱い方針は実務教育出版ホームページをご覧ください。

【ホームページのご案内】

公務員ガイドや試験情報案内などのほか，通信講座やセミナー，書籍紹介の各コーナーからなるホームページ。受験ジャーナルの定期購読やバックナンバーも紹介しています。
https://www.jitsumu.co.jp/
X（旧Twitter）もやってます！
実務教育出版 受験ジャーナル編集部 で検索してください。

受験ジャーナル特別企画3
6年度 直前対策ブック

2024年2月20日　初版第1刷発行
第50巻3号　通巻第670号

編集人／加藤幸彦
［編集］川辺知里／田村初穂／倉岡まき／笹原奈津子
　　　　谷本優子
発行人／淺井 亨
発行所／株式会社　実務教育出版
　　　　〒163-8671　東京都新宿区新宿1-1-12
印刷・製本／図書印刷
表紙デザイン／アルビレオ
表紙イラスト／北村みなみ
編集協力／ISSHIKI，アスラン編集スタジオ，明昌堂

《問合せ先》
■編集（記事内容について）
　〒163-8671　東京都新宿区新宿1-1-12
　FAX.03-5369-2237　TEL.03-3355-1813
　E-mail　juken-j@jitsumu.co.jp
　※原則としてメール，FAXまたは郵送でお願いします。

■販売（当社出版物について）
　TEL.03-3355-1951
　※万一，落丁，乱丁などの不良品がございましたら，当社にて
　　良品とお取り替えいたします。

6年度 直前対策ブック

【切り取り式】
判断推理・数的推理の要点整理カード

スキマ時間を活用してポイントを押さえよう！

本試験直前の最終確認にも役立つよ！

命題①

命題の表し方

命題	論理式	ベン図
P ならば Q である	P → Q	Q P
P ならば Q でない（否定）	P → Q̄	P Q
P かつ Q	P ∧ Q	P Q
P または Q	P ∨ Q	P Q

必要条件・十分条件・必要十分条件

「p → q」のとき	p は q であるための十分条件
	q は p であるための必要条件
「p → q」「q → p」が同時に成り立つとき	p，q は互いに必要十分条件である（同値である）

対応関係

対応表の書き方

2集合の対応
→ ○×を記入する。

	a	b	c	計
A				
B				
C				
計				

3集合以上の対応
→ 表をつなげる。

	a	b	c	あ	い	う
A						
B						
C						
計						

合計数が必要ないとき
→ 対応物を表の中に記入する。

	食事	飲物	国籍
A	パスタ	ビール	米
B	肉	ワイン	英
C	魚	ジュース	独

曜日が出てくるとき
→ 曜日を横の項目に並べる。

	月	火	水	木	金	土	日
A							
B							
C							
計							

やり取りが条件のとき
→ 縦と横に人物を記入する。

借りた					
貸した	A	B	C	D	計
A					
B					
C					
D					
計					

対応表のポイント
① 合計欄を作成する。
② 確定条件（場合分けがいらない条件）を優先。
③ 限定性の強い条件（情報量が多い項目）を考える。
④ ②③で確定したことを利用して次を考える。

位置関係

配置の位置関係の解法
① 条件を図示する。
② 組み合わせることができる条件は，組み合わせて大きなかたまりにする。
③「～は○号室」であるといった確定条件を先に埋める。
④ 大きなかたまりになって，入るところが限られている条件を埋めていく。
⑤ 確定したことを利用して，他の条件を埋めていく。

円卓の位置関係の解法
① 誰か一人を固定する。
② 固定した人物を中心に図示する。

方位を伴う位置関係の解法
① どこか一つを固定する。
② 固定したところから順に方位を正確に認識できるように図示する。
③ 距離（長さ）が違うことによって図がずれてきたら，方位は動かさずに平行移動して距離を合わせる。
④ 三角形の合同や相似の知識を利用して，選択肢を検討する。
⑤「距離が等しい」という条件では，円や正三角形が使えないかを考える。

命題②

命題の操作

● 「p → q」という命題に対して，逆，裏，対偶を作ることができる。

逆	$q \to p$
裏	$\overline{p} \to \overline{q}$
対偶	$\overline{q} \to \overline{p}$

「p → q」という命題に対して，真偽が同じなのは対偶の「$\overline{q} \to \overline{p}$」のみである。

ド・モルガンの法則

$\overline{p \wedge q} = \overline{p} \vee \overline{q}$
$\overline{p \vee q} = \overline{p} \wedge \overline{q}$

命題の分解

「p → q ∧ r」 …… 「p → q, p → r」
「p ∨ q → r」 …… 「p → r, q → r」

● 矢印の「前に"かつ"，後ろに"または"があったら分解できない！
例：「p ∧ q → r」 …… 「p → r, q → r」は×

判断推理・数的推理の
要点整理カード

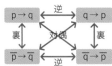

頻出テーマの超重要ポイントばかりなので，必ず使いこなせるようにしておこう！

[使い方]

ミシン目に沿って切り取り，市販のリングで綴じれば「要点整理カード」の出来上がり。

スマートフォンで撮影・保存すれば，「要点整理カード」がいつでもあなたの手の中に。

試合の勝敗

リーグ戦（総当たり戦）

解法 → リーグ表では１つの勝敗がわかれば，対戦チームの勝敗も埋めることができる。対戦相手の勝敗は表の真ん中の線に対して対称の箇所に逆の記号を書けばよい。

【例：AはBに勝った】
※リーグ表の問題は，順位・勝率・点数が出てきたら具体的な勝敗数に置き換えて考える！

総試合数 → １回総当たりのリーグ戦の総試合数は，参加したのがnチーム（人）の場合，$\dfrac{n(n-1)}{2}$（試合）。

トーナメント戦（勝ち抜き戦）

解法 →
① 何回戦まで勝ち進んでいるかがわかる際は，勝ち進み方をトーナメント表に反映させる。
② 試合数に着目して何勝何敗だったのかをトーナメント表に書き込む。

総試合数 → 参加したのがnチーム（人）の場合，$n-1$（試合）。

順序関係

数量を伴わない場合（順序関係）の手順

① 条件を図示する。
② 組み合わせることができる条件は，組み合わせて大きなかたまりにする。
③「〜は○位」であるといった確定条件を先に埋める。
④ 大きなかたまりになって，入るところが限られている条件を埋めていく。
⑤ 確定したことを利用して，他の条件を埋めていく。

数量を伴う場合（大小関係）の図示の方法
線分図
樹形図 → 誰か一人を基準として，その差を樹形図で表す。

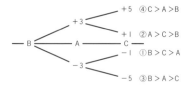

両開樹形図 → 樹形図の左右を利用して表す。

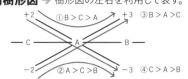

発言推理

真偽のグループ分け

Xが「Yは正直者です」というように肯定した場合	XとYの真偽は同じ真偽
Xが「Yはうそつきです」というように否定した場合	XとYの真偽は逆の真偽

【例題】

A〜Eの5人が次のように述べているとき，正直者の数は何人か。ただし，5人はそれぞれ正直者またはうそつきのいずれかであり，うそつきは発言中の下線部分が虚偽であるものとする。

A：「Bは<u>うそつきである</u>」
B：「Cは<u>うそつきである</u>」
C：「Dは<u>うそつきである</u>」
D：「Eは<u>うそつきである</u>」
E：「AとBは<u>2人ともうそつきである</u>」

【解答】

Aの発言よりAとBの真偽は逆である。同様にB〜Dの発言からBとC，CとD，DとEの真偽は逆である。

グループ①	A，C，E
グループ②	B，D

また，AとBの真偽は逆なのでEの発言は「偽」になる。つまり，①が「うそつき」，②が「正直者」となる。　　　正答　2人

操作の手順

移動問題

川渡り問題 → 川岸にいる人や物を一定の条件の付いた船等を利用して反対側に移動させる問題。一度に複数乗れるものを反対側から戻す役割にすればよい。

ハノイの塔 → 3つ杭があって1つの杭に大きさの違う円盤が大きい円盤から順に積み上げられており，この円盤を小さい円盤の上に大きな円盤を乗せないことをルールに他の杭に同じように移動させるのに必要な回数を問う問題。

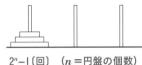

$$2^n - 1 （回）　（n ＝ 円盤の個数）$$

選別問題

偽コインなど，外見では区別できない物の中からてんびんを使って他と違うものを見つける問題。
※ M＝個数，n＝回数とする

求める1つが重いか軽いかがわかっているとき	$3^{n-1} < M \leqq 3^n$
求める1つが重いか軽いかがわからないとき	$3^{n-1} - 1 < 2M \leqq 3^n - 1$

軌跡

直線上の軌跡の特徴
多角形が回転する場合

円弧の個数	n角形の頂点の軌跡	n−1個の円弧を描く
		三角形の頂点の場合⇒2個
	n角形の内部の点の軌跡	n個の円弧を描く
		三角形の内部の点の場合⇒3個
円弧の中心角	図形の内角が鋭角	中心角が鈍角の軌跡を描く
	図形の内角が鈍角	中心角が鋭角の軌跡を描く

円が回転する場合

円の中心	転がる直線に平行な直線
円周上の1点	サイクロイド曲線

立体図形の分割と構成

立体の平面での表し方
数量を知りたいとき → 平面図で数量を記入する。

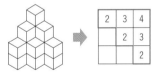

内部を知りたいとき → スライスする。

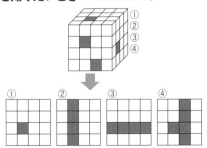

表面を知りたいとき → 平面グラフで表す。

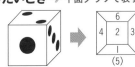

平面図形の分割と構成

図形の個数

- 図形の線や点を基準線（点）として数える。
- 大きさを分類して順番に数える。
- 整った形の図形であれば計算で求めることができるときもある。

【例題】

図のように平行四辺形を 3 本の斜めの平行線，7 本の横の平行線で区切ったとき，その中にできるすべての平行四辺形はいくつか。

【解答】

縦の線 2 本，横の線 2 本によって囲まれたところに平行四辺形ができる。

- 縦に 5 本並んでいる線の中で 2 本の選び方は，
  $_5C_2 = 10$ 通り　……①
- 横に 9 本並んでいる線の中で 2 本の選び方は，
  $_9C_2 = 36$ 通り　……②

①②より，囲み方は全部で $10 \times 36 = 360$ 通り（個）となる。

正答　360 個

一筆書き

奇点数が 0 個	一筆書きができ，始点と終点が同一となる
奇点数が 2 個	一筆書きができ，始点と終点が異なる

数量の推理

解法

① 表や図（線分図，ベン図，樹形図など）を利用して条件を見やすく整理する
② 合計数を利用する

【例題】

30 人の生徒が 3 問のテストを受けた。1 問目が 2 点，2 問目が 3 点，3 問目が 5 点で，全部で10 点満点であった。1 問目の正解者数は 22 人，2 問目の正解者数が 18 人，3 問目の正解者数が 14 人であった。合計得点が 5 点である生徒は最大で何人か。

【解答】

5 点の人をできるだけ多くするには，1 問目と 2 問目の両方の正解者を多くして，かつ 3 問目のみの正解者を多くすればよい。その状況を線分図でまとめる。

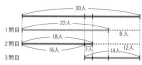

これより，5 点の最大人数は 1 問目と 2 問目のみを正解している16 人と 3 問目のみを正解している 8 人を合わせた24 人となる。

正答　24 人

投影図

投影図の表し方

実際に見える段差	実線
向こう側に存在している段差	点線

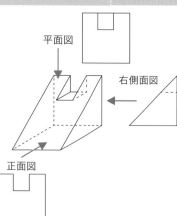

平面図

右側面図

正面図

投影図の解法 → 実際に立体をイメージして作図をするのは難しい。図形の特徴（上図でいうと上部の凹み）をとらえて，その特徴が反映されているかをチェックして消去法で選択肢を絞っていく。

円の回転数

公式

大円：小円の半径の比が大円：小円＝ m ：1 のとき

大円の外部を移動するとき → 大円の周りを 1 周する間に小円は $m + 1$ 回転する。

大円の内部を移動するとき → 大円の周りを 1 周する間に小円は $m - 1$ 回転する。

【例題】

円 B の直径は円 A の 3 倍であり，円 B に円 A が内接している。円 A が円 B の内側を滑ることなく転がるとした場合，円 B の内側を半周したとき，円 A の矢印はどのような向きになっているか。

【解答】

大円：小円の半径の比が 3：1 で，大円の内部を小円が転がっているので，大円の内部を 1 周する間に小円は $3 - 1 = 2$ 回転している。本問は $\frac{1}{2}$ 周転がっているので，2 回転/周× $\frac{1}{2}$ 周＝ 1 回転となり，スタート地点と同じ向きになる。

正答　↑

立体の切断

切断のポイント
- 同一面上の2点間は直線で結ばれる。
- 平行面の切断線は平行になる。

代表的な切断面
立方体　※正五角形は作ることができない。

正三角形　二等辺三角形　正方形　長方形　ひし形

平行四辺形　台形　五角形　正六角形

正八面体　※長方形，正五角形は作ることができない。

正方形　ひし形　台形

五角形　正六角形

商と余り

商と余りの公式

余りが同じとき	余りを引いて，公倍数を求める
不足数が同じとき	不足数を足して，公倍数を求める
余りも不足数も一致しないとき	具体的に書き並べて共通した数を見つけ，その数に割る数の公倍数を足す

【例題】

1,000より小さい正の整数のうち，4で割ると3余り，かつ5で割ると4余る数の個数を求めよ。

【解答】

求める整数をNとすると，Nに1を足すと，4でも5でも割り切れるので，

$N+1＝$4と5の公倍数

$＝20n$（nは正の整数）

$N＝20n-1$

となる。これが1000より小さい正の整数なので，

$0＜20n-1＜1000$

$\dfrac{1}{20}＜n＜50\dfrac{1}{20}$

よって，nは1から50までの整数なので50個ある。この数だけNが存在する。

正答　50個

仕事算，ニュートン算

仕事算

一定の期間に仕事をする速さや仕事の量について求める問題で，「仕事算＝速さ」として考える。

全体の仕事量
（距離）

単位時間当たりの仕事量
（速さ）

仕事の所要時間
（時間）

※（　）は速さでの考え方

ニュートン算

一定の割合で増える量と減る量があり，これによってもとの量がどのように変化するかを考える問題。

【例】

博物館の前に何人かが並んで開館を待っている。入口を開けると開館時刻のt分後に行列がなくなる。ただし，来館者は開館後も一定のペースでやってきており，また，すべての入口において入館していくペースは同一であるものとする。

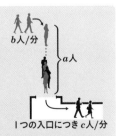

b人/分

a人

1つの入口につきc人/分

$\underset{a}{\text{もとの量}}＋\underset{b}{\text{増加する量}}×\underset{t}{\text{時間}}＝\underset{c}{\text{減少する量}}×\underset{t}{\text{時間}}$

速さ・距離・時間

基本公式

速さ×時間＝距離

速さの比

一定の速さで進むとき	距離の比＝時間の比
同じ時間進むとき	速さの比＝距離の比
同じ距離進んだとき	速さの比＝時間の逆比

旅人算
＊AがBより速い場合

追いかけ算	2人の間の距離 ＝（Aの速さ－Bの速さ）×時間
出会い算	2人の間の距離 ＝（Aの速さ＋Bの速さ）×時間

通過算

通過に要する時間＝	$\dfrac{鉄橋の長さ＋列車の長さ}{列車の速さ}$

流水算

下りの速さ	静水時での船の速さ＋流速
上りの速さ	静水時での船の速さ－流速

濃度算，利益算，時計算

濃度算

溶質の量が変わらない点に着目して方程式を作る。

$$濃度(\%) = \frac{溶質の質量}{溶液の質量} \times 100$$

$$溶質の質量 = 溶液の質量 \times \frac{濃度(\%)}{100}$$

利益算

原価（＝仕入値），定価，売価，利益の関係を問うもので，

利益＝売上総額−仕入総額

● ただし，
売上総額＝売価$_1$×個数$_1$＋売価$_2$×個数$_2$＋…
仕入総額＝原価×個数
として考える。

時計算

長針の速さ	1分間に 6°
短針の速さ	1分間に 0.5°
長針と短針の間の相対速度	6−0.5 ＝ 1分間に 5.5°

展開図

重なる辺

① 最小の角度になる 2 辺は重なり合う。
最小の角度

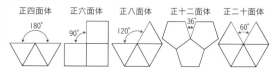

正四面体　180°　　正六面体　90°　　正八面体　120°　　正十二面体　36°　　正二十面体　60°

② 重なる辺の隣の辺どうしも重なり合う。
③ ②の隣どうしも重なり合う（2つの面が重なる辺は1つのみなので，2つ以上になったときは内側が優先される）。

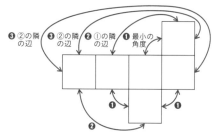

③②の隣の辺　③②の隣の辺　②①の隣の辺　①最小の角度

平行面

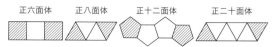

正六面体　　正八面体　　正十二面体　　正二十面体

速さでのダイヤグラムの利用

ダイヤグラムの書き方

● 縦軸に「距離」，横軸に「時間」を書く。
● 線の傾きが「速さ」。

傾き	速さ
急	速い
緩やか	遅い

ダイヤグラムのパターン

すれ違い

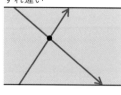

追い越し

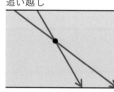

往復

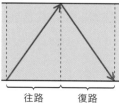

往路　　復路

周回

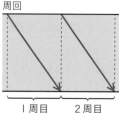

1周目　　2周目

集合算

解法

集合算は，次の2点に注意してまとめなければならない。

(1) 条件を見やすい図表にまとめる
(2) 合計数に着目して式を作る

(1)の条件のまとめ方には，以下の3通りがある。

条件のまとめ方

ベン図 → 選択した個数が条件になっている問題は，ベン図がまとめやすい。
表・樹形図 → 男女，合否など条件が2択に分かれていく問題は，表や樹形図を使ったほうがまとめやすい。
線分図 → 「少なくとも〜人」のように数に幅がある問題は，線分図でまとめるとよい。

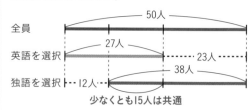

全員　50人
英語を選択　27人　23人
38人
独語を選択　12人
少なくとも15人は共通

記数法

記数法の基本法則

n 進法	使用する数字：$0 \sim (n-1)$
	使用する数字の個数：n 個

10進法とn進法の変換方法

n進法→10進法の変換
n 進法では，下のケタから，n^0の位，n^1の位，n^2の位，n^3の位を表しているので，各位にその個数を掛けて足すと求めることができる。たとえば，4 進法の301を10進法に変換するには，次のように計算する。

$$301_{(4)} = 4^0 \times 1 + 4^1 \times 0 + 4^2 \times 3$$
$$= 1 + 0 + 48$$
$$= 49_{(10)}$$

10進法→n進法の変換
10進法表記をnで順に割って，余りを逆順に並べる。たとえば，10進法の49を4 進法に変換するには，以下のように考える。

```
4 ) 49
4 ) 12 … 1
    3 … 0
```

10進法の49は4 進法では$301_{(4)}$と表せる。

場合の数①

順列 → n 個の異なるものからr 個を取って一列に並べる数え方を，「n 個からr 個取る順列」といい，そのすべての順列の数を$_nP_r$で表す。このとき，次の等式が成り立つ。

$$_nP_r = \frac{n!}{(n-r)!} \quad (ただし，r \leq n)$$
$$_nP_n = n! \quad (n の階乗)$$

● 計算方法

組合せ → n 個の異なるものからr 個を取り出す数え方を，「n 個からr 個取る組合せ」といい，そのすべての組合せの数を$_nC_r$で表す。このとき，次の等式が成り立つ。

$$_nC_r = \frac{_nP_r}{r!} = \frac{n!}{(n-r)!\,r!} \quad (n \geq r)$$

● 計算方法

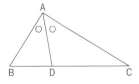

● $_nC_r$の性質
$$_nC_r = {}_nC_{n-r}$$

確率

基本定理

加法定理 → ある試行によって起こる事象A，Bがあって，AとBが同時には起こらないとき，AまたはBの起こる確率については，

$$P(A \cup B) = P(A) + P(B)$$

乗法定理 → 事象A，Bが互いに相手の起こりうる場合に影響を与えないとき，A，Bともに起こる確率については，

$$P(A \cap B) = P(A) \times P(B)$$

余事象の確率

Aの起こる確率＝1－（Aの起こらない確率）
● Aの起こる確率よりも，Aの起こらない確率を計算するほうが解きやすいタイプの問題で有効である。
● 余事象の確率の問題は，問題文中に「少なくとも〜」という言葉が使われていることが多い。

条件付き確率（ベイズの定理）

1つの試行において2つの事象A，Bを考えるとき，Aが起こったという条件の下でBが起こる条件付き確率は，

$$P_A(B) = \frac{P(A \cap B)}{P(A)}$$

平面図形の計量②

重心 → 三角形の3 本の中線の交点(重心) は，それぞれの中線を2：1に内分する。下図において

AG：GD＝BG：GE＝CG：GF＝2：1

内角の2 等分線 → 下図で∠BAD＝∠CADのとき，

AB：AC＝BD：CD

面積比

高さが等しい三角形	底辺の長さの比＝面積比
相似比	相似比が$a：b$である相似な図形 ● 面積の比は$a^2：b^2$ ● 体積比は$a^3：b^3$

場合の数②

円順列 → n 個の異なるものを円形に並べる場合，以下のようになる。

$$(n-1)! \ 〔通り〕$$

数珠順列（じゅず） → 円順列の中でも裏返しができる場合，以下のようになる。

$$\frac{(n-1)!}{2} \ 〔通り〕 \quad (3 \leqq n)$$

同じものを含む順列 → n 個のものの中に，p 個の同じもの，q 個の他の同じもの，r 個の他の同じもの，……があるとき，これらの n 個のものを一列に並べる順列の数は，同じものの並び方の個数だけ重複して数えているので，以下のように表される。

$$\frac{n!}{p! \, q! \, r! \cdots} \quad (ただし， p+q+r+\cdots=n)$$

数列

等差数列 → ある数から始まって次々と一定の数を加えている数列を等差数列といい，加える一定の数を公差という。

等差数列の一般項	初項 a_1，公差 d の等差数列の第 n 項を a_n とすれば，一般項は，$a_n = a_1 + d(n-1)$
等差数列の和	初項 a_1，末項 a_n，項数 n のとき，第 n 項までの和 S_n は，$S_n = \dfrac{n(a_1 + a_n)}{2}$

等比数列 → ある数から始まって，次々と一定数を掛けている数列を等比数列といい，掛ける一定の数を公比という。

等比数列の一般項	初項 a_1，公比 r の等比数列の一般項 a_n は，$a_n = a_1 r^{n-1}$
等比数列の和	初項 a_1，公比 r，項数 n のとき，第 n 項までの和 S_n は，$S_n = \dfrac{a_1(1-r^n)}{1-r} = \dfrac{a_1(r^n-1)}{r-1}$ $(r \neq 1 \ のとき)$ $S_n = na_1 \quad (r=1 \ のとき)$

フィボナッチ数列 → 前の 2 数の和が次の項の数字になっている。

$$a_n = a_{n-2} + a_{n-1} \quad (n \geq 3)$$

立体図形の計量

立体の体積の基本公式

柱体		錐体	
角柱	円柱	角錐	円錐
$V = Sh$	$V = \pi r^2 h$	$V = \dfrac{1}{3} Sh$	$V = \dfrac{1}{3} \pi r^2 h$

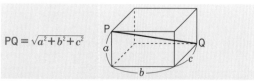

※「l」のことを「母線」という

球の体積，表面積 → 球の半径を r とすると，

体積	$V = \dfrac{4}{3} \pi r^3$
表面積	$S = 4\pi r^2$

2 点間の直線距離

$$PQ = \sqrt{a^2 + b^2 + c^2}$$

平面図形の計量①

角度

n 角形の内角の和	$(n-2) \times 180°$
多角形の外角の和	$360°$

三角形の相似 → $\triangle ABC \backsim \triangle A'B'C'$ ならば，

$$a : b = a' : b'$$
$$a : a' = b : b'$$

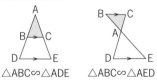

● 相似の出題 3 パターン

$\triangle ABC \backsim \triangle ADE$ $\qquad$ $\triangle ABC \backsim \triangle AED$ $\qquad$ $\triangle ABC \backsim \triangle CDB$

三平方の定理 → 右の図のような直角三角形で，
$$c^2 = a^2 + b^2$$
が成り立つ。

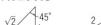

● 代表的な比

大卒程度公務員試験［一次試験情報］をお寄せください！

弊社では，次の要領で大卒・短大卒程度公務員試験の一次試験情報，二次試験情報（面接試験などの情報）を募集しています。
受験後ご記憶の範囲でけっこうですので，事務系・技術系問わず，ぜひとも情報提供にご協力ください。

☆募集内容　地方上・中級，市役所上・中級，大卒・短大卒警察官，その他各種公務員試験，国立大学法人等職員採用試験の実際
　　問題・科目別出題内訳等

※問題の持ち帰りができる試験については，情報をお寄せいただく必要はありません。ただし，地方公務員試験のうち，東京都，
　　特別区，警視庁，東京消防庁以外の試験問題が持ち帰れた場合には，現物またはコピーをお送りください。

☆ご謝礼　情報内容の程度により，ご謝礼を進呈いたします。

☆送り先　なるべく Google フォーム（アンケート形式）をご利用ください。右の二次元コードを読み込んで
　　いただくと，一次試験情報提供用の Google フォームが開きます。下記とほぼ同じ内容を入力してそのまま
　　ご送信いただけます。E-mail，郵送でも受け付けています。[E-mail の場合] juken-j@jitsumu.co.jp
　　[郵送の場合] 〒 163-8671　新宿区新宿 1-1-12　（株）実務教育出版　「試験情報係」

〒＿＿＿＿＿＿＿＿＿　住所＿＿＿＿＿＿＿＿＿＿＿＿＿＿＿＿＿＿＿＿＿＿＿＿＿＿＿＿＿＿

氏名＿＿＿＿＿＿＿＿＿＿＿＿＿　TEL または E-mail アドレス＿＿＿＿＿＿＿＿＿＿＿＿＿＿

●受験した試験名・試験区分 （県・市および上・中級の別も記入してください。例：○○県上級・行政）

＿＿＿＿＿＿＿＿＿＿＿＿＿＿＿＿＿＿＿＿＿＿＿

●一次試験日　＿＿＿＿年＿＿＿＿月＿＿＿＿日

●試験構成・試験時間・出題数

・教養＿＿＿＿分＿＿＿＿問（うち必須＿＿＿＿問，選択＿＿＿＿問のうち＿＿＿＿問解答）

・専門（択一式）＿＿＿＿分＿＿＿＿問（うち必須＿＿＿＿問，選択＿＿＿＿問のうち＿＿＿＿問解答）

・適性試験（事務適性）＿＿＿＿分＿＿＿＿形式＿＿＿＿題

> 内容（各形式についてご自由にお書きください）

・適性検査（性格検査）（クレペリン・Y-G 式・そのほか〔　　　　　　　〕）＿＿＿＿分＿＿＿＿題

・論文＿＿＿＿分＿＿＿＿題（うち＿＿＿＿題解答）＿＿＿＿字→＿＿＿＿次試験で実施

> 課題

・その他（SPI3，SCOA など）

> 内容（試験の名称と試験内容について，わかる範囲でお書きください。例：○○分，○○問。テストセンター方式等）

●受験した試験名・試験区分 （県・市および上・中級の別も記入してください。例：○○県上級・行政）

●教養試験の試験時間・出題数

_____分_____問（うち必須：No._____～No._____, 選択：No._____～No._____のうち_____問解答）

●教養試験科目別出題数　※表中にない科目名は空欄に書き入れてください。

科目名	出題数	科目名	出題数	科目名	出題数	科目名	出題数
政　　治	問	世界史	問	物　　理	問	判断推理	問
法　　律	問	日本史	問	化　　学	問	数的推理	問
経　　済	問	文学・芸術	問	生　　物	問	資料解釈	問
社　　会	問	思　　想	問	地　　学	問		問
地　　理	問	数　　学	問	文章理解	問		問

●専門試験（択一式）の試験時間・出題数

_____分_____問（うち必須：No._____～No._____, 選択：No._____～No._____のうち_____問解答）

●専門試験科目別出題数　※表中にない科目名は空欄に書き入れてください。

科目名	出題数	科目名	出題数	科目名	出題数	科目名	出題数	科目名	出題数
政治学	問	憲　　法	問	労働法	問	経済事情	問		問
行政学	問	行政法	問	経済原論	問	経営学	問		問
社会政策	問	民　　法	問	財政学	問		問		問
国際関係	問	商　　法	問	経済政策	問		問		問
社会学	問	刑　　法	問	経済史	問		問		問

問題文 （教養・専門, 科目名　　　　　　　　　　）

選択肢 1

2

3

4

5

●**受験した試験名・試験区分** （県・市および上・中級の別も記入してください。例：○○県上級・行政）

問題文 （教養・専門，科目名　　　　　　　　　）

選択肢 1

2

3

4

5

問題文 （教養・専門，科目名　　　　　　　　　）

選択肢 1

2

3

4

5

大卒程度公務員試験［二次試験情報］をお寄せください！

☆**募集内容** 国家総合職・一般職・専門職，地方上・中級，市役所上・中級，大卒・短大卒警察官，その他各種公務員試験，国立大学法人等採用試験の論文試験・記述式試験・面接等

（※問題が公開されている試験の場合は，面接試験〈官庁訪問含む〉の情報のみお書きください）

☆**送り先** なるべく Google フォーム（アンケート形式）をご利用ください。右の二次元コードを読み込んでいただくと，二次試験情報提供用の Google フォームが開きます（一次試験情報とは別のフォームです）。
E-mail，郵送でも受け付けています。送り先，ご謝礼については一次試験情報と同様です。

〒＿＿＿＿＿＿＿＿＿ 住所＿＿＿＿＿＿＿＿＿＿＿＿＿＿＿＿＿＿＿＿＿＿＿＿＿＿

氏名＿＿＿＿＿＿＿＿＿＿ TEL または E-mail アドレス＿＿＿＿＿＿＿＿＿＿＿＿＿

●**受験した試験名・試験区分**（県・市および上・中級の別も記入してください。例：○○県上級・行政）

＿＿＿＿＿＿＿＿＿＿＿＿＿＿＿＿＿＿＿ **結果：**合格・不合格・未定

●**二次試験日** ＿＿＿年＿＿＿月＿＿＿日

●**試験内容**（課された試験には ✓ 印を）

□論文＿＿＿分＿＿＿題＿＿＿字 課題＿＿＿＿＿＿＿＿＿＿＿＿＿＿＿＿＿＿＿＿＿

□人物試験 □個別面接（試験官＿＿＿人，時間＿＿＿分）

　　　　　□集団面接（受験者＿＿＿人，試験官＿＿＿人，時間＿＿＿分）

□集団討論（受験者＿＿＿人，試験官＿＿＿人，時間＿＿＿分，面接会場＿＿＿＿＿＿＿＿＿）

□その他＿＿＿＿＿＿＿＿＿＿＿＿＿＿＿＿＿＿＿＿＿＿＿＿＿＿＿＿＿＿＿＿＿＿＿

（以下は官庁訪問の場合）

●**官庁訪問先** ＿＿＿＿＿＿＿＿ ●**官庁訪問の回数** ＿＿＿回

●**官庁訪問 1 回目**

面接（訪問）日＿＿＿月＿＿＿日，面接会場＿＿＿，面接形態：個別・集団＿＿＿人

面接官＿＿＿＿＿＿＿＿＿人（例：大学 OB・1 人），面接時間＿＿＿分

●**官庁訪問 2 回目**

面接（訪問）日＿＿＿月＿＿＿日，面接会場＿＿＿，面接形態：個別・集団＿＿＿人

面接官＿＿＿＿＿＿＿＿＿人（例：人事担当・2 人），面接時間＿＿＿分 ※第 3 回以降がある場合は同様に

●**人物試験・官庁訪問の内容**（個別面接・集団面接・集団討論・グループワーク・プレゼンテーション）

●**人物試験・官庁訪問の感想など**

実務教育出版の通信講座　**2024**年度試験対応

公務員通信講座

通信講座の
お申し込みは
インターネットで！

●申込受付期間● 2023年4月1日〜2024年3月31日 ※®以外

忙しくても通信講座ならできる！

「公務員合格講座」の特徴

67年の伝統と実績

実務教育出版は、67年間におよび公務員試験の問題集・参考書・情報誌の発行や模擬試験の実施、全国の大学・専門学校などと連携した教室運営などの指導を行っています。その積み重ねをもとに作られた、確かな教材と個人学習を支える指導システムが「公務員合格講座」です。公務員として活躍する数多くの先輩たちも活用した伝統ある「公務員合格講座」です。

時間を有効活用

「公務員合格講座」なら、時間と場所に制約がある通学制のスクールとは違い、生活スタイルに合わせて、限られた時間を有効に活用できます。通勤時間や通学時間、授業の空き時間、会社の休憩時間など、今まで利用していなかったスキマ時間を有効に活用できる学習ツールです。

取り組みやすい教材

「公務員合格講座」の教材は、まずテキストで、テーマ別に整理された頻出事項を理解し、次にワークで、テキストと連動した問題を解くことで、解法のテクニックを確実に身につけていきます。

初めて学ぶ科目も、基礎知識から詳しく丁寧に解説しているので、スムーズに理解することができます。

実戦力がつく学習システム

「公務員合格講座」では、習得した知識が実戦で役立つ「合格力」になるよう、数多くの演習問題で重要事項を何度も繰り返し学習できるシステムになっています。特に、eラーニング［Jトレプラス］は、実戦力養成のカギになる豊富な演習問題の中から学習進度に合わせ、テーマや難易度をチョイスしながら学習できるので、効率的に「解ける力」が身につきます。

eラーニング

［Jトレプラス］

豊富な試験情報

公務員試験を攻略するには、まず公務員試験のことをよく知ることが必要不可欠です。受講生専用の［Jトレプラス］では、各試験の概要一覧や出題内訳など、試験の全体像を把握でき、ベストな学習プランが立てられます。

また、実務教育出版の情報収集力を結集し、最新試験情報や学習対策コンテンツなどを随時アップ！　さらに直前期には、最新の時事を詳しく解説した「直前対策ブック」もお届けします。

※KCMのみ

親切丁寧なサポート体制

受験に関する疑問や、学習の進め方や学科内容についての質問には、専門の指導スタッフが一人ひとりに親身になって丁寧にお答えします。模擬試験や添削課題では、客観的な視点からアドバイスをします。そして、受講生専用サイトやメルマガでの受講生限定の情報提供など、あらゆるサポートシステムであなたの学習を強力にバックアップしていきます。

受講生専用サイト

受講生専用サイトでは、公務員試験ガイドや最新の試験情報など公務員合格に必要な情報を利用しやすくまとめていますので、ぜひご活用ください。また、お問い合わせフォームからは、質問や書籍の割引購入などの手続きができるので、各種サービスを安心してご利用いただけます。

受講生専用メルマガも配信中！！

志望職種別　講座対応表

各コースの教材構成をご確認ください。下の表で志望する試験区分に対応したコースを確認しましょう。

	教材構成			
	教養試験対策	専門試験対策	論文対策	面接対策
K 大卒程度 公務員総合コース［教養＋専門行政系］	●	●行政系	●	●
C 大卒程度 公務員総合コース［教養のみ］	●		●	●
L 大卒程度 公務員択一攻略セット［教養＋専門行政系］	●	●行政系		
D 大卒程度 公務員択一攻略セット［教養のみ］	●			
M 経験者採用試験コース	●		●	●
N 経験者採用試験［論文・面接試験対策］コース			●	●
R 市役所教養トレーニングセット［大卒程度］	●		●	●

		試験名［試験区分］	対応コース
国家公務員試験	国家一般職［大卒程度］	行政	教養*3＋専門対策 → **K L**　教養*3対策 → **C D**
		技術系区分	教養*3対策 → **C D**
	国家専門職［大卒程度］	国税専門官／財務専門官	教養*3＋専門対策 → **K L** *4　教養*3対策 → **C D**
		皇宮護衛官［大卒］／法務省専門職員（人間科学）／食品衛生監視員／労働基準監督官／航空管制官／海上保安官／外務省専門職員	教養*3対策 → **C D**
	国家特別職［大卒程度］	防衛省 専門職員／裁判所 総合職・一般職［大卒］／国会図書館 総合職・一般職［大卒］／衆議院 総合職［大卒］・一般職［大卒］／参議院 総合職	教養*3対策 → **C D**
	国立大学法人等職員		教養対策 → **C D**
地方公務員試験	都道府県特別区（東京23区）政令指定都市*2市役所［大卒程度］	事務（教養＋専門）	教養＋専門対策 → **K L**
		事務（教養のみ）	教養対策 → **C D R**
		技術系区分、獣医師 薬剤師 保健師など資格免許職	教養対策 → **C D R**
		経験者	教養＋論文＋面接対策 → **M**　論文＋面接対策 → **N**
	都道府県政令指定都市*2市役所［短大卒程度］	事務（教養＋専門）	教養＋専門対策 → **K L**
		事務（教養のみ）	教養対策 → **C D**
	警察官	大卒程度	教養＋論文対策 → *5
	消防官（士）	大卒程度	教養＋論文対策 → *5

＊1 地方公務員試験の場合、自治体によっては試験の内容が対応表と異なる場合があります。
＊2 政令指定都市…札幌市、仙台市、さいたま市、千葉市、横浜市、川崎市、相模原市、新潟市、静岡市、浜松市、名古屋市、京都市、大阪市、堺市、神戸市、岡山市、広島市、北九州市、福岡市、熊本市。
＊3 国家公務員試験では、教養試験のことを基礎能力試験としている場合があります。
＊4 国税専門官、財務専門官は **K**「大卒程度 公務員総合コース［教養＋専門行政系］」、**L**「大卒程度 公務員択一攻略セット［教養＋専門行政系］」に「新スーパー過去問ゼミ 会計学」（有料）をプラスすると試験対策ができます（ただし、商法は対応しません）。
＊5 警察官・消防官の教養＋論文対策は、「警察官 スーパー過去問セット［大卒程度］」「消防官 スーパー過去問セット［大卒程度］」をご利用ください（巻末広告参照）。

大卒程度 公務員総合コース
[教養＋専門行政系]

膨大な出題範囲の合格ポイントを的確にマスター！

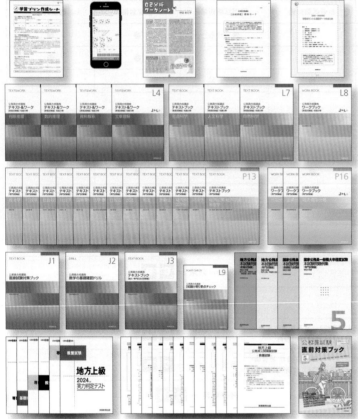

※表紙デザインは変更する場合があります

教材一覧

- ●受講ガイド（PDF）
- ●学習プラン作成シート
- ●テキスト＆ワーク［教養試験編］知能分野（4冊）
  判断推理、数的推理、資料解釈、文章理解
- ●テキストブック［教養試験編］知識分野（3冊）
  社会科学［政治、法律、経済、社会］
  人文科学［日本史、世界史、地理、文学・芸術、思想］
  自然科学［数学、物理、化学、生物、地学］
- ●ワークブック［教養試験編］知識分野
- ●数学の基礎確認ドリル
- ●［知識分野］要点チェック
- ●テキストブック［専門試験編］（13冊）
  政治学、行政学、社会政策、社会学、国際関係、法学・憲法、
  行政法、民法、刑法、労働法、経済原論（経済学）・国際
  経済学、財政学、経済政策・経済学史、経営学
- ●ワークブック［専門試験編］（3冊）
  行政分野、法律分野、経済・商学分野
- ●テキストブック［論文・専門記述式試験編］
- ●面接試験対策ブック
- ●実力判定テスト ★（試験別 各1回）
  地方上級［教養試験、専門試験、論文・専門記述式試験（添削2回）］
  国家一般職大卒［基礎能力試験、専門試験、論文試験（添削2回）］
  市役所上級［教養試験、専門試験、論・作文試験（添削2回）］
  ＊教養、専門は自己採点 ＊論文・専門記述式・作文は計6回添削
- ●添削課題）面接カード（2回）
- ●自己分析ワークシート
- ●［時事・事情対策］学習ポイント＆重要テーマのまとめ（PDF）
- ●公開模擬試験 ★（試験別 各1回）＊マークシート提出
  地方上級［教養試験、専門試験］
  国家一般職大卒［基礎能力試験、専門試験］
  市役所上級［教養試験、専門試験］
- ●本試験問題例集（試験別過去問1年分 全4冊）
  令和5年度 地方上級［教養試験編］★
  令和5年度 地方上級［専門試験編］★
  令和5年度 国家一般職大卒［基礎能力試験編］★
  令和5年度 国家一般職大卒［専門試験編］★
  ※平成20年度～令和5年度分は、［Jトレプラス］に収録
- ●6年度 直前対策ブック★
- ●eラーニング［Jトレプラス］

★印の教材は、発行時期に合わせて送付（詳細は受講後にお知らせします）。

教養・専門・論文・面接まで対応

行政系の大卒程度公務員試験に出題されるすべての教養科目と専門科目、さらに、論文・面接対策教材までを揃え、最終合格するために必要な知識とノウハウをモレなく身につけることができます。また、汎用性の高い教材構成ですから、複数試験の併願対策もスムーズに行うことができます。

出題傾向に沿った効率学習が可能

出題範囲をすべて学ぼうとすると、どれだけ時間があっても足りません。本コースでは過去数十年にわたる過去問研究の成果から、公務員試験で狙われるポイントだけをピックアップ。要点解説と問題演習をバランスよく構成した学習プログラムにより初学者でも着実に合格力を身につけることができます。

受講対象	大卒程度 一般行政系・事務系の教養試験（基礎能力試験）および専門試験対策 [都道府県、特別区（東京23区）、政令指定都市、市役所、国家一般職大卒 など]	申込受付期間	2023年4月1日～2024年3月31日
		学習期間のめやす	**6か月** 学習期間のめやすです。個人のスケジュールに合わせて、長くも短くも調整することが可能です。試験本番までの期間を考慮し、ご自分に合った学習計画を立ててください。
受講料	**91,300円** （本体83,000円＋税 教材費・指導費等を含む総額）※受講料は2023年4月1日現在のものです。	受講生有効期間	2025年10月31日まで

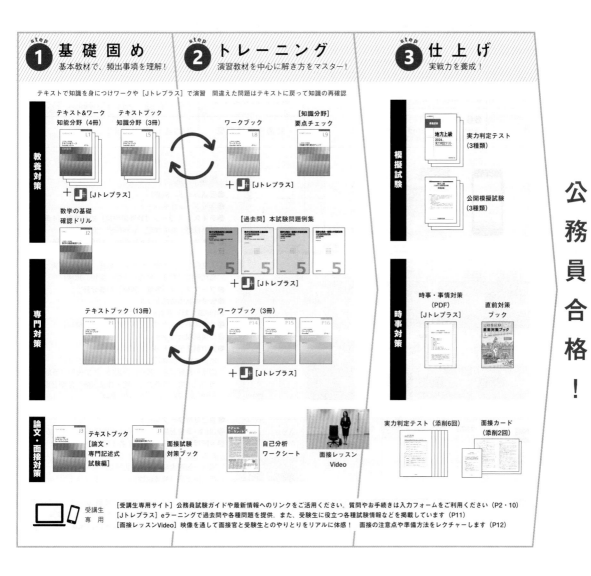

step 1 基礎固め 基本教材で、頻出事項を理解！
step 2 トレーニング 演習教材を中心に解き方をマスター！
step 3 仕上げ 実戦力を養成！

テキストで知識を身につけワークや［Jトレプラス］で演習　間違えた問題はテキストに戻って知識の再確認

教養対策
テキスト&ワーク 知能分野（4冊）
テキストブック 知識分野（3冊）
＋ [Jトレプラス]
数学の基礎 確認ドリル
ワークブック
[知識分野] 要点チェック
＋ [Jトレプラス]
【過去問】本試験問題例集
＋ [Jトレプラス]

専門対策
テキストブック（13冊）
ワークブック（3冊）
＋ [Jトレプラス]

論文・面接対策
テキストブック [論文・専門記述式試験編]
面接試験対策ブック
自己分析ワークシート
面接レッスン Video

模擬試験
実力判定テスト（3種類）
公開模擬試験（3種類）

時事対策
時事・事情対策（PDF）[Jトレプラス]
直前対策ブック
実力判定テスト（添削6回）
面接カード（添削2回）

公務員合格！

受講生専用
［受講生専用サイト］公務員試験ガイドや最新情報へのリンクをご活用ください。質問やお手続きは入力フォームをご利用ください（P2・10）
［Jトレプラス］eラーニングで過去問や各種問題を提供。また、受験生に役立つ各種試験情報などを掲載しています（P11）
［面接レッスンVideo］映像を通して面接官と受験生とのやりとりをリアルに体感！　面接の注意点や準備方法をレクチャーします（P12）

success voice!!

試験情報が充実していて面接対策もできる点から実務教育出版の通信講座を選びました

安藤 佳乃 さん
東京学芸大学卒業

特別区Ⅰ類【一般方式】事務 合格

　私が公務員を目指し始めたのは、大学3年生の10月でした。筆記試験まで7か月しか時間がなかったため、アルバイトや授業の空き時間に効率よく勉強ができる通信講座で対策することに決めました。その中でも、試験情報が充実している点や面接対策もできる点から実務教育出版の通信講座を選びました。

　通信講座を始めるまでは何から勉強すればよいかわからず不安でした。しかし［Jトレプラス］に学習モデルプランが掲載されており、それを参考にスケジュールを立てることができたため、安心して勉強を進めることができました。得意科目は問題演習から始める、苦手科目や未履修科目はテキストをじっくり読むなど、教材の使い方を工夫できるのは、通信講座ならではのよさだと思います。授業の空き時間にテキストを1テーマ分読んだり、通学時間に電車で「Jトレプラス」で穴埋めチェックをしたりと、スキマ時間を活用し勉強しました。また、実力判定テストや公開模試は自分の今の実力を確認できるとてもよい機会でした。

　なかなか実力が伸びなかったり、友人が早い時期に民間企業に合格したりとあせる場面もたくさんありました。しかし、実務教育出版の教材と自分を信じて最後まで努力し続けた結果、合格することができました。皆さんも最後まであきらめずに頑張ってください。応援しています。

大卒程度 公務員総合コース
[教養のみ]

「教養」が得意になる、得点源にするための攻略コース!

受講対象	大卒程度 教養試験（基礎能力試験）対策 [一般行政系（事務系）、技術系、資格免許職を問わず、都道府県、特別区（東京23区）、政令指定都市、市役所、国家一般職大卒など]	申込受付期間	2023年4月1日～2024年3月31日
		学習期間のめやす	**6か月** 学習期間のめやすです。個人のスケジュールに合わせて、長くも短くも調整することが可能です。試験本番までの期間を考慮し、ご自分に合った学習計画を立ててください。
受講料	**66,000円** （本体60,000円＋税　教材費・指導費等を含む総額） ※受講料は、2023年4月1日現在のものです。	受講生有効期間	2025年10月31日まで

※表紙デザインは変更する場合があります

教材一覧

- ●受講ガイド（PDF）
- ●学習プラン作成シート
- ●テキスト＆ワーク［教養試験編］知能分野（4冊）
  判断推理、数的推理、資料解釈、文章理解
- ●テキストブック［教養試験編］知識分野（3冊）
  社会科学［政治、法律、経済、社会］
  人文科学［日本史、世界史、地理、文学・芸術、思想］
  自然科学［数学、物理、化学、生物、地学］
- ●ワークブック［教養試験編］知識分野
- ●数学の基礎確認ドリル
- ●［知識分野］要点チェック
- ●テキストブック［論文・専門記述試験編］
- ●面接試験対策ブック
- ●実力判定テスト ★（試験別 各1回）
  地方上級［教養試験、論文試験（添削2回）］
  国家一般職大卒［基礎能力試験、論文試験（添削2回）］
  市役所上級［教養試験、論・作文試験（添削2回）］
  ＊教養は自己採点　＊論文・作文は計6回添削
- ●［添削課題］面接カード（2回）
- ●自己分析ワークシート
- ●［時事・事情対策］学習ポイント＆重要テーマのまとめ（PDF）
- ●公開模擬試験 ★（試験別 各1回）＊マークシート提出
  地方上級［教養試験］
  国家一般職大卒［基礎能力試験］
  市役所上級［教養試験］
- ●本試験問題例集（試験別過去問 1年分 全2冊）
  令和5年度 地方上級［教養試験編］
  令和5年度 国家一般職大卒［基礎能力試験編］★
  ※平成20年度～令和5年度分は、［Jトレプラス］に収録
- ●6年度 直前対策ブック★
- ●eラーニング［Jトレプラス］
  ★印の教材は、発行時期に合わせて送付します（詳細は受講後にお知らせします）

success voice!!

大卒程度 公務員択一攻略セット

[教養＋専門行政系]

教養＋専門が効率よく攻略できる

受講対象	**大卒程度 一般行政系・事務系の教養試験（基礎能力試験）および専門試験対策** ［都道府県、政令指定都市、特別区（東京23区）、市役所、国家一般職大卒など］
受講料	**60,500円** （本体 55,000円＋税　教材費・指導費等を含む総額） ※受講料は2023年4月1日現在のものです。
申込受付期間	**2023年4月1日〜2024年3月31日**
学習期間のめやす	**6か月** 学習期間のめやすです。個人のスケジュールに合わせて、長くも短くも調整することが可能です。試験本番までの期間を考慮し、ご自分に合った学習計画を立ててください。
受講生有効期間	2025年10月31日まで

教材一覧

- ●受講ガイド
- ●テキスト＆ワーク［教養試験編］知能分野（4冊）
  判断推理、数的推理、資料解釈、文章理解
- ●テキストブック［教養試験編］知識分野（3冊）
  社会科学［政治、法律、経済、社会］
  人文科学［日本史、世界史、地理、文学・芸術、思想］
  自然科学［数学、物理、化学、生物、地学］
- ●ワークブック［教養試験編］知識分野
- ●数学の基礎確認ドリル
- ●［知識分野］要点チェック
- ●テキストブック［専門試験編］（13冊）
  政治学、行政学、社会政策、社会学、国際関係、法学・憲法、行政法、民法、刑法、労働法、経済原論（経済学）・国際経済学、財政学、経済政策・経済学史・経営学
- ●ワークブック［専門試験編］（3冊）
  行政分野、法律分野、経済・商学分野
- ●［時事・事情対策］学習ポイント&重要テーマのまとめ（PDF）
- ●過去問　※平成20年度〜令和5年度　［Jトレプラス］に収録
- ●eラーニング［Jトレプラス］

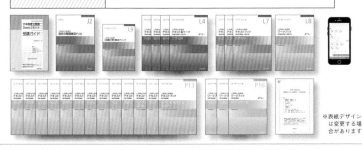

※表紙デザインは変更する場合があります

教材は K コースと同じもので、面接・論文対策、模試がついていません。

 大卒程度 公務員択一攻略セット

[教養のみ]

教養のみ効率よく攻略できる

受講対象	**大卒程度 教養試験（基礎能力試験）対策** ［一般行政系（事務系）、技術系、資格免許職を問わず、都道府県、政令指定都市、特別区（東京23区）、市役所、国家一般職大卒など］
受講料	**44,000円** （本体 40,000円＋税　教材費・指導費等を含む総額） ※受講料は2023年4月1日現在のものです。
申込受付期間	**2023年4月1日〜2024年3月31日**
学習期間のめやす	**6か月** 学習期間のめやすです。個人のスケジュールに合わせて、長くも短くも調整することが可能です。試験本番までの期間を考慮し、ご自分に合った学習計画を立ててください。
受講生有効期間	2025年10月31日まで

教材一覧

- ●受講ガイド
- ●テキスト＆ワーク［教養試験編］知能分野（4冊）
  判断推理、数的推理、資料解釈、文章理解
- ●テキストブック［教養試験編］知識分野（3冊）
  社会科学［政治、法律、経済、社会］
  人文科学［日本史、世界史、地理、文学・芸術、思想］
  自然科学［数学、物理、化学、生物、地学］
- ●ワークブック［教養試験編］知識分野
- ●数学の基礎確認ドリル
- ●［知識分野］要点チェック
- ●［時事・事情対策］学習ポイント&重要テーマのまとめ（PDF）
- ●過去問　※平成20年度〜令和5年度　［Jトレプラス］に収録
- ●eラーニング［Jトレプラス］

※表紙デザインは変更する場合があります

教材は C コースと同じもので、面接・論文対策、模試がついていません。

M 経験者採用試験コース

職務経験を活かして公務員転職を狙う教養・論文・面接対策コース！

POINT

広範囲の教養試験を頻出事項に絞って効率的な対策が可能！

8回の添削で論文力をレベルアップ
面接は、本番を想定した準備が可能！
面接レッスンVideoも活用しよう！

受講対象	民間企業等職務経験者・社会人採用試験対策
受講料	**77,000円** （本体70,000円＋税　教材費・指導費等を含む総額） ※受講料は、2023年4月1日現在のものです。
申込受付期間	**2023年4月1日～2024年3月31日**
学習期間のめやす	**6か月** 学習期間のめやすです。個人のスケジュールに合わせて、長くも短くも調整することが可能です。試験本番までの期間を考慮し、ご自分に合った学習計画を立ててください。
受講生有効期間	2025年10月31日まで

教材一覧

- ●受講ガイド（PDF）
- ●学習プラン作成シート
- ●論文試験 実際出題例
- ●テキスト＆ワーク［論文試験編］
- ●テキスト＆ワーク［教養試験編］知能分野（4冊）
  判断推理、数的推理、資料解釈、文章理解
- ●テキストブック［教養試験編］知識分野（3冊）
  社会科学［政治、法律、経済、社会］
  人文科学［日本史、世界史、地理、文学・芸術、思想］
  自然科学［数学、物理、化学、生物、地学］
- ●ワークブック［教養試験編］知識分野
- ●数学の基礎確認ドリル
- ●［知識分野］要点チェック
- ●面接試験対策ブック
- ●提出課題1（全4回）
  ［添削課題］論文スキルアップ No.1（職務経験論文）
  ［添削課題］論文スキルアップ No.2, No.3, No.4（一般課題論文）
- ●提出課題2（以下は初回答案提出後発送 全4回）
  再トライ用［添削課題］論文スキルアップ No.1（職務経験論文）
  再トライ用［添削課題］論文スキルアップ No.2, No.3, No.4（一般課題論文）
- ●実力判定テスト［教養試験］★（1回）※自己採点
- ●［添削課題］面接カード（2回）
- ●［時事・事情対策］学習ポイント&重要テーマのまとめ（PDF）
- ●本試験問題例集（試験別過去問1年分 全1冊）
  令和5年度 地方上級［教養試験編］★
  ※平成20年度～令和5年度分は、［Jトレプラス］に収録
- ●6年度 直前対策ブック★
- ●eラーニング［Jトレプラス］

★印の教材は、発行時期に合わせて送付します（詳細は受講後にお知らせします）。

※表紙デザインは変更する場合があります

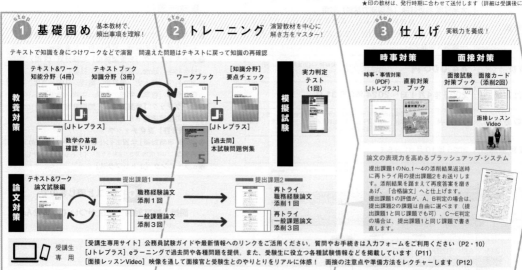

step1 基礎固め 基本教材で、頻出事項を理解！
step2 トレーニング 演習教材を中心に解き方をマスター！
step3 仕上げ 実戦力を養成！

公務員合格！

[受講生専用サイト] 公務員試験ガイドや最新情報へのリンクをご活用ください。質問やお手続きは入力フォームをご利用ください（P2・10）
[Jトレプラス] eラーニングで過去問など各種問題を提供。また、受験生に役立つ各種試験情報などを掲載しています（P11）
[面接レッスンVideo] 映像を通して面接官と受講生とのやりとりをリアルに体感！ 面接の注意点や準備方法をレクチャーします（P12）

経験者採用試験
［論文・面接試験対策］コース

経験者採用試験の論文・面接対策に絞って攻略！

POINT

8回の添削指導で
論文力をレベルアップ！

面接試験は、回答例を参考に
本番を想定した準備が可能！
面接レッスンVideoも活用しよう！

受講対象	民間企業等職務経験者・社会人採用試験対策
受講料	**38,500円** （本体 35,000円＋税　教材費・指導費等を含む総額） ※受講料は、2023年4月1日現在のものです。
申込受付期間	**2023年4月1日～2024年3月31日**
学習期間のめやす	**4か月** 学習期間のめやすです。個人のスケジュールに合わせて、長くも短くも調整することが可能です。試験本番までの期間を考慮し、ご自分に合った学習計画を立ててください。
受講生有効期間	2025年10月31日まで

教材一覧

- ●受講のてびき
- ●論文試験 実際出題例
- ●テキスト＆ワーク［論文試験編］
- ●面接試験対策ブック
- ●提出課題1（全4回）
  - ［添削課題］論文スキルアップ No.1（職務経験論文）
  - ［添削課題］論文スキルアップ No.2、No.3、No.4（一般課題論文）
- ●提出課題2（以下は初回答案提出後発送　全4回）
  - 再トライ用［添削課題］論文スキルアップ No.1（職務経験論文）
  - 再トライ用［添削課題］論文スキルアップ No.2、No.3、No.4（一般課題論文）
- ●［添削課題］面接カード（2回）
- ●［時事・事情対策］学習ポイント＆重要テーマのまとめ（PDF）
- ●eラーニング［Jトレプラス］

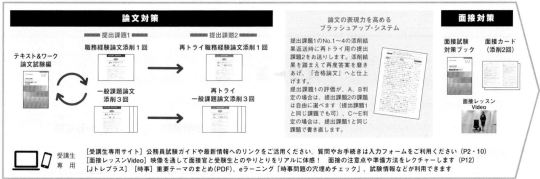

公務員合格！

[受講生専用サイト] 公務員試験ガイドや最新情報へのリンクをご活用ください。質問やお手続きは入力フォームをご利用ください（P2・10）
[面接レッスンVideo] 映像を通して面接官と受験生とのやりとりをリアルに体感！　面接の注意点や準備方法をレクチャーします（P12）
[Jトレプラス] [時事] 重要テーマのまとめ（PDF）、eラーニング「時事問題の穴埋めチェック」、試験情報などが利用できます

※『経験者採用試験コース』と『経験者採用試験［論文・面接試験対策］コース』の論文・面接対策教材は同じものです。
両方のコースを申し込む必要はありません。どちらか一方をご受講ください。

success voice!!

やるべきことの優先順位がつけやすかった教材のおかげで合格することができました

朝岡 紀匠 さん
名古屋工業大学大学院卒業

名古屋市役所職務経験者（行政A）合格

私は警察官としてやりがいを感じていましたが、行政職員として市民の生活を支援したいと思い、2度目の公務員試験に挑戦しました。

私が通信講座を選んだのは、自宅で自分のペースで取り組めるからです。妻は仕事と子育ての中、サポートしてくれましたが、働きながら予備校に通うことは難しいと感じ、警察官試験の時も利用し、使いやすかった実務教育出版の通信講座を選びました。

受験勉強を始めたのは6月頃で、第一志望の一次試験は9月下旬。とにかく時間がありませんでした。私は通勤時間に［知識分野］要点チェックを活用し、知識を増やすことにしました。時間がなかったため、頻出分野のみ取り組みました。ある程度暗記ができた後に、Jトレプラスで問題を解きました。知能分野は自宅で学習しましたが、頻出度が高い問題のみ取り組みました。

また、並行して論文対策と面接対策にも取り組みました。論文試験は前職の経験に関する課題が出題される傾向にあったため、まずは自分を振り返るために面接試験対策ブックを使って自分自身のことを整理しました。その後、テキスト＆ワーク［論文試験編］に取り組み、さらに添削課題も提出しました。私が受験した試験は面接試験が2回あり、その点数配分が最も大きく、次に大きいのが論文試験でした。なので、これらの対策ができたことが合格につながったのだと思います。

継続して取り組むのは自分自身との戦いになります。私は「1日にこれだけの問題数は必ずやる」という無理のない目標を決め習慣づけました。学習に取り組んでいる間は「これでいいのだろうか」という不安な気持ちがあると思います。しかし、頑張って取り組めばそれだけ合格は近づいてきます。自分自身を信じて頑張ってください。

2024年度試験対応
市役所教養トレーニングセット
[大卒程度]

大卒程度の市役所試験を徹底攻略！

受講対象	**大卒程度 市役所 教養試験対策** 一般行政系（事務系）、技術系、資格免許職を問わず、大卒程度 市役所
受講料	**29,700 円** （本体 27,000 円＋税　教材費・指導費等を含む総額） ※受講料は 2023 年 8 月 1 日現在のものです。
申込受付期間	**2023 年 8 月 1 日～ 2024 年 7 月 31 日**
学習期間のめやす	**3 か月** 学習期間のめやすです。個人のスケジュールに合わせて、長くも短くも調整することが可能です。試験本番までの期間を考慮し、ご自分に合った学習計画を立ててください。
受講生有効期間	2025 年 10 月 31 日まで

教材一覧

- ●受講ガイド（PDF）
- ●学習のモデルプラン
- ●テキスト＆ワーク [教養試験編] 知能分野（4 冊）
  判断推理、数的推理、資料解釈、文章理解
- ●テキストブック [教養試験編] 知識分野（3 冊）
  社会科学 [政治、法律、経済、社会]
  人文科学 [日本史、世界史、地理、文学・芸術、思想]
  自然科学 [数学、物理、化学、生物、地学]
- ●ワークブック [教養試験編] 知識分野
- ●数学の基礎確認ドリル
- ●[知識分野] 要点チェック
- ●面接試験対策ブック
- ●実力判定テスト★　※教養は自己採点
  市役所上級 [教養試験・専門試験・論文・作文試験（添削 2 回）]
- ●過去問（5 年分）
  [J トレプラス] に収録
- ●e ラーニング [J トレプラス]

※表紙デザインは変更する場合があります

質問回答

学習上の疑問は、指導スタッフが解決！

マイペースで学習が進められる自宅学習ですが、疑問の解決に不安を感じる方も多いはず。でも「公務員合格講座」なら、学習途上で生じた疑問に、指導スタッフがわかりやすく丁寧に回答します。手軽で便利な質問回答システムが、通信学習を強力にバックアップします！

質問の種類	**学科質問** 通信講座教材内容について わからないこと	**一般質問** 志望先や学習計画に 関することなど
回数制限	**10 回まで無料** 11 回目以降は有料となります。 詳細は下記参照	**回数制限なし** 何度でも質問できます。
質問方法	受講生専用サイト　郵便　FAX 受講生専用サイト、郵便、FAX で受け付けます。	受講生専用サイト　電話　郵便　FAX 受講生専用サイト、電話、郵便、 FAX で受け付けます。

受講生特典

受講後、実務教育出版の書籍を当社に直接ご注文いただくとすべて 10％割引になります！！

公務員合格講座受講生の方は、当社へ直接ご注文いただく場合に限り、実務教育出版発行の本すべてを 10% OFF でご購入いただけます。
書籍の注文方法は、受講生専用サイトでお知らせします。

いつでもどこでも学べる学習環境を提供！

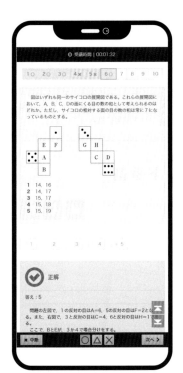

 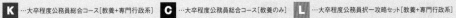

面接のポイントが動画や添削でわかる！

面接レッスン Video

面接試験をリアルに体感！

実際の面接試験がどのように行われるのか、自分のアピール点や志望動機をどう伝えたらよいのか？
面接レッスン Video では、映像を通して面接試験の緊張感や面接官とのやりとりを実感することができます。面接試験で大きなポイントとなる「第一印象」も、ベテラン指導者が実地で指南。対策が立てにくい集団討論やグループワークなども含め、準備方法や注意点をレクチャーしていきます。
また、動画内の面接官からの質問に対し声に出して回答し、その内容をさらにブラッシュアップする「実践編」では、「質問の意図」「回答の適切な長さ」などを理解し、本番をイメージしながらじっくり練習することができます。
[J トレプラス] サイト内で動画を配信していますので、何度も見て、自分なりの面接対策を進めましょう。

面接レッスン Video の紹介動画公開中！

面接レッスン Video の紹介動画を公開しています。
実務教育出版 web サイト各コースページからもご覧いただけます。

紹介動画をご覧いただけます

（1）個人面接編
（2）集団討論編
（3）実践編
の3つを見ることができます！
※コースによって異なる場合があります。
実務教育出版

指導者 Profile

坪田まり子先生

有限会社コーディアル代表取締役、東京学芸大学特命教授、プロフェッショナル・キャリア・カウンセラー®。
自己分析、面接対策などの著書を多数執筆し、就職シーズンの講演実績多数。

森下一成先生

東京未来大学モチベーション行動科学部コミュニティ・デザイン研究室 教授。
特別区をはじめとする自治体と協働し、まちづくりの実践に学生を参画させながら、公務員や教員など、公共を担うキャリア開発に携わっている。

面接試験対策テキスト / 面接カード添削

テキストと添削で自己アピール力を磨く！

面接試験対策テキストでは、面接試験の形式や評価のポイントを解説しています。テキストの「質問例＆回答のポイント」では、代表的な質問に対する回答のポイントをおさえ、事前に自分の言葉で的確な回答をまとめることができます。面接の基本を学習した後は「面接カード」による添削指導で、問題点を確認し、具体的な対策につなげます。2回分の提出用紙を、「1回目の添削結果を踏まえて2回目を提出」もしくは「2回目は1回目と異なる受験先用として提出」などニーズに応じて利用できます。

▲面接試験対策教材

▲面接カード・添削指導

対応コースを記号で明記しています。

K …大卒程度公務員総合コース[教養＋専門行政系]　**C** …大卒程度公務員総合コース[教養のみ]　**L** …大卒程度公務員択一攻略セット[教養＋専門行政系]
D …大卒程度公務員択一攻略セット[教養のみ]　**M** …経験者採用試験コース　**N** …経験者採用試験[論文・面接試験対策]コース　**R** …市役所教養トレーニングセット

お申し込み方法・受講料一覧

インターネット

実務教育出版ウェブサイトの「公務員合格講座 受講申込」ページへ進んでください。

● 受講申込についての説明をよくお読みになり【申込フォーム】に必要事項を入力の上［送信］してください。
● 【申込フォーム】送信後、当社から［確認メール］を自動送信しますので、必ずメールアドレスを入力してください。

■ お支払方法

コンビニ・郵便局で支払う
教材と同送の「払込取扱票」でお支払いください。お支払い回数は「1回払い」のみです。

クレジットカードで支払う
インターネット上で決済できます。ご利用いただけるクレジットカードは、VISA、Master、JCB、AMEXです。お支払い回数は「1回払い」のみです。
※ クレジット決済の詳細は、各カード会社にお問い合わせください。

■ 複数コース受講特典

コンビニ・郵便局で支払いの場合
以前、公務員合格講座の受講生だった方（現在受講中含む）、または今回複数コースを同時に申し込まれる場合は、受講料から3,000円を差し引いた金額を印字した「払込取扱票」をお送りします。
以前、受講生だった方は、以前の受講生番号を【申込フォーム】の該当欄に入力してください（ご本人様限定）。

クレジットカードで支払いの場合
以前、公務員合格講座の受講生だった方（現在受講中含む）、または今回複数コースを同時に申し込まれる場合は、後日当社より直接ご本人様宛にQUOカード3,000円分を進呈いたします。
以前、受講生だった方は、以前の受講生番号を【申込フォーム】の該当欄に入力してください（ご本人様限定）。

> 詳しくは、実務教育出版ウェブサイトをご覧ください。
> 「公務員合格講座 受講申込」　　https://www.jitsumu.co.jp/contact/

教材のお届け
あなたからのお申し込みデータにもとづき受講生登録が完了したら、教材の発送手配をいたします。
＊ 教材一式、受講生証などを発送します。　＊ 通常は当社受付日の翌日に発送します。
＊ お申し込み内容に虚偽があった際は、教材の送付を中止させていただく場合があります。

受講料一覧 ［インターネットの場合］

コース記号	コース名	受講料	申込受付期間
K	大卒程度 公務員総合コース［教養＋専門行政系］	91,300円（本体83,000円＋税）	
C	大卒程度 公務員総合コース［教養のみ］	66,000円（本体60,000円＋税）	
L	大卒程度 公務員択一攻略セット［教養＋専門行政系］	60,500円（本体55,000円＋税）	2023年4月1日
D	大卒程度 公務員択一攻略セット［教養のみ］	44,000円（本体40,000円＋税）	〜
M	経験者採用試験コース	77,000円（本体70,000円＋税）	2024年3月31日
N	経験者採用試験［論文・面接試験対策］コース	38,500円（本体35,000円＋税）	
R	市役所教養トレーニングセット［大卒程度］	29,700円（本体27,000円＋税）	2023年8月1日〜2024年7月31日

＊ 受講料には、教材費・指導費などが含まれております。　＊ お支払い方法は、一括払いのみです。　＊ 受講料は、2023年8月1日現在の税込価格です。

［返品・解約について］

◇ 教材到着後、未使用の場合のみ2週間以内であれば、返品・解約ができます。

◇ 返品・解約される場合は、必ず事前に当社へ電話でご連絡ください（電話以外は不可）。
TEL：03-3355-1822（土日祝日を除く 9：00〜17：00）

◇ 返品・解約の際、お受け取りになった教材一式は、必ず実務教育出版あてにご返送ください。教材の返送料は、お客様のご負担となります。

◇ 2週間を過ぎてからの返品・解約はできません。また、2週間以内でも、お客様による折り目や書き込み、破損、汚れ、紛失等がある場合は、返品・解約ができませんのでご了承ください。

◇ 全国の取扱い店（大学生協・書店）にてお申し込みになった場合の返品・解約のご相談は、直接、生協窓口・書店へお願いいたします。

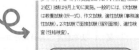

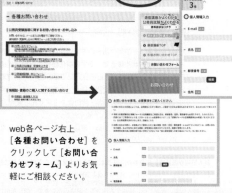

警察官・消防官［大卒程度］一次試験対策セット！

大卒程度の警察官・消防官の一次試験合格に必要な書籍、教材、模試をセット販売します。問題集をフル活用することで合格力を身につけることができます。模試は自己採点でいつでも実施することができ、論文試験は対策に欠かせない添削指導を受けることができます。

警察官 スーパー過去問セット［大卒程度］

教材一覧

- 大卒程度 警察官・消防官 スーパー過去問ゼミ［改訂第3版］
  社会科学、人文科学、自然科学、判断推理、
  数的推理、文章理解・資料解釈
- 数学の基礎確認ドリル
- ［知識分野］要点チェック
- 2025年度版 大卒警察官 教養試験 過去問350
- 警察官・消防官［大卒程度］ 公開模擬試験
  ＊問題、正答と解説（自己採点）、論文（添削付き）

セット価格	18,150円（税込）
申込受付期間	2023年10月25日〜

消防官 スーパー過去問セット［大卒程度］

教材一覧

- 大卒程度 警察官・消防官 スーパー過去問ゼミ［改訂第3版］
  社会科学、人文科学、自然科学、判断推理、
  数的推理、文章理解・資料解釈
- 数学の基礎確認ドリル
- ［知識分野］要点チェック
- 2025年度版 大卒・高卒消防官 教養試験 過去問350
- 警察官・消防官［大卒程度］ 公開模擬試験
  ＊問題、正答と解説（自己採点）、論文（添削付き）

セット価格	18,150円（税込）
申込受付期間	2024年1月12日〜

動画で学ぶ
【公務員合格】シリーズ

実務教育出版では、全国の大学等で長年公務員受験指導をしている確かな講師陣による動画講義を販売いたします。

『動画で学ぶ【公務員合格】SPI（非言語）』は、民間就職や地方公務員試験で教養試験の代わりに「SPI」を実施する自治体が増加傾向にあるので対策は必須。また出題数の多い数的推理・判断推理の基礎や解き方は**『動画で学ぶ【公務員合格】数的推理・判断推理』**でマスターできます。

『動画で学ぶ【公務員合格】憲法』は、教養試験と専門試験の両方の「憲法」の知識が身につきます。

『動画で学ぶ【公務員合格】民法』では、出題数が多く早めに準備したい「民法」を効率よく学べます。

『動画で学ぶ【公務員合格】時事対策』は、直前期に最新の時事対策をすることで、得点がグッと UP します。

動画で学ぶ【公務員合格】シリーズは、厳選されたポイントを何度も見直すことができ、「独学」合格のための確かなスタートダッシュが可能です。

動画で学ぶ【公務員合格】SPI（非言語）

- ◆講 義 数：SPI（非言語）2
- ◆動画時間：各90分
- ◆価　　格：各2,200円　　※全2講義をまとめて購入すると2,200円（税込）

動画で学ぶ【公務員合格】数的推理・判断推理

- ◆講 義 数：数的推理4・判断推理4
- ◆動画時間：各90分
- ◆価　　格：各2,200円　　※全8講義をまとめて購入すると8,800円（税込）

◆講師：山本和男（やまもと かずお）

学習院大学法学部法学科在学中より、大手進学塾・専門学校にて公務員試験合格指導に携わる。現在は、フリーランスとして全国の大学・短大で指導している。その丁寧な解説から、非言語、数的推理、判断推理が苦手な受講生からも「わかりやすい」「やる気がでた」と高い評価を得ている。また、SPIをはじめとする民間企業採用試験や公務員試験の解説執筆にも多く携わっている。

動画で学ぶ【公務員合格】憲法

- ◆講 義 数：憲法 10
- ◆動画時間：各90分
- ◆価　　格：各2,200円　　※全10講義をまとめて購入すると11,000円（税込）

動画で学ぶ【公務員合格】民法

- ◆講 義 数：民法 15
- ◆動画時間：各90分
- ◆価　　格：各2,200円　　※全15講義をまとめて購入すると16,500円（税込）

◆講師：九条正臣（くじょう まさおみ）

中央大学法学部法律学科卒業。国家Ⅰ種試験（法律）上位合格。「新スーパー過去問ゼミ 憲法」、「法律5科目まるごとエッセンス」等、執筆多数。長年にわたり、大学で公務員試験対策の学内講師を務める。難解な法律科目を非常にわかりやすく、かつ、本試験問題の出題予想の的中率の高さから、受験生の圧倒的支持を得ている。

動画で学ぶ【公務員合格】時事対策

- ◆講 義 数：時事対策 3
- ◆動画時間：各90分
- ◆価　　格：各2,200円　　※全3講義をまとめて購入すると4,950円（税込）

◆講師：近 裕一（こん ゆういち）

早稲田大学大学院政治学研究科博士後期課程・単位取得満期退学。1984年度より公務員試験の受験指導に従事。資格試験研究会スタッフとして「新スーパー過去問ゼミ」シリーズの『政治学』『行政学』、「集中講義! 政治学・行政学」執筆のほか、公務員合格講座の教材執筆等にも携わる。また、長年にわたり、大学・短期大学などでの「公務員試験対策」学内講座の講師を務め、その情熱的な講義は多くの受講生から強い支持を受けている。

年間15,000人の受験者数を誇る全国レベルの公開模擬試験！

産経公務員模擬テスト
個 人 受 験 案 内

※ 実務教育出版の公開模試とは異なりますのでご注意ください ※

●会場受験・自宅受験に分けて全国規模で実施。●本試験に準拠した試験形式を採用。●問題は出題傾向を徹底的に分析した本試験予想問題。●答案はマークシートを使用、コンピュータで採点。●全国レベルでの実力判定を実施。●信頼性の高い合格可能度を提供。●全問にポイントを押さえた解説付き。●「論文試験」添削指導（別途有料）が受験可能。

第4回	第5回
国家一般職大卒（行政）	**地方上級／市役所上級** **大卒消防官**
本 試 験 予 想	本 試 験 直 前 予 想
2024年3月17日(日) 会場試験実施	2024年3月31日(日) 会場試験実施

各回ともに自宅受験と会場受験の申込締切日が異なっています。お申込みの際には十分ご注意ください。

回	試験の種類	自 宅 受 験						会 場 受 験					会 場
		申込締切日	問題発送日	返送締切日	結果発送日	受験科 教養+専門	教養のみ	実施日	申込締切日	結果発送日	受験科 教養+専門	教養のみ	
4	国家一般職大卒 (本試験予想)	2/22 (木)	3/1 (金)	3/14 (木)	4/8 (月)	6,900円	4,600円	3/17 (日)	3/1 (金)	4/8 (月)	6,400円	4,100円	札幌・仙台 新潟・東京 名古屋・大阪 福岡 (全7会場)
5	地方上級/市役所上級 大卒消防官 (本試験直前予想)	3/8 (金)	3/15 (金)	3/28 (木)	4/19 (金)	6,900円	4,600円	3/31 (日)	3/15 (金)	4/19 (金)	6,400円	4,100円	

○問題・結果発送日は発送予定日です。到着はこの日以降となります。〔受験料は消費税込みです〕
※第4回の教養は「基礎能力試験」です。

※第1回〜第3回（本年度すでに実施済み）バックナンバー自宅受験を再募集予定！

本年度すでに実施済みの第1・3回「地方上級／市役所上級／大卒警察官・消防官」および第2回「国家一般職大卒」を、バックナンバー自宅受験として再募集を予定しております。詳しくは弊社ホームページ（3月18日更新予定）をご覧ください。

お問い合わせ先・事務局

産経公務員テスト機構 **www.sankei-koumuin.jp**
〒100-8079 東京都千代田区大手町1-7-2 産経新聞社 コンベンション事業部内
電話：03-3241-4977（土日祝日を除く 10:00〜17:30） E-mail：koumuin@sankei.co.jp

主催＝ 産経新聞社・実務教育出版

試験の特色

- 全国主要7都市で「会場受験」を実施。遠隔地の方や当日会場に来られない方には「自宅受験」をご用意しております。
- 実際の公務員採用試験に準拠して実施します。特に地方上級試験は、各自治体の出題内容に対応した型別出題システムで実施します。
- 元試験専門委員などのスタッフが過去の問題を徹底分析、それに今後予想される出題傾向をプラスして精度の高い問題を作成します。
- 解答方法の練習に役立つようマークシートの答案用紙を使用し、コンピュータで迅速に採点します。
- 客観的かつ全国レベルでの実力が分かります。また、細かく分析された成績表により、弱点分野の克服に役立ちます。
- 豊富なデータに基づく信頼性の高い合格可能度を判定します。
- 「正答と解説」には全問にポイントを押さえた解説付き。解法のポイントやテクニックが盛り込まれており、弱点補強に役立ちます。
- 「論文試験」添削指導（別途有料）が受けられます。

受験会場

※会場受験は、全国7会場（札幌・仙台・新潟・東京・名古屋・大阪・福岡）で実施します。
　下記の会場以外は、弊社ホームページでご確認いただくか、事務局まで直接お問い合わせください。（TEL 03-3241-4977）

札幌会場：札幌公務員受験学院　　　　　〒060-0809　北海道札幌市北区北9条西4-7-4 エルムビル6F　TEL 0120-561-276
福岡会場：麻生公務員専門学校／福岡校　〒812-0016　福岡県福岡市博多区博多駅南1-14-7　　　　　　 TEL 092-473-6051

☆都合により各会場の具体的な実施場所は変更になる場合があります。
　事前に各受験者宛にお送りする「受験票」には、各会場への簡単な地図を掲載します。

試験の内容　（※出題される問題は各実施回ごとに異なります。）

●第3・5回　地方上級（行政系）

地方上級（各都道府県・政令指定都市・特別区）の行政系に照準を合わせた問題です。**東京都・横浜市・相模原市・静岡市・神戸市および技術職を志望される方は「教養試験」のみを受験してください。**なお、北海道（札幌市を除く）・大阪府・和歌山県・大阪市・堺市を志望される方、および、京都府・広島県・広島市の「法律」「経済」区分を志望される方は、本模擬テストの対象外となります。

●第3・5回　市役所上級・大卒消防官

主に6月試験実施の、一部の比較的大きな市を対象として実施します。該当する自治体は右下の一覧表をご参照ください。それ以外の自治体を志望される方は、試験の内容・レベルが異なりますので、あくまでも力試しとして受験してください。なお、市役所上級の合格可能度判定は、各市役所ごとではなく、「市役所上級」として一本化した判定となります。

●第3回　大卒警察官

警視庁・道府県警察の大卒程度警察官（男性・女性）を対象として実施します。必ず「教養試験」のみを受験してください。

●第4回　国家一般職大卒（行政）

国家一般職大卒の行政に照準を合わせた問題です。**技術職を志望される方は「教養試験（基礎能力試験）」のみを受験してください。**

◎試験時間
（第3・5回）　教養試験：9時30分～12時（150分）
　　　　　　　専門試験：13時～15時（120分）
（第4回）　　 教養試験：9時30分～11時20分（110分）
　　　　　　　専門試験：12時30分～15時30分（180分）

◎出題科目
実際の採用試験に準じた科目で実施します。詳しい出題科目に関しましては、弊社ホームページをご覧ください。

◎成績資料
教養・専門試験の得点、判定、換算点、平均点、序列、問題別解答状況、分野別解答状況、合格可能度、昨年度本試験の実施結果、合格ラインの総合点

ご注意　「教養試験のみ」の受験者については、成績判定の総合に関するもの、および合格可能度は判定されません。
　　　　ただし、地方上級の東京都・横浜市・相模原市・静岡市・神戸市、および市役所上級、大卒警察官・消防官の志望者は例外となります。
　　　　なお、詳しい出題内容等につきましては、弊社ホームページをご覧ください。　http://www.sankei-koumuin.jp/about/detail/

試験の種別について（必ずお読みください。）

地方上級（第1・3・5回）

「専門試験」は〈行政系〉対応です。
技術職志望者は「教養のみ」を受験してください。
ただし、〈行政系〉志望であっても、東京都・横浜市・相模原市・静岡市・神戸市の志望者は「教養のみ」を受験してください。
また、北海道（札幌市を除く）・大阪府・和歌山県・大阪市・堺市を志望される方、および、京都府・広島県・広島市の「法律」「経済」区分を志望される方は、本模擬テストの対象外となります。

国家一般職大卒（第2・4回）

「専門試験」は〈行政〉対応です。
技術職志望者は「教養のみ」を受験してください。

大卒警察官（第1・3回）

必ず「教養のみ」を受験してください。

市役所上級・大卒消防官（第1・3・5回）

志望自治体によって「教養＋専門」「教養のみ」の別が決まりますので、必ず下記の一覧表を参照の上、お申込みください。なお、市役所上級の「専門試験」は〈事務系〉対応です。技術職および大卒消防官のうち下記一覧にない自治体の志望者は「教養のみ」を受験してください。
また、札幌市・消防官、堺市・消防官を志望される方は、本模擬テストの対象外となります。
（ご注意）市役所上級の問題構成・採点は下記自治体別ではなく、一本化して実施します。

	教養＋専門	教養のみ
市役所上級	青森市、弘前市、八戸市、山形市、福島市、郡山市、いわき市、白河市、須賀川市、喜多方市、伊達市、船橋市、松戸市、柏市、流山市、飯山市、千曲市、安曇野市、岐阜市、富山市、金沢市、姫路市、和歌山市、呉市、丸亀市、東かがわ市	盛岡市、会津若松市、伊勢崎市、三郷市、東村山市、海老名市、須坂市、五泉市、高山市、黒部市、七尾市、小松市、坂井市、鳥取市、出雲市、安来市、雲南市、廿日市市、高知市
大卒消防官	広島市	仙台市、さいたま市、千葉市、東京消防庁、横浜市、川崎市、相模原市、新潟市、静岡市、浜松市、名古屋市、京都市、大阪市、神戸市、岡山市、北九州市、福岡市、熊本市、その他の市

※上記以外の自治体の志望者は、試験の内容・レベルが異なりますので、あくまでも力試しとして受験してください。
　その場合、択一式の専門試験の有無等、各自治体発表の採用試験情報をご自分でお調べの上、お申込みください。

お申込み方法

インターネットでお申込み

弊社ホームページからお申込みができます。（www.sankei-koumuin.jp）

お支払い方法は、クレジットカード決済または各種コンビニ決済のどちらかをお選びください。

コンビニ決済をお選びいただいた場合、お支払い期限はネット上でのお申込み手続き完了から二日以内（翌々日の23時59分59秒まで）となります。この期限を過ぎますと、お申込み自体が無効となりますので、十分ご注意ください。

郵便局や銀行等、各種金融機関の口座振込はご利用になれません。

書店・大学生協にてお申込み

全国の有名書店・大学生協にて、店頭受付をしている場合があります。

取扱書店名・大学生協名につきましては、このページ裏面のリストをご覧ください。

受付をしている各店舗には、専用の申込用紙をご用意しております。

書店・大学生協でのお申込みの場合、申込締切日は当日各店舗の営業時間内です。

お申込み・模擬試験の詳しい内容についてなど、弊社ホームページをご覧ください。

www.sankei-koumuin.jp

※右のQRコードをご利用いただくか、インターネットで《公務員テスト》を検索！

会場受験・自宅受験についてのご注意

会場

全国7会場(札幌・仙台・新潟・東京・名古屋・大阪・福岡)で実施します。なお、各会場の具体的な実施場所に関しては、弊社ホームページをご覧いただくか、事務局まで直接お問い合わせください。(TEL:03-3241-4977)

都合により各会場の具体的な実施場所は変更になる場合があります。

各会場ともに定員オーバーとなった場合、または諸般の事情により中止となった場合など、自宅受験に振り替えていただくこともあります。

「正答と解説」は、試験終了後、会場退出時にお渡しします。

会場受験の方へは、試験日の1週間ほど前までに受験票をお送りします。受験票は申込締切日より約1週間後に一斉に発送しますが、郵便事情等により到着が前後することがあります。**試験日の3日前になっても受験票が届かない場合、必ず事前に事務局(03-3241-4977)までご一報ください**。なお、ご連絡なき場合は到着したものとみなしますので、十分にご注意ください。また、受験票が未着のまま、試験当日、直接受験会場に来られても受験できない場合がありますので、特にご注意ください。

自宅

●自宅受験の方へは、最初のページの実施日程表に記載された期日に、自宅受験のセットを一斉に発送します。郵便事情等により到着が前後することがありますが、**発送日より5日経っても問題が届かない場合、必ず事務局(03-3241-4977)までご一報ください**。なお、ご連絡なき場合は到着したものとみなしますので、十分にご注意ください。

●自宅受験のセットには「受験時の注意事項」「問題冊子」「正答と解説」「マークシート」「答案提出用封筒」「結果返送用封筒」を同封します。

●答案用紙（マークシート）の提出の際には「答案提出用封筒」に切手を貼って投函してください。なお、返送締切日は消印有効です。

論文試験について

付録として毎回「論文試験」が付いています。各回とも公務員試験合格のためのポイントを押さえた添削指導を行います。(別途有料：税込み2,300円)

「論文試験」に関しては、**事前のお申込み、および論文添削のみのお申込みは受け付けておりません**。詳しくは問題冊子に添付の「添削のご案内」をご覧ください。

受験内容の変更・キャンセルについて

お申込み後の受験内容の変更・キャンセル等、**受験料の返金を伴うご要望には一切応じることができません**。その場合、別の実施回に振り替えていただくか、テキスト等資料の送付で対応します。事前に十分ご注意ください。

（お問い合わせ先・事務局）

産經公務員テスト機構

〒100-8079　東京都千代田区大手町1-7-2　産經新聞社　コンベンション事業部内

電話：03-3241-4977（土日祝日を除く 10:00～17:30）

E-mail：koumuin@sankei.co.jp

産經公務員模擬テストのお申込みは、今すぐ下記の書店／大学生協へ！

※下記取扱店での店頭受付の他、インターネットのホームページからもお申込みいただけます。

【北海道】

紀伊國屋書店		札幌本店	札幌市中央区
小樽商科大学	生協		小樽市
帯広畜産大学	生協		帯広市
北見工業大学	生協		北見市
札幌公務員受験学院（札幌会場）			札幌市北区
札幌大学	生協		札幌市豊平区
北星学園	生協	大学店	札幌市厚別区
北海学園大学	生協	会館店	札幌市豊平区
北海学園大学	生協	工学部店	札幌市中央区
北海道教育大学	旭川生協		旭川市
北海道教育大学	岩見沢生協		岩見沢市
北海道教育大学	釧路生協		釧路市
北海道教育大学	札幌生協		札幌市北区
北海道教育大学	函館生協		函館市
北海道大学	生協	キャリアサポート店	函館市
北海道大学	生協	水産学部店	函館市
北海道大学	生協	北部店	札幌市北区
室蘭工業大学	生協		室蘭市
酪農学園大学	生協		江別市

【東北】

店・大学名	区分	店名	所在地
紀伊國屋書店		仙台店	仙台市太白区
紀伊國屋書店		弘前店	弘前市
さわや書店		本店	盛岡市
東山堂書店		本店	盛岡市
成田本店		しんまち店	青森市
八文字屋		本店	山形市
秋田大学	生協	手形店	秋田市
岩手県立大学	生協		岩手郡
岩手大学	生協		盛岡市
東北学院大学	生協	五橋ブックセンター	仙台市若林区
東北学院大学	生協	土樋店	仙台市青葉区
東北生活文化大学	生協		仙台市青葉区
東北大学	生協	川内店	仙台市青葉区
東北大学	生協	工学部店	仙台市青葉区
東北大学	生協	みどりショップ	仙台市青葉区
東北大学	生協	理薬店	仙台市青葉区
東北福祉大学	BOOKセンター国見堂		仙台市青葉区
弘前大学	生協	文京店	弘前市
福島大学	生協		福島市
宮城学院	生協		仙台市青葉区
宮城教育大学	生協		仙台市青葉区
山形大学	生協	小白川店	山形市
山形大学	生協	鶴岡店	鶴岡市
山形大学	生協	米沢店	米沢市

【関東】

店・大学名	区分	店名	所在地
旭屋書店		池袋店	豊島区
池上書店		大東文化大学店	板橋区
紀伊國屋書店		新宿本店	新宿区
くまざわ書店		八王子店	八王子市
須原屋		本店	さいたま市
Books・ルーエ			武蔵野市
青山学院大学	購買会		渋谷区
麻布大学	生協		相模原市
足利工業大学	生協		足利市
跡見学園女子大学	生協	新座店	新座市
跡見学園女子大学	生協	文京店	文京区
茨城キリスト教学園	生協		稲敷郡
茨城大学	阿見購買書籍店		稲敷郡
茨城大学	日立購買書籍店		日立市
茨城大学	生協	水戸店	水戸市
宇都宮大学	生協	工学部店	宇都宮市
宇都宮大学	生協	峰店	宇都宮市
桜美林学園	生協		町田市
お茶の水女子大学	生協		文京区
神奈川大学	生協		横浜市神奈川区
群馬大学	生協	荒牧店	前橋市
群馬大学	生協	桐生店	桐生市
慶應義塾大学	生協	日吉店	横浜市港北区
慶應義塾大学	生協	藤沢店	藤沢市
慶應義塾大学	生協	三田店	港区
慶應義塾大学	生協	矢上店	横浜市港北区
工学院大学	生協	八王子店	八王子市
國學院大学	生協		渋谷区
埼玉大学	生協		さいたま市
芝浦工業大学	生協	大宮店	さいたま市
芝浦工業大学	生協	豊洲店	江東区
十文字学園	生協		新座市
専修大学	購買会		千代田区
大東文化大学	生協		板橋区
大東文化学園	生協	東松山店	東松山市
高崎経済大学	生協		高崎市
拓殖大学	八王子購買会		八王子市
拓殖大学	文京購買会		文京区
千葉商科大学	生協		市川市
千葉大学	生協	園芸学部店	松戸市
千葉大学	ブックセンター		千葉市稲毛区
中央学院大学	Via購買部		我孫子市
中央大学	生協	多摩店	八王子市
中央大学	生協	理工店	文京区
筑波大学	大学会館		つくば市
津田塾大学	生協		小平市
電気通信大学	生協		調布市
東京医科歯科大学	生協		文京区
東京外国語大学	生協		府中市
東京海洋大学	生協	越中島店	江東区
東京海洋大学	生協	品川店	港区
東京学芸大学	生協		小金井市
東京経済大学	生協		国分寺市
東京工業大学	生協	大岡山店	目黒区
東京工業大学	生協	すずかけ台店	横浜市緑区
東京大学	生協	駒場店	目黒区
東京大学	生協	本郷店	文京区
東京電機大学	生協	東京千住キャンパス店	足立区
東京都立大学	生協	南大沢店	八王子市
東京農業大学	生協		世田谷区
東京農工大学	生協	工学部店	小金井市
東京農工大学	生協	農学部店	府中市
東京薬科大学	生協		八王子市
東京理科大学	生協		新宿区
東京理科大学	生協	野田店	野田市
東洋大学	生協	赤羽台店	北区
東洋大学	生協	川越店	川越市
東洋大学	生協	白山店	文京区
日本獣医生命科学大学	生協		武蔵野市
日本女子大学	一般生協	目白店	文京区
法政大学	生協	市ヶ谷店	千代田区
法政大学	生協	小金井店	小金井市
法政大学	生協	多摩店	町田市
星薬科大学	生協		品川区
前橋工科大学	生協		前橋市
武蔵学園	生協		練馬区
明治学院大学	生協	白金店	港区
明治学院大学	生協	横浜店	横浜市戸塚区
明治学院大学	生協		清瀬市
山梨県立大学		飯田キャンパスSB店	甲府市
山梨大学	生協		甲府市
横浜国立大学	生協	工学部店	横浜市保土ヶ谷区
横浜国立大学	生協	大学会館店	横浜市保土ヶ谷区
横浜市立大学	生協	本部店	横浜市金沢区
立教大学	丸善キャンパスショップ	池袋店	豊島区
立教大学	丸善キャンパスショップ	新座店	新座市
和光大学	生協		町田市
早稲田大学	生協	コーププラザ	新宿区
早稲田大学	生協	所沢店	所沢市
早稲田大学	生協	戸山店	新宿区
早稲田大学	生協	理工店	新宿区

【信越】

店・大学名	区分	店名	所在地
紀伊國屋書店		新潟店	新潟市
平安堂		長野店	長野市
信州大学	生協	繊維学部店	上田市
信州大学	生協	長野 教育学部店	長野市
信州大学	生協	長野 工学部店	長野市
信州大学	生協	松本店	松本市
信州大学	生協	松本生協 農学部店	上伊那郡
長野県立看護大学	生協		駒ヶ根市
長野県立大学	生協		長野市
長野大学	生協		上田市
新潟青陵大学	生協		新潟市
新潟大学	生協		新潟市

【北陸】

うつのみや		金沢香林坊店	金沢市
紀伊國屋書店		金沢大和店	金沢市
金沢大学	生協	角間店	金沢市
金沢大学	生協	自然研	金沢市
富山大学	生協	工学部店	富山市
富山大学	生協	五福店	富山市
福井大学	生協		福井市

【東海】

店・大学名	区分	店名	所在地
別所書店		津駅店	津市
愛知教育大学	生協		刈谷市
愛知県公立大学	生協		愛知郡
愛知大学	豊橋生協	トリニテ	豊橋市
愛知大学	名古屋生協	Wiz	名古屋市中村区
愛知大学	名古屋生協	車道店	名古屋市東区
岐阜大学	生協	医学部店	岐阜市
岐阜大学	生協	中央店	岐阜市
静岡大学	生協	静岡店	静岡市
静岡大学	生協	浜松店	浜松市
中京大学	生協	プラザ・ドゥ	豊田市
中京大学	生協	プラザ・リーブル	名古屋市昭和区
名古屋工業大学	生協		名古屋市昭和区
名古屋市立大学	生協	山の畑店	名古屋市瑞穂区
名古屋大学	生協	南部店	名古屋市千種区
名古屋大学	生協	Booksフロンテ	名古屋市千種区
日本福祉大学	生協	美浜店	知多郡
三重大学	生協	翠陵店	津市
名城大学	生協	T・Court	名古屋市天白区
名城大学	生協	スクエア	名古屋市天白区

【近畿】

紀伊國屋書店		梅田本店	大阪市北区
紀伊國屋書店		川西店	川西市
紀伊國屋書店		泉北店	堺市
ジュンク堂書店		大阪本店	大阪市北区
ジュンク堂書店		三宮店	神戸市中央区
ジュンク堂書店		姫路店	姫路市
MARUZEN & ジュンク堂書店		梅田店	大阪市北区
大阪教育大学	生協	柏原店	柏原市
大阪教育大学	生協	天王寺店	大阪市天王寺区
大阪経済大学	生協		大阪市東淀川区
大阪公立大学	生協	杉本店	大阪市住吉区
大阪公立大学	生協	中百舌鳥店	堺市
関西大学	生協		吹田市
関西学院大学	生協	神戸三田キャンパス店	三田市
関西学院大学	生協	西宮上ヶ原キャンパス店	西宮市
京都教育大学	生協		京都市伏見区
京都工芸繊維大学	生協		京都市左京区
京都大学	生協	ショップルネ	京都市左京区
京都大学	生協	吉田ショップ	京都市左京区
京都橘女子学園	生協		京都市山科区
京都府立大学	生協		京都市左京区
近畿大学	生協		東大阪市
甲南大学	生協		神戸市東灘区
神戸市外国語大学	生協		神戸市西区
神戸大学	生協	発達科学部店	神戸市灘区
神戸大学	生協	BEL BOX店	神戸市灘区
神戸大学	生協	LANS BOX店	神戸市灘区
神戸薬科大学	生協		神戸市東灘区
滋賀県立大学	生協		彦根市
滋賀大学	生協	大津地区店	大津市
滋賀大学	生協	彦根地区店	彦根市
同志社女子大学	生協		京田辺市
同志社大学	生協	今出川店	京都市上京区
同志社大学	生協	京田辺店	京田辺市
奈良教育大学	生協		奈良市
奈良県立大学	生協		奈良市
奈良女子大学	生協		奈良市
兵庫県立大学		神戸商科キャンパス店	神戸市西区
兵庫県立大学		姫路工学キャンパス店	姫路市
立命館大学	生協	OICショップ	茨木市
立命館大学	生協	ブックセンターふらっと	草津市北区
立命館大学	生協	リンクスクエアショップ	草津市
龍谷大学	生協	大宮店	京都市下京区
龍谷大学	生協	学館ショップR-Uni	京都市伏見区
龍谷大学	生協	瀬田ショップ	大津市
和歌山大学	生協		和歌山市

【中国】

店・大学名	区分	店名	所在地
紀伊國屋書店		広島店	広島市中区
ジュンク堂書店		広島駅前店	広島市南区
文榮堂		本店	山口市
文榮堂		山口大学前店	山口市
岡山大学	生協		岡山市
下関市立大学	生協		下関市
水産大学校	生協		下関市
広島修道大学	生協		広島市安佐南区
広島大学	生協	霞コープショップ	広島市南区
広島大学	生協	北1コープショップ	東広島市
広島大学	生協	千田コープショップ	広島市中区
山口大学	生協	工学部ショップ	宇部市
山口大学	生協	中央ショップ	山口市

【四国】

店・大学名	区分	店名	所在地
紀伊國屋書店		徳島店	徳島市
金高堂		本店	高知市
小山助学館		本店	徳島市
明屋書店		石井店	松山市
宮脇書店		南本店	高松市
愛媛大学	生協	城北ショップ	松山市
愛媛大学	生協	農学部店	松山市
香川大学	生協	学館ショップ	高松市
香川大学	生協	農学部ショップ	木田郡
香川大学	生協	工学部ショップ	高松市
高知県立大学	生協	永国寺ショップ	高知市
高知大学	生協	農学部店	南国市
高知大学	生協	蔵本店	高知市
徳島大学	生協	常三島店	徳島市
松山大学	生協		松山市

【九州】

店・大学名	区分	店名	所在地
晃星堂		本町店	大分市
ブックセンター クエスト		小倉本店	北九州市小倉
大分大学	生協		大分市
鹿児島大学	生協	スタディサポート	鹿児島市
北九州市立大学	生協	北方キャンパス店	北九州市小倉
北九州市立大学	生協	ひびきのキャンパス店	北九州市若松
九州工業大学	生協	飯塚店	飯塚市
九州工業大学	生協	戸畑店	北九州市戸畑
九州国際大学	生協		北九州市八幡
九州産業大学	生協	丸善マイプラザ	福岡市東区
九州大学	生協	中央図書館店	福岡市西区
熊本学園大学	生協	丸善雄松堂 福岡図書店	熊本市
熊本大学	生協	学生会館ショップ	熊本市
佐賀大学	生協	大学会館店	佐賀市
西南学院大学	生協		福岡市早良区
長崎国際大学	生協		佐世保市
長崎大学	生協	経済店	長崎市
長崎大学	生協	文教店	長崎市
福岡県立大学	生協		田川市
福岡大学	福岡金文堂		福岡市城南区
宮崎大学	生協		宮崎市

【沖縄】

店・大学名	区分	店名	所在地
沖縄大学	生協		那覇市
琉球大学	生協	中央店	中頭郡

公務員受験 BOOKS のご案内

2024年1月現在

公務員受験BOOKSにはここに掲載している他にも、基礎固めから実戦演習まで役に立つ、さまざまな参考書や問題集をご用意しています。あなたの学習計画に適した書籍をぜひ、ご活用ください。

基礎レベルの過去問演習書！ 学習スタート期に最適！

公務員試験
集中講義！
民法Iの過去問
総則 物権 担保物権

講師力でスカッと解決！

公務員試験

集中講義シリーズ

●定価：各1,650円

数的推理の過去問
資格試験研究会編／永野龍彦 執筆

判断推理の過去問
資格試験研究会編／結城順平 執筆

文章理解の過去問
資格試験研究会編／饗庭 悟 執筆

資料解釈の過去問
資格試験研究会編／結城順平 執筆

図形・空間把握の過去問
資格試験研究会編／永野龍彦 執筆

憲法の過去問
資格試験研究会編／鶴田秀樹 執筆

行政法の過去問
資格試験研究会編／吉田としひろ 執筆

民法Iの過去問
資格試験研究会編／鶴田秀樹 執筆

民法IIの過去問
資格試験研究会編／鶴田秀樹 執筆

政治学・行政学の過去問
資格試験研究会編／近 裕一 執筆

国際関係の過去問
資格試験研究会編／高瀬淳一 執筆

ミクロ経済学の過去問
資格試験研究会編／村尾英俊 執筆

マクロ経済学の過去問
資格試験研究会編／村尾英俊 執筆

算数・数学を忘れている受験者でも取り組めるザセツ知らずの親切問題集！

資格試験研究会編
定価：各1,760円

判断推理がわかる！ **新・解法の玉手箱**

数的推理がわかる！ **新・解法の玉手箱**

「正文化」で覚える画期的な問題集！

資格試験研究会編
定価：各1,430円

上・中級公務員試験
過去問ダイレクトナビ シリーズ

政治・経済	日本史	世界史
地理	物理・化学	生物・地学

公務員受験者必読の定番書籍です！

受験ジャーナル編集部編

受験ジャーナル増刊号

6年度試験対応　公務員試験
学習スタートブック
●定価：1,760円

6年度　公務員試験
直前対策ブック
●定価：1,870円

6年度試験対応
公務員の仕事入門ブック
●定価：1,760円

5年度　公務員試験
面接完全攻略ブック
●定価：1,650円

6年度
国立大学法人等職員採用試験攻略ブック
●定価：2,200円

5年度　公務員試験
直前予想問題
●定価：1,870円

公務員受験 *BOOKS* 取扱い書店一覧

公務員受験BOOKSは、掲載書店以外の書店・大学生協でも取扱っております。
書店で品切れの場合は、店頭での注文により、取り寄せることができます。

●**北海道** 紀伊國屋書店（札幌本店・厚別店）／MARUZEN＆ジュンク堂書店札幌店／三省堂書店札幌店／コーチャンフォー（美しが丘店・ミュンヘン大橋店・新川通り店・釧路店・旭川店・北見店）／喜久屋書店小樽店／宮脇書店帯広店／函館蔦屋書店／ジュンク堂書店旭川店／リラィアブルブックス運動公園通り店／くまざわ書店アリオ札幌店／江別蔦屋書店

●**青森県** ジュンク堂書店弘前中三店／宮脇書店青森本店／成田本店しんまち店

●**秋田県** ジュンク堂書店秋田店／未来屋書店秋田店／宮脇書店秋田本店／スーパーブックス八橋店

●**岩手県** さわや書店フェザン店／ジュンク堂書店盛岡店／エムズ エクスポ盛岡店／東山堂イオンモール盛岡南店／MORIOKA TSUTAYA

●**山形県** 八文字屋（本店・北店・鶴岡店）／こまつ書店（寿町本店・堀川町店）／戸田書店（三川店・山形店）／TENDO八文字屋

●**宮城県** 八文字屋（泉店・セルバ店）／紀伊國屋書店仙台店／丸善書店仙台アエル店／あゆみBOOKS仙台青葉通り店（水戸内原店・仙台上杉店・東仙台店）／未来屋書店名取店／蔦屋書店仙台泉店・くまざわ書店（エスパル仙台店・アリア仙台泉店）

●**福島県** 岩瀬書店（福島駅前店・富久山店）／鹿島ブックセンター／ヤマニ書房本店／みどり書房（イオンタウン店・桑野店・福島南店）／ジュンク堂書店郡山店／くまざわ書店（福島エスパル店・会津若松店）

●**茨城県** ACADEMIAイーアスつくば店／コーチャンフォーつくば店／川又書店（県庁店・エクセル店）／WonderGOOつくば店／未来屋書店（水戸内原店・土浦店・つくば店）／蔦屋書店（ひたちなか店・龍ヶ崎店）／ブックエース茨大前店／くまざわ書店取手店／リブロトナリエキュートつくば店

●**栃木県** 喜久屋書店宇都宮店／落合書店（イトーヨーカドー店・宝木店・トナリエ店）／うさぎや（自治医大店・栃木城内店）／くまざわ書店（宇都宮インターパーク店・宇都宮店）／TSUTAYA小山ロブレ店／ビッグワンTSUTAYA（佐野店・さくら店）

●**群馬県** 戸田書店高崎店／ブックマンズアカデミー（高崎店・太田店）／喜久屋書店太田店／紀伊國屋書店前橋店／くまざわ書店高崎店／蔦屋書店前橋みなみモール店／未来屋書店高崎店

●**埼玉県** 須原屋（本店・コルソ店・武蔵浦和店・川口前川店）／三省堂書店大宮店／ジュンク堂書店大宮高島屋店／紀伊國屋書店（川越店・さいたま新都心店・浦和パルコ店）／東京旭屋書店（新越谷店・志木店・イオンモール浦和美園店）／ブックファーストルミネ川越店／ブックデポ書楽／くまざわ書店（アズセカンド店・宮原店）／蔦屋書店フォレオ菖蒲店／文教堂書店川口駅店／未来屋書店レイクタウン店／明文堂書店TSUTAYA戸田／TSUTAYAレイクタウン／丸善書店桶川店／リブロ（ららぽーと富士見店・ラ ラガーデン春日部店）／ツタヤブックストアグランエミオ所沢

●**千葉県** 三省堂書店（千葉そごう店・カルチャーステーション千葉店）／東京旭屋書店船橋店／丸善書店津田沼店／堀江良文堂書店松戸店／くまざわ書店（松戸店・津田沼店・ペリエ千葉本店・柏高島屋店）／紀伊國屋書店（流山おおたかの森店・セブンパークアリオ柏店）／喜久屋書店（千葉ニュータウン店・松戸店）／未来屋書店イオン成田店／精文館書店（木更津店・市原五井店）／蔦屋書店（幕張新都心店・茂原店）／ジュンク堂書店（南船橋店・柏モディ店）／丸善ユニモちはら台店／ツタヤブックストアテラスモール松戸／有隣堂ニッケコルトンプラザ店

●**神奈川県** 有隣堂（横浜駅西口店・ルミネ横浜店・戸塚モディ店・本店・藤沢店・厚木店・たまプラーザテラス店・新百合ヶ丘エルミロード店・ミウィ橋本店・テラスモール湘南店・ららぽーと海老名店・ららぽーと湘南平塚店・キュービックプラザ新横浜店）／三省堂書店海老名店／文教堂書店（溝ノ口本店・横須賀MORE'S店）／八重洲B.C京急上大岡店／ブックファースト（青葉台店・ボーノ相模大野店）／紀伊國屋書店（横浜店・ららぽーと横浜店・武蔵小杉店）／丸善横浜ラゾーナ川崎店／丸善日吉東急アベニュー店／ジュンク堂書店藤沢店／くまざわ書店（相模大野店・本厚木店・横須賀店）／ACADEMIAくまざわ書店橋本店／ACADEMIA港北店

●**東京都** くまざわ書店（八王子店・錦糸町店・桜ケ丘店・武蔵小金井北口店・調布店・アリオ北砂店）／丸善書店（丸の内本店・日本橋店・お茶の水店・多摩センター店）／オリオン書房（ルミネ店・ノルテ店・イオンモールむさし村山店）／有隣堂（町田モディ店・アトレ目黒店・アトレ恵比寿店・グランデュオ蒲田店）／久美堂本店／三省堂書店（神保町本店・池袋本店・有楽町店・成城店・東京ソラマチ店・経堂店）／紀伊國屋書店（新宿本店・玉川高島屋店・国分寺店・小田急町田店・アリオ亀有店）／東京旭屋書店池袋店／書泉芳林堂書店高田馬場店／啓文堂書店（府中本店・多摩センター店・渋谷店）／文教堂書店（二子玉川店・赤羽店・市ヶ谷店）／ジュンク堂書店（池袋本店・吉祥寺店・大泉学園店・立川高島屋店）／ブックファースト（新宿店・アトレ大森店・レミィ五反田店・ルミネ北千住店・中野店）／コーチャンフォー若葉台店／喜久屋書店府中店

●**新潟県** 紀伊國屋書店新潟店／ジュンク堂書店新潟店／戸田書店長岡店／知遊堂（三条・亀貝店・上越国府店）／蔦屋書店（新潟万代店・新発田店）／未来屋書店新潟南店

●**富山県** 文苑堂（福田本店・富山豊田店・藤の木店）／BOOKSなかだ本店／喜久屋書店高岡店／明文堂書店富山新庄経堂店／紀伊國屋書店富山店／くまざわ書店富山マルート店

●**石川県** うつのみや金沢香林坊店／金沢ビーンズ明文堂書店／明文堂書店TSUTAYA（野々市店・KOMATSU店）／未来屋書店杜の里店

●**長野県** 平安堂（新長野店・上田店・東和田店）／宮脇書店松本店／MARUZEN松本店

●**福井県** Super KaBoS（新二の宮店・大和田店・敦賀店）

●**山梨県** 朗月堂本店／ブックセンターよむよむフレスポ甲府東店／BOOKS KATOH都留店／くまざわ書店双葉店／未来屋書店甲府昭和店

●**静岡県** 谷島屋（新流通店・浜松本店・イオンモール浜松志都呂店・ららぽーと磐田店・マークイズ静岡店）／未来屋書店浜松市野店／マルサン書店仲見世店／戸田書店（江尻台店・藤枝東店）／MARUZEN＆ジュンク堂書店新静岡店

●**岐阜県** 丸善書店岐阜店／カルコス（本店・穂積店）／未来屋書店各務原店／ACADEMIA大垣店／三省堂書店岐阜店／三洋堂書店アクロスプラザ恵那店

●**三重県** 宮脇書店四日市本店／本の王国文化センター前店／MARUZEN四日市店／コメリ書房鈴鹿店／TSUTAYAミタス伊勢店

●**愛知県** 三洋堂書店いりなか店／三省堂書店名古屋本店／星野書店近鉄パッセ店／精文館書店（本店・新豊田店）／ジュンク堂書店（名古屋店・名古屋栄店）／らくだ書店本店／MARUZEN名古屋本店（ヒルズウォーク徳重店・イオンタウン千種店）／未来屋書店（ナゴヤドーム店・大高店）／夢屋書店長久手店／TSUTAYA（春日井店・瀬戸店・ウィングタウン岡崎店・ららぽーと愛知東郷）／紀伊國屋書店（名古屋空港店・mozoワンダーシティ店）／カルコス小牧店

●**滋賀県** ジュンク堂書店滋賀草津店／ブックハウスひらがきAスクエア店／大垣書店フォレオ大津一里山店／喜久屋書店草津店／サンミュージック（ハイパーブックス彦根店・ハイパーブックスかがやき通り店）

●**京都府** 丸善京都本店／大垣書店（烏丸三条店・イオンモールKYOTO店・イオンモール京都桂川店・京都ヨドバシ店・イオンモール北大路店・京都本店・二条駅店）／未来屋書店高の原店

●**奈良県** 啓林堂書店奈良店／喜久屋書店（大和郡山店・橿原店）／三洋堂書店香芝店／ジュンク堂書店奈良店／WAY書店TSUTAYA天理店

●**和歌山県** TSUTAYA WAY（ガーデンパーク和歌山店・岩出店・田辺東山店）／くまざわ書店和歌山店／宮脇書店ロイネット和歌山店／未来屋書店和歌山店

●**兵庫県** 喜久屋書店（北神戸店・須磨パティオ店）／ジュンク堂書店（三宮店・三宮駅前店・西宮店・姫路店・神戸住吉店・明石店）／紀伊國屋書店（加古川店・川西店）／ブックファースト阪急西宮ガーデンズ店／大垣書店神戸ハーバーランドumie店／未来屋書店神戸御影店／旭屋書店ららぽーと甲子園店

●**大阪府** 旭屋書店なんばCity店／紀伊國屋書店（梅田本店・グランフロント大阪店・泉北店・堺北花田店・京橋店・高槻阪急店・天王寺ミオ店・アリオ鳳店）／ジュンク堂書店（大阪本店・難波店・天満橋店・近鉄あべのハルカス店・松坂屋高槻店）／喜久屋書店阿倍野店／田村書店千里中央店／大垣書店高槻店／MARUZEN＆ジュンク堂書店梅田店／未来屋書店（大日店・りんくう泉南店・茨木店）／TSUTAYAららぽーとEXPOCITY／紀伊國屋書店（八尾アリオ店・セブンパーク天美店）／水嶋書店くずはモール店／枚方蔦屋書店

●**鳥取県** 本の学校 今井ブックセンター／今井書店（湖山店・吉成店・錦町店）／宮脇書店鳥取店

●**島根県** ブックセンタージャスト浜田店／今井書店（グループセンター店・学園通り店・出雲店・AERA店）／宮脇書店イオンモール出雲店

●**岡山県** 丸善（岡山シンフォニービル店・さんすて岡山店）／紀伊國屋書店（クレド岡山店・エブリィ津高店）／宮脇書店岡山本店／喜久屋書店倉敷店／TSUTAYA津島モール店／啓文社岡山本店／未来屋書店岡山店／TSUTAYA BOOKSTORE岡山駅前

●**広島県** 紀伊國屋書店（広島店・ゆめタウン広島店・ゆめタウン廿日市店）／廣文館広島駅ビル店／フタバ図書（TERA広島府中店・広島駅前店・MEGA・アルティアルパーク北棟店・アルティ福山本店）／啓文社ポートプラザ店／ジュンク堂書店広島駅前店／MARUZEN広島店／TSUTAYA（東広島店・フジグラン緑井店）／広島蔦屋書店／エディオン蔦屋家電

●**山口県** 文榮堂（本店・山大前店）／宮脇書店（宇部店・徳山店）／明屋書店（南岩国店・MEGA大内店・MEGA新下関店）／くまざわ書店下関店／幸太郎本舗TSUTAYA宇部店／紀伊國屋書店ゆめタウン下松店

●**香川県** 宮脇書店（本店・南本店・総本店・丸亀店）／くまざわ書店高松店／ジュンク堂書店高松店

●**徳島県** 紀伊國屋書店（徳島店・ゆめタウン徳島店）／附家書店（松茂店・国府店）／BookCity平惣徳島店／宮脇書店徳島本店／未来屋書店徳島店

●**愛媛県** 明屋書店（中央店・MEGA平田店・石井店）／TSUTAYA（エミフルMASAKI店・BOOKSTORE 重信店・フジグラン松山店）／紀伊國屋書店いよてつ高島屋店

●**高知県** TSUTAYA中万々店／宮脇書店高須店／金高堂／金高堂朝倉ブックセンター／高知 旭屋書店／未来屋書店高知店

●**福岡県** ジュンク堂書店福岡店／紀伊國屋書店（福岡本店・ゆめタウン博多店・久留米店）／福岡金文堂福大店／ブックセンタークエスト小倉本店・エマックス久留米店）／紀伊國屋書店博多店／喜久屋書店小倉店／フタバ図書（TERA福岡店・GIGA春日店）／くまざわ書店小倉店・福岡西新店・ららぽーと福岡店）／蔦屋書店イオンモール筑紫野／黒木書店七隈店／未来屋書店（福津店・直方店）／六本松蔦屋書店／TSUTAYA和白店／ツタヤブックストアマークイズ福岡ももち店

●**佐賀県** 積文館書店佐大通り店／くまざわ書店佐賀店／紀伊國屋書店佐賀店／TSUTAYA鳥栖店

●**長崎県** 紀伊國屋書店長崎店／メトロ書店本店／くまざわ書店佐世保店／ツタヤブックストアさせぼ五番街店／TSUTAYA長崎COCOWALK

●**熊本県** 金龍堂まるぶん店／紀伊國屋書店（熊本光の森店・熊本はません店・あらおシティモール店）／蔦屋書店（熊本三年坂店・嘉島店・小川町店）／明林堂書店（白山店・白山店）／メトロ書店熊本本店

●**大分県** 明林堂書店（別府本店・大分本店）／リブロ大分わさだ店／紀伊國屋書店アミュプラザおおいた店／くまざわ書店大分明野店

●**宮崎県** 田中書店妻ヶ丘本店／蔦屋書店宮崎高千穂通り店／くまざわ書店延岡ニューシティ店／未来屋書店イオンモール宮崎店／紀伊國屋書店アミュプラザみやざき店／ツタヤブックストア宮交シティ

●**鹿児島県** ブックスミスミ（オプシア店・鹿屋店）／ジュンク堂書店鹿児島店／紀伊國屋書店鹿児島店／MARUZEN天文館店／TSUTAYA BOOKSTORE霧島

●**沖縄県** 宮脇書店（太陽書房宜野湾店・太陽書房美里店・南風原店・うるま店・大山店・イオン名護店・経塚シティ店）／TSUTAYA那覇新都心店／球陽堂書房（那覇メインプレイス店・西原店）／くまざわ書店那覇店／リウボウブックセンター店／ジュンク堂書店那覇店／未来屋書店ライカム店／HMV＆BOOKS OKINAWA

（2023年12月現在）

IV

公務員 公開模擬試験

2024年度試験対応

web限定申込

主催:実務教育出版

自宅で受けられる模擬試験！直前期の最終チェックにぜひご活用ください！

▼日程・受験料

試験名	申込締切日 ※	問題発送日 当社発送日	答案締切日 当日消印有効	結果発送日 当社発送日	受験料（税込）	受験料[教養のみ]（税込）
地方上級 公務員	2/26	3/13	3/26	4/16	5,390 円 教養+専門	3,960 円 教養のみ
国家一般職大卒	2/26	3/13	3/26	4/16	5,390 円 基礎能力+専門	3,960 円 基礎能力のみ
[大卒程度] 警察官・消防官	2/26	3/13	3/26	4/16	4,840 円 教養+論文添削	
市役所上級 公務員	4/4	4/19	5/7	5/24	4,840 円 教養+専門	3,960 円 教養のみ
高卒・短大卒程度 公務員	6/6	6/24	7/12	8/1	3,850 円 教養+適性+作文添削	
[高卒・短大卒程度] 警察官・消防官	6/6	6/24	7/12	8/1	3,850 円 教養+作文添削	

※申込締切日後は【自己採点セット】を販売予定。詳細は4月上旬以降に実務教育出版webサイトをご覧ください。 ＊自宅受験のみになります。

▼試験構成・対象

試験名	試験時間・問題数	対象
地方上級 公務員 ＊問題は2種類から選択	教養 [択一式/2時間30分/全問：50題 or 選択：55題中45題] 専門(行政系) [択一式/2時間/全問：40題 or 選択：50題中40題]	都道府県・政令指定都市・特別区 (東京23区) の大卒程度一般行政系
国家一般職大卒	基礎能力試験 [択一式/1時間50分/30題] 専門(行政系) [択一式/3時間/16科目 (80題) 中 8科目 (40題)]	行政
[大卒程度] 警察官・消防官	教養 [択一式/2時間/50題] 論文 [記述式/60分/警察官 or 消防官 いずれか1題] ＊添削付き	大卒程度 警察官・消防官 (男性・女性)
市役所上級 公務員	教養 [択一式/2時間/40題] 専門(行政系) [択一式/2時間/40題]	政令指定都市以外の市役所の大卒程度一般行政系 (事務系)
高卒・短大卒程度 公務員	教養 [択一式/1時間40分/45題] 適性 [択一式/15分/120題] 作文 [記述式/50分/1題] ＊添削付き	都道府県・市区町村、国家一般職 (高卒者、社会人)事務、国家専門職(高卒程度、社会人)、国家特別職(高卒程度)など高卒・短大卒程度試験
[高卒・短大卒程度] 警察官・消防官	教養 [択一式/2時間/50題] 作文 [記述式/60分/警察官 or 消防官 いずれか1題] ＊添削付き	高卒・短大卒程度 警察官・消防官(男性・女性)

実務教育出版webサイトからお申し込みください

https://www.jitsumu.co.jp/

■模擬試験の特徴

●2024年度（令和6年度）試験対応の予想問題を用いた、実戦形式の試験です！

試験構成、出題数、試験時間など実際の試験と同形式です。
マークシートの解答方法はもちろん時間配分に慣れることができ、本試験直前期に的確な最終チェックが可能です。

●自宅で本番さながらの実戦練習ができます！

全国規模の実施ですので、実力を客観的に把握できます。
「正答と解説」には、詳しい説明が記述されていますので、
周辺知識までが身につき、一層の実力アップがはかれます。

●全国レベルの実力がわかる、客観的な判定資料をお届けします！

マークシートご提出後に、個人成績表をお送りいたします。
精度の高い合格可能度判定をはじめ、得点、偏差値、正答率などの成績データにより、学習の成果を確認できます。

▼ 個人成績表
▼ マークシート
▼ 教養試験・専門試験
▼ 正答と解説

■申込方法

公開模擬試験は、実務教育出版webサイトの公開模擬試験申込フォームからお申し込みください。

1. 受験料のお支払いは、クレジット決済、コンビニ決済の2つの方法から選べます。

2. コンビニ決済の場合、ご利用のコンビニを選択すると、お申込情報（金額や払込票番号など）とお支払い方法が表示されます。その指示に従い指定期日（ネット上でのお申込み手続き完了日から6日目の23時59分59秒）までにコンビニのカウンターにて受験料をお支払いください。
   この期限を過ぎますと、お申込み自体が無効となりますので、十分ご注意ください。

[ご注意] 決済後の受験内容の変更・キャンセル等、受験料の返金を伴うご要望には一切応じることができませんのでご了承ください。
　　　　 氏名は、必ず受験者ご本人様のお名前で、入力をお願いいたします。

スマホから
簡単アクセス

◆公開模擬試験についてのお問い合わせ先

問題発送日より1週間経っても問題が届かない場合、下記「公開模擬試験」係までお問い合わせください。

実務教育出版　「公開模擬試験」係　TEL：03-3355-1822（土日祝日を除く9：00〜17：00）

当社 2024 年度 通信講座受講生 は下記の該当試験を無料で受験できます。

申込手続きは不要です。問題発送日になりましたら、自動的に問題、正答と解説をご自宅に発送します。
＊無料受験対象以外の試験をご希望の方は、当サイトの公開模擬試験申込フォームからお申し込みください。

▼各コースの無料受験できる公開模擬試験は下記のとおりです。

あなたが受講している通信講座のコース名	無料受験できる公開模擬試験
大卒程度公務員総合コース [教養＋専門行政系]	地方上級（教養＋専門）　国家一般職大卒（基礎能力＋専門） 市役所上級（教養＋専門）
大卒程度公務員総合コース [教養のみ]	地方上級（教養のみ）　国家一般職大卒（基礎能力のみ） 市役所上級（教養のみ）

【実力判定テスト】もあります！

詳細は、実務教育出版webサイトをご覧ください。